Arbitragem e Precedentes Judiciais

Arbitragem e Precedentes Judiciais

2023

Danilo Orenga

ALMEDINA

ARBITRAGEM E PRECEDENTES JUDICIAIS

AUTOR: Danilo Orenga

DIRETOR ALMEDINA BRASIL: Rodrigo Mentz
EDITORA JURÍDICA: Manuella Santos de Castro
EDITOR DE DESENVOLVIMENTO: Aurélio Cesar Nogueira
ASSISTENTES EDITORIAIS: Larissa Nogueira e Rafael Fulanetti
ESTAGIÁRIA DE PRODUÇÃO: Laura Roberti

DIAGRAMAÇÃO: Almedina
DESIGN DE CAPA: Roberta Bassanetto

ISBN: 9786556277394
Janeiro, 2023

Dados Internacionais de Catalogação na Publicação (CIP)
(Câmara Brasileira do Livro, SP, Brasil)

Conceição, Danilo Orenga da
Arbitragem e precedentes judiciais / Danilo Orenga da Conceição
São Paulo, SP : Almedina, 2023.

Bibliografia.
ISBN 978-65-5627-739-4

1. Arbitragem e sentença – Brasil 2. Direito processual civil – Brasil
3. Precedentes judiciais – Brasil I. Título.

22-134132 CDU-347.9(81)

Índices para catálogo sistemático:

1. Brasil : Direito processual civil 347.9(81)

Eliete Marques da Silva – Bibliotecária – CRB-8/9380

Este livro segue as regras do novo Acordo Ortográfico da Língua Portuguesa (1990).

EDITORA: Almedina Brasil
Rua José Maria Lisboa, 860, Conj. 131 e 132, Jardim Paulista | 01423-001 São Paulo | Brasil
www.almedina.com.br

AGRADECIMENTOS

O presente trabalho é a versão revisada e atualizada da dissertação de mestrado em direito civil defendida em dezembro de 2020 na Pontifícia Universidade Católica de São Paulo – PUC/SP. Nesta oportunidade, gostaria de registrar alguns agradecimentos.

Inicialmente gostaria de agradecer ao meu orientador Oswaldo Peregrina Rodrigues e aos professores Francisco Cahali, Cláudio Finkelstein, Giovanni Nanni e Selma Lemes pelos conselhos, debates e recomendações feitos ao trabalho e ao longo do mestrado.

Aos queridos Olivier Haxkar Jean, André Muriel, Yasmim Fortes e Marcelo Muriel que, por diferentes razões e em diferentes momentos, me incentivaram e apoiaram.

À minha família, em especial aos meus pais, Denise e Reinaldo, que desde sempre valorizaram a minha educação e me apoiam incondicionalmente em todas as etapas da minha vida, meu muitíssimo obrigado.

Um agradecimento especial aos meus filhos Henrique e Thomas, minhas paixões e fontes de inspiração e motivação. À minha esposa Jaili Quinta Cunha, excelente advogada, incrível esposa e fantástica mãe para os meus meninos, que sempre me apoiou e me motivou ao longo dessa jornada. Sem a sua inestimável ajuda nada disso seria possível.

SUMÁRIO

1.
INTRODUÇÃO

A arbitragem vem, ano após ano, ganhando maior destaque no mundo jurídico, com crescente número de adeptos e defensores. É inquestionável que a arbitragem se consolidou como um meio alternativo, e também, adequado de resolução de conflitos, que prima pela qualidade técnica, pelo sigilo, pela rapidez e, a bem da verdade, pela desvinculação do Poder Judiciário. Na medida em que a arbitragem se expande, crescem na mesma proporção novos questionamentos acerca desse importante instituto de resolução de disputas. Por outro lado, a promulgação do Código de Processo Civil de 2015 ("CPC") trouxe novos questionamentos para a arbitragem, especialmente quando refletimos sobre o sistema de precedentes trazido pelo CPC e de que modo essa aparente novidade poderia influenciar a arbitragem.

Essa discussão revela questões muito importantes sobre como a arbitragem e o Poder Judiciário se relacionam e como isso poderá afetar a sentença arbitral, mais precisamente, de que forma os precedentes judiciais podem, ou não, afetar a arbitragem. Isto é, um precedente judicial pode vincular o árbitro, compelindo-o a seguir de forma compulsória o precedente judicial? Ou o precedente judicial poderá apenas influenciar a decisão do árbitro? Tão importante quanto definir de que forma os precedentes judiciais se relacionam com a arbitragem, é entender em quais circunstâncias a não observância de um precedente judicial pode levar à anulação de uma sentença arbitral. Para tanto, precisamos entender se a arbitragem está inserida num sistema único de justiça, se opera à margem do direito, ou se seria subordinada ao Poder Judiciário. Em suma, são essas as perguntas as quais responderemos ao longo desse trabalho.

Num primeiro momento buscaremos retomar algumas explicações e conceitos básicos da arbitragem para começar a respondê-las; em seguida, discorreremos acerca da natureza do instituto, especialmente em relação aos seus aspectos contratuais e jurisdicionais e de que forma a conclusão acerca da natureza da arbitragem poderá afetar a análise de eventual vinculação dos árbitros aos precedentes judiciais.

Em seguida, trataremos sobre os precedentes, passo fundamental para respondermos às questões suscitadas nesse trabalho. Para entendermos o alcance de um precedente judicial é preciso, inicialmente, compreendermos a sua origem, a sua definição histórica no *common law*, o seu conceito à luz do *civil law*, destacando as principais diferenças entre esses sistemas, até alcançarmos a definição atual de precedentes prevista no CPC. Ao alcançarmos essa etapa, analisaremos as características desse sistema de precedentes e sua constitucionalidade para, em seguida, concluir se estamos lidando com uma nova fonte primária de leis ou com uma fonte normativa complementar. Compreender a intenção do legislador ao instituir um sistema de precedentes é fundamental ao presente trabalho, tendo em vista que a conclusão a ser alcançada, a respeito da natureza do precedente enquanto fonte primária ou complementar de direito, além da racionalidade de sua criação, ou aprimoramento, pelo CPC, nos mostrará o caminho da persuasão ou da vinculação dos precedentes frente aos árbitros e ao conflito a ser dirimido na seara arbitral.

Na terceira etapa do trabalho, após a apropriada definição da arbitragem, sua natureza, assim como dos precedentes brasileiros, sua racionalidade e alcance, analisaremos em que medida um precedente judicial pode influenciar a arbitragem e, no caso de sua inobservância, quais os efeitos causados caso a sentença arbitral seja submetida ao crivo do Poder Judiciário.

Todos esses pontos nos permitirão realizar uma análise aprofundada sobre como os precedentes judiciais se relacionam com a arbitragem. Essa discussão se mostra relevante neste momento, pois foi justamente com a promulgação do CPC que essas questões passaram a se tornar relevantes, especialmente em comparação com os Códigos de Processo Civil de 1939 e de 1973. Por consequência, é fundamental a discussão acerca de eventual vinculação do árbitro, por também exercer função jurisdicional e ser equiparado ao juiz de fato e de direito enquanto exerce sua função, de fundamentação e observância, seja por conta da natureza da arbitragem, da aplicação da lei brasileira quando escolhida pelas partes litigantes e em função do papel exercido pelo precedente enquanto fonte de direito. E, ainda mais relevante, quais seriam as consequências em caso de sua não observância.

2.
A ARBITRAGEM

2.1. Contexto histórico

Feita essa breve introdução acerca do caminho que traçaremos ao longo do presente trabalho, e antes mesmo de nos debruçarmos sobre esses relevantes questionamentos, é fundamental termos o conceito de arbitragem bem definido, delimitado e, na medida do possível, analisado sob o contexto de vinculação aos precedentes judiciais. Muito disso passa por uma compreensão legislativa histórica da arbitragem, inclusive para entendermos como o legislador pretendeu que se desenvolvesse a relação entre o Poder Judiciário e a arbitragem. Ao longo desse segundo capítulo trataremos da história da arbitragem, o seu conceito, destacando nesse caminho as noções gerais da arbitragem, suas principais características e princípios mais relevantes ao presente estudo. Mais adiante, seguiremos analisando a natureza da arbitragem.

Durante muitos anos a arbitragem sempre foi definida e idealizada como um meio alternativo de resolução de conflito, conceito esse que continua atual, mas que, ao mesmo tempo evoluiu e se modernizou, até chegar à ideia de um método adequado de resolução de conflitos, ainda que independente ao Poder Judiciário, por meio do qual indivíduos, escolhidos pelas partes, serão os responsáveis por analisar e decidir o conflito que lhes foi trazido de modo vinculante e definitivo para as partes[1].

[1] Conforme lição de Francisco José Cahali, "a nomenclatura usada pela doutrina de língua inglesa é *Alternative Dispute Resolution* – ADR. Atualmente já se fala em meios adequados para

A arbitragem em solo brasileiro remonta aos tempos da Constituição do Império de 1824[2]. Teve, nesse âmbito, sucessivas menções e previsões em outros textos legais, como foi o caso da Lei n. 108/1837[3], do Código Comercial[4] do Império do Brasil de 1850[5] e, ainda, no Código Civil de 1916[6], que chegou a prever a arbitragem como um método de solução de conflitos futuros e para aqueles que estiverem em juízo[7]. Essa situação foi depois alterada pelo CPC de 1939, segundo o qual assim que houvesse uma decisão proferida pelo Poder Judiciário o conflito já não poderia mais

a resolução de conflitos, tendo em vista que se deve pensar no método mais correto para a solução do conflito trazido pela(s) parte(s). Também rotineiramente se apresenta o tema como Mesc – Meios extrajudiciais de solução de conflitos". CAHALI, Francisco José. **Curso de arbitragem**: mediação, conciliação, resolução CNJ 125/2010. 6. ed. São Paulo: RT, 2017.

2 "Art. 160. Nas cíveis, e nas penaes civilmente intentadas, poderão as Partes nomear Juizes Arbitros. Suas Sentenças serão executadas sem recurso, se assim o convencionarem as mesmas Partes".

3 "Art. 14. O conhecimento de todas as acções derivadas de contractos de locação de serviços, celebrados na conformidade da presente Lei, será da privativa competencia dos Juizes de Paz do foro do locatario, que as decidirão summariamente em audiencia geral, ou particular para o caso, sem outra fórma regular de processo, que não seja a indispensavelmente necessaria para que as partes possão allegar, e provar em termo breve o seu direito; admittindo a decisão por arbitros na sua presença, quando alguma das partes a requerer, ou elles a julgarem necessaria por não serem liquidas as provas".

4 Segundo Pedro A. Batista Martins: "Ainda nesse mesmo ano, o Código Comercial traz em seu bojo a figura do juízo arbitral e, seguindo a tendência já delineada no passado, prescreve-o de modo obrigatório às questões (i) resultantes de contratos de locação mercantil, (ii) suscitadas pelos sócios, entre si, ou com relação à sociedade, inclusive quanto à liquidação ou partilha, (iii) de direito marítimo, no que toca a pagamento de salvados e sobre avarias, repartição ou rateio das avarias grossas e (iv) relacionadas à quebra". MARTINS, Pedro A. Batista. Arbitragem através dos tempos. Obstáculos e preconceitos à sua implementação no Brasil. *In*: (org.) GARCEZ, José Maria Rossani. **A arbitragem na era da globalização**. Rio de Janeiro: Forense, 1997.

5 "Art. 21. Todo o Tribunal ou Juiz que conhecer de negocios ou causas do commercio, todo o arbitro ou arbitrador, experto ou perito que tiver de decidir sobre objectos, actos ou obrigações commerciaes, he obrigado a fazer applicação da Legislação commercial aos casos occorrentes".

6 "Art. 1.037. As pessoas capazes de contratar poderão, em qualquer tempo, louvar-se, mediante compromisso escrito, em árbitros, que lhes resolvam as pendências judiciais, ou extrajudiciais".

7 "Art. 1.038. O compromisso é judicial ou extrajudicial. O primeiro pode celebrar-se por termo nos autos, perante o juízo ou tribunal, por onde correr a demanda; o segundo, por instrumento público ou particular, assinado pelas partes e duas testemunhas".

ser submetido a um procedimento arbitral[8]. O CPC de 1939 também previa, para fins de anulação da sentença arbitral, que o juiz poderia anular a sentença arbitral em caso de violação a direito expresso no momento da aplicação da lei[9]. A Constituição Federal de 1967, em seu artigo 7º, por sua vez, previa a possibilidade expressa de resolução de conflitos internacionais por meio de arbitragem[10]. O CPC de 1973 trouxe tímidas disposições acerca do instituto da arbitragem, porém sem maiores impactos a um instituto até aquela época bastante desconhecido pelo mundo jurídico[11].

Nesse ponto, válido registrar que o legislador não se preocupou em apontar de forma expressa e literal que a arbitragem estaria subordinada ao Poder Judiciário ou que os árbitros estariam vinculados às decisões proferidas pelo Poder Judiciário. Contudo, a obrigatoriedade de homologação da sentença arbitral para que esta produzisse os mesmos efeitos da sentença estatal abria margem para um controle mais efetivo pelo Poder

[8] "Art. 1.035. Celebrado o compromisso na pendência da lide, os autos serão entregues aos árbitros, mediante recibo e independentemente de traslado. Parágrafo único. Não se admitirá juízo arbitral depois de proferida a decisão em qualquer instância".

[9] ALVES, Rafael Francisco. **Árbitro e direito**: o julgamento de mérito na arbitragem. São Paulo: Almedina, 2018, p. 82.

[10] "Art. 7º: Os conflitos internacionais deverão ser resolvidos por negociações diretas, arbitragem e outros meios pacíficos, com a cooperação dos organismos internacionais de que o Brasil participe".

[11] Aqui é válido trazer um breve registro histórico de Antônio Pereira Gaio Júnior, relativo à lição de Carlos Alberto Carmona: "Já na antiguidade, era a arbitragem exercida tanto como forma de solução de conflitos quanto em questão ao direito interno, como também meio de abrandar litígios entre cidades-estados da Babilônia. Igualmente encontramos tal instituto em toda a época da Grécia clássica, representando a concepção diferenciada em face da justiça do direito comum, dada a unidade de raça, tradição e cultura, estas propiciadoras da instituição da arbitragem neste momento e país. Conforme observa Carmona, encontra-se no Tratado de 445 a.C entre Esparta e Atenas estipulação de cláusula compromissória expressa, remetendo as partes para a via arbitral quando surgisse uma eventual disputa. Em Roma [...] a Arbitragem se evidenciava nas duas formas do processo romano agrupadas na *ordo judiciorum privatorum*: o processo das *legis actiones* e o processo *per formulário*. [...] Na Idade Média, mais precisamente, na França, a arbitragem era praticada de forma frequente nos foros. Após as ordenanças reais de 1510, 1516 e 1535, o édito de François II, de 1150, confirmado pela Ordenança de Moulins. Já as ordenanças de 1629, 1667 e 1673 conduziram a arbitragem até o período revolucionário, permanecendo ela em vigor no seu triunfo". GAIO JÚNIOR, Antônio Pereira. **Lei n. 9.307/96**: natureza, historicidade e constitucionalidade da arbitragem no Brasil. Arbitragem 15 anos da Lei n. 9.307/96. Belo Horizonte: Del Rey, 2012, p. 10.

Judiciário[12], ainda que não existisse naquela época um regime de precedentes, tal como previsto no CPC. Na mesma toada, o art. 1.045, IV[13] do CPC de 1939 também previa a possibilidade de anulação da sentença arbitral que não seguisse a interpretação da lei conferida pelos juízes estatais.

Foi com a promulgação da Lei n. 9.307/1996[14], também conhecida como Lei de Arbitragem, que esse instituto tomou os contornos hoje conhecidos, elencando regras e princípios a serem observados pelas partes e pelos árbitros ao longo de um procedimento arbitral[15], prevendo também especificidades da convenção arbitral, regras de suspeição do árbitro e causas de nulidades da sentença arbitral, dentre outras providências[16]. O início da vigência da Lei de Arbitragem foi conturbado, considerando que a Constituição Federal de 1988 ("CF"), naquela época ainda com pouco mais de 8 anos de vigência, tinha como um dos seus princípios basilares o acesso à justiça[17], reflexo de um conturbado e problemático período que antecedeu a atual CF[18].

[12] BONATO, Giovanni. Panorama da arbitragem na França e na Itália. Perspectiva de direito comparado com o sistema brasileiro. **Revista Brasileira de Arbitragem**. Comitê Brasileiro de Arbitragem CBAr & IOB, v. XI, Issue 43, 2014, p. 64-65.

[13] "Art. 1.045. Será nula a decisão arbitral: IV – quando infringente de direito expresso, salvo si, autorizado no compromisso, o julgamento tiver sido por equidade".

[14] O art. 114, § 1º e § 2º da CF previam a possibilidade de arbitragem para conflitos trabalhistas: "§ 1º Frustrada a negociação coletiva, as partes poderão eleger árbitros; § 2º Recusando-se qualquer das partes à negociação coletiva ou à arbitragem, é facultado às mesmas, de comum acordo, ajuizar dissídio coletivo de natureza econômica, podendo a Justiça do Trabalho decidir o conflito, respeitadas as disposições mínimas legais de proteção ao trabalho, bem como as convencionadas anteriormente".

[15] Art. 21, § 2º Serão, sempre, respeitados no procedimento arbitral os princípios do contraditório, da igualdade das partes, da imparcialidade do árbitro e de seu livre convencimento.

[16] TIBÚRCIO, Carmen. A Lei de Arbitragem e a pretensa inconstitucionalidade do seu artigo 7º. **Revista de Direito Administrativo** n. 218, Rio de Janeiro, out.-dez. 1999, p. 195.

[17] Segundo Carmen Tibúrcio: "A grande questão referente à arbitragem diz respeito à compreensão do artigo 5º, inciso XXXV da Constituição Federal em vigor, que garante o acesso ao Judiciário [...] Este dispositivo foi introduzido pela Constituição de 1946, em seu artigo 141, § 4º e desde então a doutrina tem se dedicado a questionar se o instituto da arbitragem violaria o direito de acesso ao Judiciário". TIBÚRCIO, Carmen. A Lei de Arbitragem e a pretensa inconstitucionalidade do seu artigo 7º. **Revista de Direito Administrativo** n. 218, Rio de Janeiro, out.-dez. 1999, p. 186.

[18] BRASIL. Constituição Federal (1988). Art. 5º XXXV – a lei não excluirá da apreciação do Poder Judiciário lesão ou ameaça a direito;

De todo modo, o que pode se inferir da redação original da Lei de Arbitragem é que, desde aquela época, o legislador previu um sistema independente, que não estaria subordinado ao Poder Judiciário, completo e fechado em si – como veremos de forma mais detalhada adiante – de modo que a influência do Poder Judiciário e das decisões que seriam lá proferidas teriam limitada influência na arbitragem. Não por menos, não constava na Lei de Arbitragem a possibilidade de se anular uma sentença arbitral que não observasse determinadas decisões do Poder Judiciário, assim como não havia, como ainda não há, qualquer previsão que estabeleça a possibilidade de se anular uma sentença arbitral que julgue "mal" o conflito posto, tal como existia no CPC de 1939.

Evidentemente que essas pretensões causaram certa desconfiança no mundo jurídico, levando o Supremo Tribunal Federal ("STF") a analisar a constitucionalidade da Lei de Arbitragem. Apenas em 2001, após 4 anos de julgamento, a arbitragem foi declarada constitucional perante os princípios da CF por sete votos a quatro. Tal discussão se iniciou após o julgamento de um pedido de homologação de sentença estrangeira[19], em que foi suscitada a constitucionalidade da Lei de Arbitragem pelo então Ministro Moreira Alves.

Merece destaque o seguinte trecho do voto do Ministro Jobim, sintetizando a sua posição sobre a questão em debate:

> Não há nenhuma vedação constitucional a que as partes, maiores e capazes, ajustem a submissão de conflitos, que possam decorrer de relações jurídicas decorrentes de contrato específico, ao sistema da arbitragem. Não há renúncia abstrata à jurisdição. Há isto sim convenção de arbitragem sobre litígios futuros e eventuais, circunscritos à específica relação contratual, rigorosamente determináveis. Há renúncia relativa à jurisdição.

[19] Por sete votos a quatro, os ministros do Supremo Tribunal Federal decidiram que a Lei da Arbitragem é constitucional. Eis a ementa do julgamento: "O Tribunal, por unanimidade, proveu o agravo para homologar a sentença arbitral, vencidos parcialmente os Senhores Ministros Sepúlveda Pertence, Sydney Sanches, Néri da Silveira e Moreira Alves, no que declaravam a inconstitucionalidade do parágrafo único do art. 6º; do art. 7º e seus parágrafos; no art. 41, das novas redações atribuídas ao art. 267, inc. VII; e ao art. 301, inc. IX, do CPC e do art. 42, todos da Lei 9.307 de 23/09/1996. Votou o Presidente, o Senhor Ministro Marco Aurélio. Plenário, 12/12/2001, SE 5.206".

A Ministra Ellen Gracie, naquela oportunidade, também ressaltou a importância da arbitragem frente as relações comerciais internacionais:

> Negar possibilidade a que a cláusula compromissória tenha plena validade e que enseje execução específica importa em erigir em privilégio da parte inadimplente o furtar-se à submissão à via expedita de solução da controvérsia, mecanismo este pelo qual optara livremente, quando da lavratura do contrato original em que inserida essa previsão. É dar ao recalcitrante o poder de anular condição que – dada a natureza dos interesses envolvidos – pode ter sido consideração básica à formação da avença. É inegável que, no mundo acelerado em que vivemos, ter, ou não, acesso a fórmulas rápidas de solução de pendências resultantes do fluxo comercial, constitui diferencial significativo no poder de barganha dos contratantes.

No ano subsequente, a Convenção da ONU sobre Reconhecimento e Execução de Laudos Arbitrais Estrangeiros[20], aprovada em Nova Iorque em 1958 ("Convenção de Nova York"), foi ratificada[21], passando a produzir efeitos em solo nacional, fazendo com que o instituto

[20] "In most states, the recognition and enforcement of foreign arbitral awards is governed by the Convention on the Recognition and Enforcement of Foreign Arbitral Awards of 10 June 1958, also known as the New York Convention. Currently, 156 states are party to the New York Convention (see para. 138). (1978) Indeed, the vast acceptance of this instrument and the fact that arbitral awards can more often be recognized in another jurisdiction than court judgments is viewed as one of the significant advantages of arbitration over litigation in state courts". GIRSBERGER, Daniel; VOSER, Nathalie. Chapter 8: Recognition and Enforcement of Arbitral Awards. *In*: **International arbitration**: comparative and Swiss perspectives. 3. ed. Kluwer Law International; Schulthess Juristische Medien AG, 2016, p. 433. Tradução livre: "Na maioria dos estados, o reconhecimento e a execução de sentenças arbitrais estrangeiras são regidos pela Convenção sobre o Reconhecimento e Execução de Sentenças Arbitrais Estrangeiras de 10 de junho de 1958, também conhecida como Convenção de Nova York. Atualmente, 156 estados são partes da Convenção de Nova York (ver parágrafo 138). (1978) Na verdade, a vasta aceitação deste instrumento e o fato de que as sentenças arbitrais podem ser mais frequentemente reconhecidas em outra jurisdição do que as decisões judiciais é vista como uma das vantagens significativas da arbitragem com relação aos processos judiciais dos tribunais estatais".

[21] Por meio do Decreto n. 4.311, publicado em 23 de julho de 2002.

ganhasse força[22] aos olhos de investidores internacionais e obtendo maior credibilidade[23].

A ratificação da Convenção de Nova York e a confirmação da constitucionalidade da Lei de Arbitragem foram pontos cruciais para o desenvolvimento da arbitragem no Brasil e no cenário internacional. A Convenção de Nova York representa um suporte essencial para os *players* do comércio internacional em seus conflitos em um cenário de sistemas jurídicos distintos e desprovidos de uma autoridade judiciária internacional, garantindo que as decisões proferidas no âmbito internacional sejam respeitadas pelas cortes nacionais.

[22] Para Giovanni Bonato, "A mudança de postura em sentido mais favorável à arbitragem prosseguiu nos anos cinquenta e sessenta por meio de uma série de fatores: a elaboração da Convenção de Nova Iorque de 1958 sobre o "Reconhecimento e Execução de Sentenças Arbitrais Estrangeiras"; a explícita tomada de posição em prol da arbitragem na jurisprudência francesa, inaugurada com o acórdão Gosset, de 1963, da Corte Cassação francesa, que trouxe o princípio da autonomia da cláusula compromissória em matéria de arbitragem internacional; o surgimento, no pensamento de alguns doutrinadores europeus, de uma nova concepção de jurisdição, conceituada como uma atividade exercível também pelos particulares e não apenas pelos juízes públicos". BONATO, Giovanni. Panorama da arbitragem na França e na Itália. Perspectiva de direito comparado com o sistema brasileiro. **Revista Brasileira de Arbitragem**. Comitê Brasileiro de Arbitragem CBAr & IOB, v. XI, Issue 43, 2014, p. 64.

[23] Segundo Eleonora Coelho e Renato Parreira Stetner, "A convenção de Nova Iorque é o mais relevante diploma internacional unilateral atinente à arbitragem, tanto por sua abrangência mundial, quanto por ter sido e continuar sendo a principal mola propulsora do desenvolvimento da arbitragem internacional, ao garantir aos diversos signatários a efetividade de decisões arbitrais por meio de procedimento simples e conhecidos de reconhecimento e execução. Assim, a ratificação da Convenção pelo Brasil, ainda que tardia, deve ser comemorada e vista como o elemento que consolida a arbitragem internacional em nosso país. Apesar da ratificação da Convenção de Nova Iorque não ter trazido alterações de maior monta no ordenamento jurídico interno, uma vez que a Lei n. 9.306/1996 trazia disposições sobre reconhecimento e homologação de sentenças arbitrais estrangeiras semelhantes àquelas contidas na Convenção, não há dúvida de que a ratificação aumenta a segurança jurídica de partes estrangeiras em participarem de procedimentos arbitrais com partes brasileiras, e coloca à disposição do Brasil, como bem observa José Maria Rossani Garcez, uma via de mão dupla para obter, entre os Estados signatários, execução das sentenças arbitrais proferidas em seus territórios". Disponível em: http://eleonoracoelho.com.br/wp-content/uploads/2018/06/01-convencaodeny-2004.pdf. Acesso em: 04 jul. 2020.

Como coloca Nadia de Araújo:

> Esse é justamente um dos objetivos da Convenção de Nova Iorque: fazer com que, no plano internacional, o reconhecimento da sentença arbitral estrangeira não seja frustrado em outra jurisdição. Por isso, segundo o artigo III da Convenção, os Estados-partes têm o dever de reconhecer e executar os laudos proferidos nos territórios dos demais Estados, eis que obrigatórios. Portanto, outro princípio geral da Convenção de Nova Iorque é a "obrigatoriedade do reconhecimento" dos laudos proferidos no estrangeiro. [...] Assim, sob a égide da Convenção de Nova Iorque, a homologação da sentença arbitral estrangeira representa o reconhecimento de seus Estados signatários de que as escolhas feitas pelas partes, em favor da arbitragem, devem ser respeitadas na ordem internacional[24].

Contudo, a homologação de uma sentença arbitral estrangeira não é absoluta e a Convenção de Nova York permite que:

> national courts to deny recognition to arbitral awards that are based upon fundamentally unfair, arbitrary, or unbalanced procedures, applying either a uniform international standard of procedural fairness under Article V (l) (b) or local procedural public policies and procedural protections guaranteed by mandatory national law under Article V(2)(b)[25].

É válido apontar que antes mesmo da ratificação da Convenção de Nova York já havia sido ratificada no Brasil, em 1995, por meio do Decreto Legislativo n. 90, a Convenção Interamericana sobre Arbitragem Comercial firmada na cidade do Panamá, em 06 de junho de 1975, que

[24] ARAÚJO, Nadia de. Parecer. Questões sobre a motivação de laudo arbitral estrangeiro e sua homologação no Brasil: SE 5692/US. **Revista de Arbitragem** n. 45, jan.-mar. 2015, p. 18-57.

[25] BORN, Gary. Principle of judicial non-interference in international arbitral proceedings, the anniversary contributions. **International Litigation & Arbitration**, 30 U. Pa. J. Int'l L. 999, 2009. Disponível em: https://scholarship.law.upenn.edu/jil/vol30/iss4/22, p. 1016. Acesso em: 13 set. 2020. Tradução livre: tribunais nacionais para negar o reconhecimento de sentenças arbitrais baseadas em procedimentos fundamentalmente injustos, arbitrários ou desequilibrados, aplicando um padrão internacional uniforme de justiça processual nos termos do Artigo V (l) (b) ou políticas públicas processuais locais e proteções processuais garantidas por legislação nacional nos termos do Artigo V (2) (b).

apesar de conter previsões semelhantes àquelas trazidas pela Convenção de Nova York[26], tinha abrangência limitada ao continente americano.

Antes mesmo da Convenção de Nova York ou da Convenção Interamericana, o Brasil já era signatário das Convenções de Genebra de 1923 e de 1927 que tinham, respectivamente, como objetivo, garantir que as cláusulas de arbitragem seriam exequíveis internacionalmente, evitando que os tribunais nacionais aceitassem julgar casos que continham cláusula arbitral, e que as sentenças arbitrais estrangeiras fossem exequíveis nos tribunais locais; alargando o alcance de sua anterior convenção, também previa o reconhecimento e a execução das sentenças arbitrais, ainda que mediante prova das condições necessárias à sua execução[27].

O Código Civil de 2002 ("CC"), ainda que timidamente, também ratificava a possibilidade de conflitos serem solucionados por terceiros nos arts. 851 a 853 do CC[28]. Com isso, a arbitragem se estabilizou, ao menos em seu aspecto constitucional, não havendo mais qualquer discussão a

[26] "The European and Inter-American Conventions feature similar provisions". BORN, Gary. Principle of judicial non-interference in international arbitral proceedings, the anniversary contributions. **International Litigation & Arbitration**, 30 U. Pa. J. Int'l L. 999, 2009. Disponível em: https://scholarship.law.upenn.edu/jil/vol30/iss4/22, p. 1016. Acesso em: 13 set. 2020.

[27] Segundo Alan Redfern e Martin Hunter: "This led to what became known as the problem of 'double exequatur': to show that the award had become final in its country of origin, the successful party was often obliged to seek a declaration (an exequatur) in the courts of the country in which the arbitration took place to the effect that the award was enforceable in that country before it could go ahead and enforce the award (a second exequatur) in the courts of the place of enforcement". REDFERN, Alan; HUNTER, Martin. **Redfern and Hunter on International Arbitration**. 6. ed. Kluwer Law International; Oxford University Press, 2015, p. 60. Tradução livre: Isso levou ao que ficou conhecido como o problema do *duplo exequatur*: para mostrar que a sentença havia se tornado definitiva em seu país de origem, a parte vencedora muitas vezes era obrigada a buscar uma declaração (um *exequatur*) nos tribunais do país em que a arbitragem ocorreu no sentido de que a sentença era executável naquele país antes que pudesse prosseguir e executá-la (um segundo *exequatur*) nos tribunais do local de execução.

[28] Art. 851. É admitido compromisso, judicial ou extrajudicial, para resolver litígios entre pessoas que podem contratar; Art. 852. É vedado compromisso para solução de questões de estado, de direito pessoal de família e de outras que não tenham caráter estritamente patrimonial; Art. 853. Admite-se nos contratos a cláusula compromissória, para resolver divergências mediante juízo arbitral, na forma estabelecida em lei especial.

esse respeito da lei que permitia às partes retirarem do Estado a jurisdição exclusiva para a resolução de conflitos.

Diante dessa conjuntura legislativa mais estável é que a arbitragem passou a se desenvolver de forma mais robusta, até alcançar um patamar sólido de confiabilidade. Sobre a evolução da arbitragem, Arnoldo Wald sintetiza:

> Desde a promulgação da Lei de Arbitragem (Lei 9.307), em 1996, a arbitragem vem crescendo exponencialmente, tanto no que tange ao número de julgados de casos, de advogados especializados na matéria e de publicações sobre o assunto. O avanço da arbitragem colocou o Brasil nos holofotes internacionais, colocando-o no quarto ou quinto lugar no *ranking* mundial no campo internacional, nos últimos anos. Os avanços doutrinários e jurisprudenciais dos últimos tempos colocaram nosso país em posição de destaque. Não surpreende, pois, que em 2012, o Professor Albert Van den Berg referiu-se ao Brasil como a "belle of the ball" da arbitragem internacional. O desenvolvimento da arbitragem no Brasil, nos últimos 20 anos, e, em especial, na última década, corresponde ao atingido por outros países em mais de meio século. Até a presente data, o número de arbitragens iniciadas nas dez principais instituições brasileiras, em 2013, cresceu mais de 10% em relação a 2012, chegando a mais de 200 procedimentos iniciados. Em relação a 2013 e 2014, houve um aumento de quase 12% (11,60%) por ano. Ilustrativamente, os números do CAM/CCBC, a instituição com o maior número de casos no país, quase triplicaram de 2008 (27 casos), até 2014 (95 novos processos)[29].

Quase 20 anos após a promulgação da Lei de Arbitragem, é que ocorreu sua primeira reforma por meio da Lei n. 13.129/2015, em vigor desde 25 de julho de 2015. Com isso, a Lei de Arbitragem foi modernizada, trazendo à realidade brasileira as boas práticas internacionais, como a possibilidade expressa de serem proferidas sentenças parciais de mérito, a possibilidade de as partes afastarem a restrição prevista em regulamento de instituição arbitral que limite a escolha do árbitro aos nomes constantes de sua própria lista de árbitros, formalmente abrindo o espectro de alcance da arbitragem. Citamos ainda, como exemplo, a expressa previsão da utilização da

[29] WALD, Arnoldo. A reforma da lei de arbitragem. **Revista dos Tribunais**, v. 962, São Paulo: RT, dez. 2015.

arbitragem para conflitos envolvendo a administração pública direta e indireta[30], cuja aplicação já vinha sendo defendida pela jurisprudência, a criação de dispositivo na Lei das Sociedades Anônimas (art. 136-A), que autoriza a inclusão de convenção de arbitragem no estatuto social, dentre outras providências[31]. Vale apontar que o legislador, de forma acertada, manteve o escopo restrito das hipóteses de desconstituição da sentença arbitral às previstas nos arts. 32 e 33 da Lei de Arbitragem.

Pouco tempo depois, em 18 de março de 2016, o CPC entrou em vigor e trouxe novas disposições que ratificam e facilitam a comunicação entre o Tribunal Arbitral e o Juízo Estatal[32], dando ainda mais reforço ao instituto ao citar que a arbitragem é permitida na forma da lei, como previsto no art. 3º, § 1º, do CPC. Devemos apontar, contudo, que o CPC perdeu uma importante chance de resolver relevantes questões processuais como, por exemplo, a não inclusão da possibilidade de se arguir a existência da cláusula arbitral em contestação sem obrigatoriamente abrir todas as demais teses de defesa.

Um dos objetivos primordiais do CPC foi revolucionar a relação das decisões judiciais com as decisões pretéritas, determinando, em algumas situações, uma vinculação extremamente rígida, conforme veremos mais adiante. Porém, como a Lei de Arbitragem foi modificada pouco antes da entrada em vigor do CPC, nada foi mencionado sobre eventual relação da arbitragem com os precedentes judiciais em nenhum dos diplomas.

A jurisprudência pátria também colaborou, em muitas oportunidades, para a consolidação da arbitragem no Brasil. No julgamento da Sentença

[30] Art. 1º As pessoas capazes de contratar poderão valer-se da arbitragem para dirimir litígios relativos a direitos patrimoniais disponíveis. § 1º A administração pública direta e indireta poderá utilizar-se da arbitragem para dirimir conflitos relativos a direitos patrimoniais disponíveis. § 2º A autoridade ou o órgão competente da administração pública direta para a celebração de convenção de arbitragem é a mesma para a realização de acordos ou transações.

[31] Arnoldo Wald também registra: "Assim, em síntese, a nossa conclusão é no sentido de que, a Lei fortalece a arbitragem, pois complementa a legislação vigente, desfazendo incertezas e permitindo soluções rápidas e eficientes para os litígios, além de tornar o processo arbitral, cada vez mais, um importante indutor de acordos, reduzindo a excessiva litigiosidade da qual sofremos". WALD, Arnoldo. A reforma da lei de arbitragem. **Revista dos Tribunais**, v. 962, São Paulo: RT, dez. 2015, p. 13.

[32] Art. 260, § 3º: § 3º A carta arbitral atenderá, no que couber, aos requisitos a que se refere o *caput* e será instruída com a convenção de arbitragem e com as provas da nomeação do árbitro e de sua aceitação da função.

Estrangeira Contestada 507, o STJ, por meio do Relator Ministro Gilson Dipp[33], afastou a possibilidade de o STJ analisar o mérito da sentença arbitral estrangeira, registrando que a corte deve se limitar às hipóteses previstas nos arts. 38 e 39 da Lei de Arbitragem: "Na hipótese, para a eventual análise da alegação de que o contrato objeto da arbitragem é 'de adesão', seria necessário o exame do mérito da relação de direito material afeto ao objeto da sentença estrangeira homologanda, o que se mostra inviável na presente via".

Em 12 de dezembro de 2017, o STJ novamente reforça o instituto da arbitragem ao reconhecer a preponderância do princípio *kompetenz-kompetenz*[34], de modo que o árbitro tem a primazia sobre o Poder Judiciário para resolver questões relacionadas acerca da existência, validade e eficácia da própria convenção de arbitragem e de seu respectivo instrumento contratual.

Segundo o Ministro Relator Villas Bôas Cueva:

> Em assim o fazendo, a competência do juízo arbitral precede, em regra, à atuação jurisdicional do Estado para dirimir litígios relativos a direitos patrimoniais disponíveis. A sentença arbitral produz entre as partes envolvidas os mesmos efeitos da sentença judicial e, se condenatória, constitui título executivo. Além disso, tão somente após a sua superveniência é possível a atuação do Poder Judiciário para anulá-la, nos termos dos artigos 31, 32 e 33 da Lei 9.307/1996.

De todo modo, percebemos que a história da arbitragem no Brasil é bastante recente e tornou-se bastante intensa nos últimos 25 anos, especialmente com a discussão acerca da sua constitucionalidade, até os dias atuais, em que providências como o aprimoramento da comunicação entre os árbitros e o Poder Judiciário são valorizadas visando dar cada vez mais solidez à arbitragem.

O que esse breve histórico nos mostra é que a arbitragem foi evoluindo de forma bastante lenta desde a sua primeira previsão na Constituição de

[33] BRASIL. Superior Tribunal de Justiça. Sentença estrangeira contestada n. 507. Rel. Min. Gilson Dipp, Brasília, DF, 13 de novembro de 2006.

[34] BRASIL. Superior Tribunal de Justiça. Recurso Especial 1.550.250/RS. Rel. Min. Villas Bôas Cueva, Brasília, DF, 12 de dezembro de 2017.

1824 até a promulgação da Lei de Arbitragem em 1996. Desde então, questões complexas foram surgindo de forma exponencial, tal como a previsão de conflito de competência entre Tribunais Arbitrais, a possibilidade de extensão subjetiva da cláusula compromissória, até chegarmos na presente discussão, em que avaliamos como os precedentes judiciais se relacionam com as decisões proferidas pelos árbitros.

De todo modo, concluímos desse breve histórico que o legislador nunca previu que os árbitros deveriam seguir os posicionamentos do Poder Judiciário, sob pena de tornar inválida a sentença arbitral. A exceção, como vimos, se deu com o CPC de 1939, que previu a possibilidade de se anular a sentença arbitral que violasse direito expresso. A evolução legislativa da arbitragem nos mostrou que com o passar dos anos e das décadas, a arbitragem foi se consolidando e se fortificando como um sistema próprio, apto a dar início, meio e fim a um conflito submetido a um procedimento arbitral.

2.2. O conceito

2.2.1. Noções gerais

Entender, ainda que brevemente, a história da arbitragem é um importante primeiro passo para compreender o seu real significado para o direito brasileiro e sua relação com as decisões judiciais pretéritas. Não desenvolveremos nesse capítulo todas as características da arbitragem, mas apenas aquelas principais que contribuem ao estudo sobre como os precedentes judiciais podem nela influenciar.

Philippe Fouchard, Emmanuel Gaillard e Berthold Goldman definem a arbitragem como:

> a device whereby the settlement of a question, which is of interest for two or more persons, is entrusted to one or more other persons – the arbitrator or arbitrators – who derive their powers from a private agreement, not from the authorities of a State, and who are to proceed and decide the case on the basis of such an agreement[35].

[35] FOUCHARD, Philippe; GAILLARD, Emmanuel; GOLDMAN, Berthold. **Fouchard, Gaillard, Goldman on international commercial arbitration, Emmanuel Gaillard e John Savage**. Haia: Kluwer Law International, 1999, p. 9. Tradução livre: um dispositivo pelo qual a resolução de uma questão, que é do interesse de duas ou mais pessoas, é confiada a uma

A arbitragem é, portanto, um método de resolução de conflitos por meio do qual as partes elegem um particular, ou vários, mas sempre em número ímpar, que irão solucionar o seu conflito, afastando a jurisdição do Poder Judiciário e transferindo essa responsabilidade a um tribunal privado[36].

Segundo Alan Redfern e Martin Hunter, a arbitragem pode ser definida como

> [...] a very simple method of resolving disputes. Disputants agree to submit their disputes to an individual whose judgment they are prepared to trust. Each puts its case to this decision maker, this private individual – in a word, this 'arbitrator'. He or she listens to the parties, considers the facts and the arguments, and makes a decision. That decision is final and binding on the parties – and it is final and binding because the parties have agreed that it should be, rather than because of the coercive power of any state. (3) Arbitration, in short, is an effective way of obtaining a final and binding decision on a dispute, or series of disputes, without reference to a court of law (although, because of national laws and international treaties such as the New York Convention, that decision will generally be enforceable by a court of law if the losing party fails to implement voluntarily).It is hardly surprising that such an informal and essentially private and consensual system of dispute resolution came to be adopted by a local tribe or community – or even by a group of dealers or merchants trading within a particular area or market, or

ou mais pessoas – o árbitro ou árbitros – que derivam seus poderes de um acordo privado, não das autoridades de um Estado, e quem deve proceder e decidir o caso com base em tal acordo.

[36] Segundo Alexandre Freitas Câmara, a arbitragem é "um meio paraestatal de solução de conflitos, inserido nas conquistas alcançadas pela 'terceira onda renovatória' do Direito Processual. Trata-se de um meio de heterocomposição de conflitos, ou seja, um meio de composição do litígio em que este é solucionado por um terceiro, estranho ao conflito, isto é, a solução do conflito é obra de alguém que não é titular de nenhum dos interesses conflitantes". CÂMARA, Alexandre Freitas. **Arbitragem** – Lei n. 9.307/96. 2. ed. Rio de Janeiro: Lumen Juris, 1997, p. 6. Carlos Alberto Carmona, por sua vez, define a arbitragem como sendo o "meio alternativo de solução de controvérsias através da intervenção de uma ou mais pessoas que recebem seus poderes de uma convenção privada, decidindo com base nela, sem intervenção estatal, sendo a decisão destinada a assumir a mesma eficácia da sentença judicial". CARMONA, Carlos Alberto. **Arbitragem e processo**. 3. ed. São Paulo: Atlas, 2009, p. 31.

attached to a particular chamber of commerce. (4) It is rather more surprising that such a simple system of resolving disputes has come to be accepted worldwide (and not merely by individuals, but by major corporations and states) as the established method of resolving disputes in which millions, or even hundreds of millions, of dollars are at stake[37].

A arbitragem não pode ser entendida como um mecanismo apto a "desafogar" o Poder Judiciário, tendo em vista que essa nunca foi a pretensão desse instituto, mas sim, a de se tornar uma alternativa mais apropriada para a resolução de determinados conflitos. Do mesmo modo, a arbitragem não pode ser entendida como um subsistema do Poder Judiciário, como veremos em capítulo próprio mais adiante, pois possui autonomia frente ao Poder Judiciário, que não pode rever o mérito da sentença arbitral e tampouco deve chancelar as sentenças arbitrais para que essas tenham validade e produzam efeitos.

Isso não significa dizer que o Poder Judiciário ficará totalmente excluído dessa relação submetida a um procedimento arbitral. Ele poderá ser acionado em casos de tutelas de urgência anteriores à formação do Tribunal Arbitral ou da nomeação do árbitro único, desde que as partes

[37] REDFERN, Alan; HUNTER, Martin. **Redfern and Hunter on International Arbitration**. 6. ed. Kluwer Law International. Oxford University Press, 2015, p. 2. Tradução livre: "um método muito simples de resolução de disputas. Os litigantes concordam em submeter suas disputas a um indivíduo em cujo julgamento eles estão preparados para confiar. Cada um apresenta seu caso a esse tomador de decisão, esse indivíduo particular – em uma palavra, esse "árbitro". Ele ou ela ouve as partes, considera os fatos e os argumentos e toma uma decisão. Essa decisão é final e vinculativa para as partes – e é final e vinculativa porque as partes concordaram que deveria ser, e não por causa do poder coercitivo de qualquer estado. Arbitragem, em suma, é uma forma eficaz de obter uma decisão final e vinculativa em uma disputa, ou série de disputas, sem referência a um tribunal (embora, devido às leis nacionais e tratados internacionais, como a Convenção de Nova York, essa decisão será geralmente executada por um tribunal se a parte vencida deixar de cumpri-la voluntariamente). Não é surpreendente que um sistema informal e essencialmente privado de resolução de disputas passou a ser adotado por uma tribo ou comunidade local – ou mesmo por um grupo de negociantes ou comerciantes que negociavam em uma área ou mercado específico, ou vinculados a uma determinada câmara de comércio. É muito mais surpreendente que um sistema tão simples de resolução de disputas tenha sido aceito em todo o mundo (e não apenas por indivíduos, mas por grandes corporações e estados) como o método estabelecido de resolução de disputas em que milhões ou mesmo centenas de milhões, de dólares estão em jogo".

não tenham acordado diversamente em contrato[38]. O Poder Judiciário poderá ainda ser acionado no caso de ser necessária a sua atuação para fazer valer a cláusula compromissória, conforme previsto no art. 7º da Lei de Arbitragem, na adoção de medidas coercitivas durante o curso do procedimento arbitral, conforme autoriza o art. 22-A da Lei de Arbitragem, por meio das Cartas Arbitrais, nos termos do art. 22-C da Lei de Arbitragem, caso seja necessário executar a sentença arbitral ou mesmo quando uma das partes buscar a sua declaração de nulidade, nas hipóteses previstas na Lei de Arbitragem. Por fim, o Poder Judiciário poderá ainda ser acionado em outros casos, como para ações de produção antecipada de provas ou outras situações, desde que acordadas tais exceções na cláusula compromissória ou no regulamento da respectiva instituição arbitral.

A integração e a independência (ou coordenação) entre esses sistemas serão abordadas de maneira mais aprofundada adiante. Por ora, e naquilo que interesse a este capítulo, temos que a eleição por esta forma de resolução de conflitos se concretiza por meio de uma convenção de arbitragem, seja na forma de uma cláusula compromissória ou de um compromisso arbitral. Para tanto, as partes formam um negócio jurídico, exigindo a Lei de Arbitragem, em geral, que as partes tenham capacidade para contratar, como determinado pelo seu art. 1º, devendo ainda observar as condições gerais dos negócios jurídicos previstas no art. 104 do CC[39].

Todavia, a arbitragem não pode solucionar todo e qualquer tipo de conflito. Como antecipado, o art. 1º da Lei de Arbitragem exige que, além da capacidade de contratar, o objeto do litígio seja patrimonial e disponível, ou melhor, transacionável.

[38] Por exemplo, se o regulamento de instituição escolhida como câmara arbitral possuir um árbitro de emergência e se as partes tiverem optado por submeter tutelas de urgência exclusivamente ao árbitro de emergência, a disputa não será levada ao Judiciário.

[39] Para Paulo Magalhães Nasser, "a validade do negócio jurídico por meio do qual as partes declaram sua intenção de submeter o mérito de uma controvérsia ao juízo arbitral, em detrimento do juízo estatal, advém do art. 104 do Código Civil. Determina-se a participação de agente capaz; objeto lícito, possível e determinado ou determinável; e forma prescrita ou não proibida pela lei". NASSER, Paulo Magalhães. **Vinculações arbitrais**. Rio de Janeiro: Lumen Juris, 2019, p. 14.

Segundo Carlos Alberto Carmona:

> Diz-se que um direito é disponível quando ele pode ser ou não exercido livremente pelo seu titular, sem que haja norma cogente impondo o cumprimento do preceito, sob pena de nulidade ou anulabilidade do ato praticado com sua infringência. Assim, são disponíveis (do latim *disponere*, dispor, pôr em vários lugares, regular) aqueles bens que podem ser livremente alienados ou negociados, por encontrarem-se desembaraçados, tendo o alienante plena capacidade jurídica para tanto[40].

Logo, em determinadas situações, o Poder Judiciário possuirá competência exclusiva para julgar determinadas matérias, como é o caso de questões familiares indisponíveis, criminais ou relativas a tributos[41]. É requisito essencial que o conflito a ser solucionado seja disponível e passível de transação, o que acaba por permitir, inclusive, a participação da administração púbica direta e indireta em procedimentos arbitrais. Não por menos, atualmente, a participação da administração pública em conflitos arbitrais já é uma realidade.

As partes também devem escolher a forma pela qual o procedimento arbitral será conduzido, de modo que podem utilizar uma instituição arbitral para conduzir o procedimento arbitral, mediante suas próprias regras e regulamentos, ou ainda optar por uma condução autônoma, isto é, as partes se responsabilizam pela condução do procedimento, também

[40] CARMONA, Carlos Alberto. **Arbitragem e processo** – um comentário à Lei n. 9.307/96. 2. ed. São Paulo: Atlas, 2004, p. 56.

[41] "Trata-se a arbitragem de meio propício à solução de conflitos sobre direitos patrimoniais disponíveis ou transacionáveis, que, por de árbitro privado, escolhido pelas e destas recebendo poderes, decide a controvérsia, possuindo tal decisão a mesma força e efeitos jurídicos decorrentes daquelas sentenças proferidas pelos órgãos do Poder Judiciário". Em sua nota de rodapé, esclarece: "Cabe frisar aqui que, no caso, a ressalva feita acerca de direitos 'transacionáveis', a despeito do próprio texto legal indicar "direitos patrimoniais disponíveis (art. 1º) como aqueles passíveis de solução pela arbitragem, possui razão de ser. Ainda que o direito possa ser indisponível, não significa que seja impossível de ser transacionado como *v.g.*, os alimentos. Nisso, o direito de alimento é, verdadeiramente, indisponível, no entanto, quanto ao *quantum* referente a ele, o mesmo não podemos sustentar idêntica indisponibilidade, dada a possibilidade de ser objeto de transação, disponível nesses termos". GAIO JÚNIOR, Antônio Pereira. **Lei n. 9.307/96**: natureza, historicidade e constitucionalidade da arbitragem no Brasil. Arbitragem – 15 anos da Lei n. 9.307/96. Belo Horizonte: Del Rey, 2012, p. 2.

conhecido como modalidade *ad hoc*, em que elas podem criar as próprias regras de procedimento ou usar as regras de uma determinada câmara arbitral como referência.

Como vemos, a principal característica da arbitragem é o seu próprio caráter dispositivo, em que as partes detêm grande liberdade para definir como será processado o litígio, podendo dispor sobre o número de manifestações, o calendário de atos, inclusive para a prática dos atos dos árbitros, o número de testemunhas, as regras de inquirição, entre tantas outras possibilidades. Com isso, as partes buscam obter a solução de um conflito atual ou futuro de maneira rápida, com boa técnica e, na grande maioria das vezes, sigilosa.

O que esses comentários preliminares nos mostram é uma verdadeira desconexão com o processo judicial e com as regras organizacionais do Poder Judiciário, de modo que um conflito submetido à solução por meio da arbitragem estará livre e independente das regras do Poder Judiciário, especialmente de suas técnicas de julgamento.

2.2.2. Principais características da arbitragem

Como vimos, em comparação com o processo judicial, a arbitragem é extremamente flexível, tendo em vista que as partes podem dispor sobre diversos fatores, como o sigilo, a escolha dos árbitros, as regras de julgamento, as regras probatórias, os prazos e sua forma de cumprimento, entre outras possibilidades[42]. Por outro lado, no processo judicial, a despeito dos esforços do legislador em criar a possibilidade de as partes disporem sobre a calendarização de atos processuais e a celebração de negócios jurídicos processuais, nos termos dos arts. 190 e 191 do CPC, temos um rito muito

[42] Como destaca Michael Kerr ao comentar as diferenças entre um procedimental estatal e um procedimento arbitral: "One of the main reasons for these differences is that, unlike the position in court, when both the parties and the tribunal are governed by fixed procedural rules which will be generally adversarial in character, in arbitrations the mutual functions of the parties' lawyers and the tribunal tend to be complementary and co-operational, at least on the surface". KERR, Michael. **Concord and conflict in international arbitration in arbitration international**, v. 13, Issue 1, 1 March 1997, p. 125. Tradução livre: Uma das principais razões para essas diferenças é que, ao contrário da posição em tribunal, quando ambas as partes e o tribunal são regidos por regras processuais fixas que serão geralmente de caráter adversarial, nas arbitragens as funções mútuas dos advogados das partes e do tribunal tendem a ser complementares e cooperativas, pelo menos na superfície.

mais rígido e com limitadas possibilidades de flexibilização, diante do quase absoluto controle do juiz sobre a condução do processo judicial.

Comecemos, então, pela autonomia privada que é o "poder reconhecido ou atribuído pelo ordenamento ao sujeito de direito público ou privado de regular com próprias manifestações de vontade, interesses privados ou públicos, ainda que não necessariamente próprios"[43]. Não por menos, de acordo com Selma Lemes, a autonomia privada possui "grande ressonância no juízo arbitral, constituindo sua própria essência, desde a faculdade de dispor desta via alternativa de solução de controvérsias quando a lei o permite (direitos disponíveis), até às disposições procedimentais que regerão o juízo arbitral"[44]. Por meio do princípio da autonomia privada o agente possui a prerrogativa de praticar um determinado ato jurídico, moldando o seu conteúdo, a forma e os efeitos, desde que não desrespeite determinada conduta prevista em lei[45]. Nessa toada, Gary Born registra, ao tratar sobre o princípio da autonomia, as alternativas que podem ser adotadas[46] em um procedimento arbitral para torná-lo sob medida aos interesses das partes litigantes:

[43] PERLINGIERI, Pietro. **O direito civil na legalidade constitucional**. Tradução de Maria Cristina de Cicco. Rio de Janeiro: Renovar, 2008, p. 338.

[44] LEMES, Selma. Arbitragem. Princípios jurídicos fundamentais. Direito brasileiro e comparado. **Revista de la Corte Espanhola de Arbitraje**, v. VII, 1991, p. 31-57; **Revista dos Tribunais**, v. 686, p. 73-89, dez. 1992; **Revista de Informação Legislativa**, Senado Federal, v. 115, p. 441-468, jul.-set. 1992. Disponível em: http://selmalemes.adv.br/artigos/artigo_juri20.pdf. Acesso em: 03 set. 2020.

[45] Selma Lemes se apoia na lição de Pierre Lalive, para quem o princípio da autonomia privada: "[...] tem reconhecimento de tal forma amplo em todos os sistemas nacionais de direito internacional, ao ponto de poder mesmo ser considerado como um costume internacional ou como um "princípio geral de direito reconhecido pelas nações civilizadas" (no contexto do artigo 38 (3) do Estatuto da Corte Internacional da Justiça) ou como um elemento chave da *lex mercatoria*. A aceitação do princípio (embora talvez não de seus exatos limites ou modalidades de aplicação) é verdadeiramente universal que, segundo alguns autores, sempre que as partes tiverem escolhido o "direito" ou "normas aplicáveis", a questão do direito internacional privado (a ser aplicado) pelo árbitro foi implicitamente solucionada, de tal forma que seria supérfluo tentar determiná-la". LALIVE, Pierre. Ordem pública transnacional e arbitragem internacional. Conteúdo e realidade da ordem pública transnacional na prática arbitral. *In*: **Revista do Direito do Comércio e das Relações Internacionais**, n. 1, 1990, p. 25-69.

[46] Michael Kerr também observa como as partes podem adaptar o procedimento, fazendo com que advogados e árbitros façam mútuas concessões: "During this process they must largely fashion their own procedure. They must perforce get to know and show respect for each

> The tailoring of procedures to a particular case may involve establishing an expedited "fast-track" arbitral procedure, or emphasizing particular types of evidence (e.g., technical, site inspection), or employing innovative evidence-taking procedures (e.g., witness-conferencing, meetings of experts). Alternatively, it may involve using relatively conventional litigation procedures, much like those in some national courts, to hear the parties' submissions and evidence. In all cases, however, the parties' autonomy and the tribunal's discretion are intended to be used to adopt procedures designed to permit the most efficient, reliable, and sensible presentation of the parties' evidence and arguments in a particular case[47].

No mesmo sentido aponta Giovanni Ettore Nanni, ao comentar sobre o princípio da autonomia da vontade frente à Lei de Arbitragem:

> Destarte, com amparo em tal princípio, nas matérias suscetíveis à arbitragem, as partes têm a liberdade de instituí-la ou não; de convencionar livremente com a outra parte as regras aplicáveis ao procedimento arbitral, lei aplicável, escolha e número de árbitros, local da arbitragem, concessão para resolver por equidade. Enfim, estão limitadas apenas às leis imperativas e preceitos de ordem pública, que devem ser observados para garantir a validade e

other, and make allowances for different points of view, with both the lawyers and the tribunal constantly trying to ensure as much harmony as circumstances may permit". KERR, Michael. **Concord and conflict in international arbitration in arbitration international**, v. 13, Issue 1, 1 March 1997, p.125.

[47] BORN, Gary. Principle of judicial non-interference in international arbitral proceedings, the anniversary contributions. **International Litigation & Arbitration**, 30 U. Pa. J. Int'l L. 999, 2009. Disponível em: https://scholarship.law.upenn.edu/jil/vol30/iss4/22, p. 1004. Acesso em: 13 set. 2020. Tradução livre: A adaptação dos procedimentos para um caso particular pode envolver o estabelecimento de um procedimento arbitral "acelerado" ou enfatizar tipos específicos de provas (por exemplo, inspeção técnica, local), ou empregar procedimentos inovadores de obtenção de provas (por exemplo, conferência de testemunhas, reuniões de peritos). Alternativamente, pode envolver o uso de procedimentos judiciais contencioso relativamente convencionais, semelhantes aos de alguns tribunais nacionais, para apreciar as alegações e provas das partes. Em todos os casos, no entanto, a autonomia das partes e o arbítrio do tribunal devem ser usados para adotar procedimentos destinados a permitir a apresentação mais eficiente, confiável e sensata das provas e argumentos das partes em um caso particular.

executoriedade da sentença arbitral, assim para arbitragens domésticas como para as internacionais[48].

Na prática, isso resulta na observância da vontade das partes em sua máxima potencialidade[49], posto que possuem a prerrogativa de escolher os seus árbitros, seus pedidos, o rito e como serão realizadas as audiências, caso assim desejem. Nas palavras da Francisco José Cahali, "até mesmo as regras de direito que serão aplicadas podem ser definidas pelas partes, podendo convencionar que a arbitragem se dará por equidade, ou se realize com base nos princípios gerais de direito, nos usos e costumes e nas regras internacionais do comércio". E registra adiante que: "na intensidade desta liberdade de opções, as partes, desde que de comum acordo, podem modificar o quanto antes estabelecido" ao ponto de rever a própria composição do tribunal arbitral e as suas regras[50].

Portanto, a vontade das partes representa a principal característica da arbitragem, conforme defendem Julian David Mathew Lew e Loukas A. Mistelis:

> The principal characteristic of arbitration is that it is chosen by the parties. However fulsome or simple the arbitration agreement, the parties have ultimate control of their dispute resolution system. Party autonomy is the ultimate power determining the form, structure, system and other details of the arbitration. In the main, national arbitration law seeks only to give effect to, supplement, and support the agreement of the parties for their disputes to be resolved by arbitration. Most laws are largely permissive and aim to support and enforce the agreement to arbitrate, rather than to intervene.

[48] NANNI, Giovanni Ettore. Notas sobre os negócios jurídicos da arbitragem e a liberdade de escolha do árbitro à luz da autonomia privada. **Revista de Arbitragem e Mediação**, v. 49, abr.-jun. 2016.

[49] Segundo Caio Mário da Silva Pereira: "Detendo-nos um instante mais sobre o elemento vontade frisamos que o princípio pelo qual se lhe reconhece o poder criador de efeitos jurídicos denomina-se autonomia da vontade, que se enuncia por dizer que o indivíduo é livre de, pela declaração da sua própria vontade, em conformidade com a lei, criar direitos e contrair obrigações". PEREIRA, Caio Mário da Silva. **Instituições de direito civil**. v. I. 21. ed. Rio de Janeiro: Forense, 2005, p. 478-479.

[50] CAHALI, Francisco José. **Curso de arbitragem**: mediação, conciliação, resolução CNJ 125/2010. 6. ed. São Paulo: RT, 2017, p. 141-142.

> Only where the parties are silent as to some aspect of the arbitration process will national laws impose their provisions[51].

Deste modo, temos a autonomia privada como uma característica central da arbitragem, pois é graças a ela que a arbitragem nasce e se desenvolve.

Além do princípio da autonomia privada, merece destaque também o princípio do *Kompetenz-Kompetenz*[52], que possui origem no direito alemão e reflete a ideia de que o árbitro tem competência para decidir, em primeiro lugar, questões relacionadas à sua jurisdição, conforme previsto no art. 8º, parágrafo único, da Lei de Arbitragem[53].

Por meio do referido princípio, o árbitro ou o tribunal arbitral terá a prerrogativa de analisar questões relacionadas à sua jurisdição em primeiro lugar, o que se mostra extremamente desejável, tendo em vista que

[51] LEW, Julian David Mathew; MISTELIS, Loukas A. *et al.* **Comparative International Commercial Arbitration**. Kluwer Law International 2003, p. 3. Tradução livre: A principal característica da arbitragem é que ela é escolhida pelas partes. Por mais completa ou simples que seja a convenção de arbitragem, as partes têm o controle final de seu sistema de resolução de disputas. A autonomia das partes é o poder último que determina a forma, estrutura, sistema e outros detalhes da arbitragem. Em geral, a lei nacional de arbitragem visa apenas dar efeito, complementar e apoiar o acordo das partes para que suas disputas sejam resolvidas por arbitragem. A maioria das leis é amplamente permissiva e visa apoiar e fazer cumprir o acordo de arbitragem, em vez de intervir. Somente quando as partes silenciarem sobre algum aspecto do processo de arbitragem as leis nacionais imporão suas disposições.

[52] Segundo Luís Fernando Guerrero: "Já o princípio da *kompetenz-kompetenz*, grafado em alemão de modo consagrado pela doutrina nacional e estrangeira, determina que cada julgador é competente para analisar a sua própria competência. Há uma certa dose de crítica nesse conceito já que a *kompetenz-kompetenz* alemã se aplica para situações em que o julgador se manifesta em última instância e sem a possibilidade de recurso ou impugnação. E não é exatamente isso que ocorre na arbitragem, há controle jurisdicional exercido, em regra, a *posteriori*, nos termos do artigo 20, parágrafo 2º da Lei de Arbitragem". GUERRERO, Luís Fernando. Princípios da arbitragem não são entendidos por completo. **Consultor Jurídico**.
Disponível em: https://www.conjur.com.br/2013-jul-10/luis-guerrero-principios-arbitragem-nao-sao-entendidos-completo. Acesso em: 16 fev. 2020.

[53] Art. 8º A cláusula compromissória é autônoma em relação ao contrato em que estiver inserta, de tal sorte que a nulidade deste não implica, necessariamente, a nulidade da cláusula compromissória. Parágrafo único. Caberá ao árbitro decidir de ofício, ou por provocação das partes, as questões acerca da existência, validade e eficácia da convenção de arbitragem e do contrato que contenha a cláusula compromissória.

as partes elegeram, em princípio, a arbitragem como meio de resolução de seus conflitos. É natural ao árbitro ou tribunal arbitral se manifestar sobre a validade, a eficácia ou a extensão da cláusula compromissória. Por isso, o art. 20, § 2º da Lei de Arbitragem esclarece que quando a parte arguir questões relacionadas à eficácia ou à validade da convenção e tal alegação for afastada pelo árbitro ou tribunal arbitral, poderá a parte prejudicada se socorrer da ação de desconstituição prevista no art. 33 da Lei de Arbitragem.

Permitir que o Poder Judiciário analise, em primeiro lugar, sobre a validade e a eficácia da cláusula arbitral seria um verdadeiro estímulo à adoção de atitudes procrastinatórias e um desprestígio à arbitragem, tendo em vista que o procedimento arbitral somente poderia ser iniciado ou retomado após o trânsito em julgado da demanda judicial que estivesse discutindo a validade e a eficácia da cláusula arbitral.

Na lição de Arnoldo Wald:

> Efetivamente, o art. 20 da Lei n. 9.307/96 adota o princípio da *kompetenz-kompetenz*, de acordo com o qual o tribunal arbitral define a sua competência sem prejuízo da posterior apreciação do Poder Judiciário por ocasião de eventual processo de anulação de sentença arbitral.
>
> Assim sendo, podemos afirmar que, de acordo com a nossa legislação que aliás acompanha a posição da legislação da maioria dos demais países que trataram da matéria recentemente, assim como as lições da melhor doutrina, a apreciação da validade da convenção de arbitragem só deve ocorrer por parte dos tribunais após o julgamento dos árbitros, não podendo precedê-lo[54].

Isso não significa que o princípio do *kompetenz-kompetenz* não seja recheado de polêmicas, e nesse ponto a nossa jurisprudência, por vezes, alimenta essa discussão com julgados conflitantes, especialmente quando buscam relativizar tal princípio[55].

[54] WALD, Arnoldo. A interpretação da Convenção de Nova Iorque no direito comparado. **Revista de Direito Bancário, do Mercado de Capitais e da Arbitragem**, São Paulo, n. 2, p. 359-366, out.-dez. 2003.

[55] Citamos, como exemplo, o julgamento do Recurso Especial 1602076/SP, em que o STJ entendeu: "O Poder Judiciário pode, nos casos em que *prima facie* é identificado um compromisso arbitral "patológico", *i.e.*, claramente ilegal, declarar a nulidade dessa cláusula,

Cabe frisarmos que deve haver um esforço evidente por parte do Poder Judiciário de respeitar ao máximo e sempre que possível o princípio do *kompetenz-kompetenz*, restringindo a exceção a esse princípio a questões extremas[56], como aquelas envolvendo consumidores e relações de trabalho, o que corrobora à estabilidade da arbitragem e desestimula a propositura de demandas com o viés meramente protelatório.

Outra característica relevante da arbitragem, e de suma importância ao presente estudo, é que as partes podem escolher se a arbitragem será de direito ou por equidade. Isto é, as partes possuem a liberdade para escolher a lei que será aplicável ao conflito ou ainda conceder ao árbitro a possibilidade de julgar o conflito por equidade. Conforme disposto no art. 2º da Lei de Arbitragem, "as partes poderão escolher, livremente, as regras de direito que serão aplicadas na arbitragem, desde que não haja violação aos bons costumes e à ordem pública, podendo ainda convencionar que a arbitragem se realize com base nos princípios gerais de direitos, nos usos e costumes e nas regras internacionais de comércio".

Desenvolveremos a forma como a escolha da lei aplicável e os precedentes se relacionam ao final desse trabalho. Nesse momento, destacamos a lição de Leonardo de Faria Beraldo sobre a arbitragem por equidade:

> Julgar por equidade significa decidir com base em algo que, necessariamente, não está previsto em nenhuma lei, interpretando, conforme seu entendimento próprio, o significado do ordenamento jurídico, devendo o julgador, com total impessoalidade, valer-se de critérios políticos, sociais e econômicos envolvidos no caso concreto para decidir. Dois princípios constitucionais possuem grande valia no julgamento por equidade: o da proporcionalidade e o da razoabilidade. Com efeito, é importante atentar-se para o fato de que julgar com equidade não significa que o árbitro deverá ser

independentemente do estado em que se encontre o procedimento arbitral". BRASIL. Superior Tribunal de Justiça. Recurso Especial n. 1602076/SP, 3ª Turma, Rel. Min. Nancy Andrighi, DJE 30-09-2016, j. 15-09-2016.

56 Nos termos do art. II, item 3, da Convenção de Nova York: "O tribunal de um Estado signatário, quando de posse de ação sobre matéria com relação à qual as partes tenham estabelecido acordo nos termos do presente artigo, a pedido de uma delas, encaminhará as partes à arbitragem, a menos que constate que tal acordo é nulo e sem efeitos, inoperante ou inexequível".

um conciliador ou um mediador da lide, e nem mesmo haverá a correção dos rumos ou a retificação de desequilíbrios do contrato[57].

Como bem ressalta Leonardo de Faria Beraldo, a arbitragem por equidade é "exceção, devendo conter manifestação expressa das partes, na convenção arbitral, ou até mesmo na ata de missão, de que é da vontade das partes que o processo seja julgado por equidade"[58]. Por outro lado, válido registrar que, uma vez envolvida a administração pública, a arbitragem deverá ser sempre de direito e deverá respeitar o princípio da publicidade, vedado o julgamento por equidade.

Válido registrar que um dos motivos que levam a arbitragem a ser mais rápida e eficiente em relação ao processo judicial é a inexistência de instâncias superiores que poderão rever todas as decisões proferidas ao longo do curso do processo, suspendendo o processo judicial ou determinando o novo julgamento da matéria em caso de anulação da decisão judicial. Em outras palavras, a sentença arbitral é final e vinculativa para as partes, resolvendo o conflito de forma definitiva, sem a necessidade de confirmar a sentença perante qualquer outro órgão ou tribunal. Segundo Julian David Mathew Lew e Loukas A. Mistelis:

> As a general rule the decisions of arbitrators are to be final and binding. There are no or very limited grounds on which arbitrators' awards can be appealed to the courts on the basis that the arbitrators' conclusions are wrong. Equally, the grounds upon which the decisions of arbitrators can be challenged and set aside are limited to where the arbitrators have either exceeded the jurisdictional authority in the arbitration agreement or have committed some serious breach of natural justice[59].

[57] BERALDO, Leonardo de Faria. **Curso de arbitragem nos termos da Lei n. 9.307/96**. São Paulo: Atlas, 2014, p. 20.

[58] BERALDO, Leonardo de Faria. **Curso de arbitragem nos termos da Lei n. 9.307/96**. São Paulo: Atlas, 2014, p. 20.

[59] LEW, Julian David Mathew; MISTELIS, Loukas A. *et al.* **Comparative International Commercial Arbitration**. Kluwer Law International, 2003, p. 5-6. Tradução livre: Como regra geral, as decisões dos árbitros devem ser finais e vinculativas. Não há ou há motivos muito limitados nos quais as sentenças dos árbitros podem ser submetidas aos tribunais com base no fato de que as conclusões dos árbitros estão erradas. Da mesma forma, os fundamentos sobre os quais as decisões dos árbitros podem ser contestadas e anuladas são limitados aos casos em que

Na mesma medida, ao ter um procedimento mais simplificado e voltado à solução da controvérsia, cujas regras são eleitas e definidas pelas partes, há um maior foco das partes na obtenção da solução do litígio, evitando-se, dessa forma, a prática de atos inúteis ou meramente protelatórios.

De acordo com a Lei de Arbitragem, a sentença arbitral possui exatamente o mesmo valor de uma sentença judicial, nos termos dos arts. 18 e 31 da Lei de Arbitragem, posto que não depende de homologação[60] e não está sujeita a qualquer tipo de revisão, salvo nos casos de anulação, como previsto nos arts. 32 e 33 da Lei de Arbitragem.

Com isso, a parte vencedora do litígio terá em mãos um título executivo judicial, tal como uma sentença judicial, nos termos do art. 31 da Lei de Arbitragem e do art. 515, VII, do CPC, que caso não seja observado e/ou cumprido de forma espontânea pela parte vencida, poderá ser executado na esfera judicial enquanto título executivo judicial.

Não por menos a arbitragem se tornou uma realidade em nosso cenário jurídico tendo como pano de fundo quatro fatores[61]: a) uma alternativa aos Tribunais do Poder Judiciário; b) uma forma privada de solução de conflitos; c) meio escolhido e controlado pelas partes; d) decisão final e vinculativa com relação aos direitos e obrigações das partes.

O crescimento da arbitragem no Brasil se dá, portanto, em função de suas principais características e, ainda, por fatores como a morosidade do Poder Judiciário, a falta de expertise para a solução de questões muito técnicas e complexas, como arbitragens de investimento, construção civil, conflitos societários, entre outras, a possibilidade de se prever o sigilo do procedimento arbitral e, ainda, a prerrogativa de se realizar uma instrução probatória muito mais densa e expansiva.

A globalização dos contratos e das relações comerciais fez com que *players* estrangeiros passassem a exigir esse método de resolução de conflitos ao negociarem os contratos no Brasil, afastando todas as características negativas da jurisdição estatal à solução dos conflitos advindos de seus

os árbitros excederam a autoridade jurisdicional na convenção de arbitragem ou cometeram alguma violação grave da justiça natural.

[60] Desde que proferida em território nacional, conforme dispõe o art. 34 da Lei de Arbitragem.

[61] LEW, Julian David Mathew; MISTELIS, Loukas A. *et al.* **Comparative International Commercial Arbitration**. Kluwer Law International, 2003, p. 3.

contratos. Sob a ótica estrangeira[62], a agilidade, a tecnicidade dos árbitros e a insegurança jurídica gerada por decisões judiciais contraditórias e inconstantes, torna a escolha da arbitragem para as soluções de conflitos oriundos de contratos internacionais um fator praticamente mandatório[63]. Auxilia tal decisão o fato de que na maioria dos países estrangeiros que investem no Brasil, a arbitragem é utilizada há muito tempo, com resultados positivos, o que dá maior segurança aos investidores no instituto.

2.2.3. Princípios básicos do procedimento arbitral

As principais características da arbitragem mostram o seu caráter dispositivo e contratual, que permitem a realização de um procedimento ágil e flexível. Essas características permitiram a evolução da arbitragem no Brasil. Contudo, a arbitragem, tal como o processo judicial, deve observar as regras de *due process of law*, de maneira que alguns princípios processuais devem ser respeitados, independentemente do que dispuser a convenção arbitral, conforme determina o art. 21 § 2º, da Lei de Arbitragem: "Serão, sempre, respeitados no procedimento arbitral os princípios do contraditório, da igualdade das partes, da imparcialidade do árbitro e de seu livre convencimento". Os princípios elencados no referido artigo constituem o mínimo exigido do devido processo legal arbitral. Sem a observância e respeito a esses princípios inexiste um procedimento válido e eficaz[64].

[62] Segundo Gary Born: "There are a number of reasons why arbitration is the preferred means of resolving international commercial disputes. Put simply, and as explained in greater detail below, businesses perceive international arbitration as providing a neutral, speedy and expert dispute resolution process, largely subject to the parties' control, in a single, centralized forum, with internationally-enforceable dispute resolution agreements and decisions". BORN, Gary B. **International Commercial Arbitration**. 2. ed. Kluwer Law International, 2014, p. 71. Tradução livre: "Existem vários motivos pelos quais a arbitragem é o meio preferido de resolução de disputas comerciais internacionais. Simplificando, e conforme explicado em mais detalhes abaixo, as empresas percebem a arbitragem internacional como um processo de resolução de disputas neutro, rápido e especializado, amplamente sujeito ao controle das partes, em um único fórum centralizado, com acordos de resolução de disputas internacionalmente aplicáveis e decisões".

[63] De acordo com a pesquisa conduzida pela Câmara de Comércio Internacional, o Brasil foi o 5º país com o maior número de procedimentos arbitrais perante a CCI para o ano de 2016. Disponível em: https://www.jota.info/justica/brasil-e-o-5o-pais-que-mais-utiliza-arbitragem-no-mundo-19092017. Acesso em: 03 set. 2020.

[64] SCAVONE JUNIOR, Luiz Antonio. **Manual de arbitragem**. São Paulo: RT, 2008, p. 120.

O princípio do contraditório nada mais é do que a instrumentalização do binômio "informação + possibilidade de manifestação, visto por muitos como um corolário do devido processo legal, é o direito das partes, em todas as espécies de processo, de terem ciência dos atos processuais que ocorrem no processo, e, por conseguinte, de contra eles reagirem"[65]. Logo, as partes não precisam necessariamente se manifestar sobre todos os atos do procedimento, mas devem sempre ser cientificados dos atos praticados e contra eles terem a oportunidade de se manifestar, sob pena de tornar o procedimento anulável por violação a um princípio com respaldo constitucional, nos termos do art. 5º, LV da CF.

Nessa toada temos o princípio da *igualdade das partes*, em que a todos os envolvidos no procedimento deve ser garantido um tratamento igualitário e paritário, permitindo, dessa forma, que as partes em litígio tenham as mesmas oportunidades para produzir as provas necessárias e defenderem seus argumentos em igualdade de condições[66]. Segundo Luiz Antonio Scavone Junior:

> a igualdade do processo arbitral é bem diversa da igualdade do processo judicial pela presunção de igualdade das partes em razão da manifestação volitiva que empresta gênese ao procedimento e decorre da convenção de arbitragem livre de vícios do consentimento [...] Assim, a igualdade exigida pela arbitragem em razão do equilíbrio inicial é diferente daquela exigida no processo judicial, no qual, algumas vezes, há necessidade de se conceder às partes as mesmas armas [67].

A imparcialidade dos julgadores também constitui um princípio indissociável de qualquer tipo de procedimento, seja ele arbitral, judicial ou administrativo, de forma que a isenção do julgador deve ser observada a todo momento. No procedimento arbitral isso ganha ainda mais relevância

[65] BERALDO, Leonardo de Faria. **Curso de arbitragem nos termos da Lei n. 9.307/96**. São Paulo: Atlas, 2014, p. 9.

[66] Carlos Alberto Carmona aponta que no processo judicial "o equilíbrio das partes não é a regra, e a participação no processo não é voluntária, mas sim obrigatória. Se no processo judicial a intervenção estatal é necessária para equilibrar partes ontologicamente desiguais, no processo arbitral esta intervenção pode ser confortavelmente dispensada". CARMONA, Carlos Alberto. **Arbitragem e processo**. 3. ed. São Paulo: Atlas, 2009, p. 296.

[67] SCAVONE JUNIOR, Luiz Antonio. **Manual de arbitragem**. São Paulo: RT, 2008, p. 122.

posto que, diferentemente dos juízes, que exercem uma função estatal e são juízes de carreira, com garantias e prerrogativas relacionadas aos cargos, não existem *árbitros de carreira*. Os árbitros exercem a *função de árbitro* apenas quando nomeados e durante o curso do procedimento arbitral. Logo, não é incomum que determinado indivíduo possa, em determinadas circunstâncias e condições, figurar como árbitro das partes em um determinado litígio e em outro momento ter tido outro tipo de relação com aquelas partes, fazendo com que os critérios de imparcialidade dos árbitros sejam ainda mais elevados e o dever de revelação se torne algo tão importante ao procedimento arbitral, tendo em vista que a confiança nos árbitros é o elemento primordial na sua escolha pelas partes[68].

O livre convencimento do árbitro, que não se confunde aqui com o desapego às normas, às alegações das partes ou aos pedidos formulados no procedimento arbitral, diz respeito ao fato de que o árbitro possui liberdade, de certa forma mitigada, para decidir o conflito que lhe é posto. Frisamos a questão dessa liberdade ser mitigada, posto que o árbitro é contratado e eleito pelas partes para dirimir um conflito existente e deverá responder a todas as demandas, defesas e alegações trazidas pelas partes, sob pena de nulidade da sentença arbitral e do procedimento arbitral como um todo. Isso não significa dizer que o árbitro não terá a liberdade necessária para avaliar os argumentos e as provas produzidas, ou ainda que não poderá dar uma solução distinta daquela construída pelas partes, desde que respeitado o princípio do contraditório. Do árbitro é justamente

[68] Segundo Selma Lemes: "Inicialmente deve-se perquirir sobre 'quem pode ser árbitro'? A resposta está no art. 13 da Lei n. 9.307, de 23.09.96, Lei de Arbitragem (LA), pois 'pode ser árbitro qualquer pessoa capaz e que tenha a confiança das partes'. Costumo advertir que o enunciado é singelo, mas não menos sábio. A capacidade é a civil e a técnica (quando for o caso) para decidir a matéria. A confiança está vinculada à honradez. Cícero, o herói da liberdade na Roma antiga, com toda a sabedoria advertia na sua obra *De Officiis* (Dos Deveres) que a honestidade decorre de quatro fontes: a primeira é o conhecimento (sabedoria), a segunda o sentimento da comunidade humana (justiça), a terceira a magnanimidade (alma nobre e generosa) e, a quarta, a inclinação para a moderação (temperança). O árbitro deve ser e permanecer independente e imparcial durante todo o processo arbitral. Não pode ser indicado como árbitro quem tenha vinculação com as partes (independência) ou interesse no resultado do conflito (imparcialidade). O art. 13, § 6° dispõe sobre o código de ética do árbitro, sendo que este, no desempenho da função, deve atuar com imparcialidade, independência, competência, diligência e discrição". LEMES, Selma. **O papel do árbitro**. Disponível em: http://selmalemes.adv.br/artigos/artigo_juri11.pdf. Acesso em: 05 jul. 2020.

esperada a formulação de um convencimento livre, mas ao mesmo tempo relacionado e vinculado ao procedimento, pedidos e argumentos das partes[69].

Portanto, independentemente da vontade das partes, todo o procedimento arbitral que tiver a lei brasileira como sendo a lei aplicável ao caso deverá observar determinados princípios, sob pena de tornar todo o procedimento e sua(s) respectiva(s) sentença(s) nulas. São garantias mínimas que devem ser asseguradas aos litigantes, ao(s) árbitro(s) e à sociedade como um todo, garantindo dessa forma que o procedimento a ser conduzido fora da jurisdição estatal será válido e eficaz. Vale registrar, mesmo que o procedimento arbitral seja submetido à solução mediante aplicação de lei estrangeira e que tais regras possuam interpretação distinta ou não sejam observadas, a eventual sentença arbitral estrangeira que venha a ser proferida em desatenção a tais princípios poderá encontrar sérias dificuldades em ser homologada perante o STJ, em razão de potencial ofensa à ordem pública.

2.3. Sua natureza jurídica

A arbitragem depende, de um lado, da previsão legal que autorize a transferência de jurisdição do Estado a um particular, para que esse possa solucionar um conflito entre pessoas naturais e/ou pessoas jurídicas e, de outro lado, que haja uma manifestação de vontade entre essas mesmas partes capazes, elegendo a via arbitral como aquela competente para solucionar um conflito atual ou futuro.

Logo, vemos dois marcos muito importantes na eleição da arbitragem como forma de resolução de conflito. O primeiro deles ocorre quando o Estado, por meio do Poder Legislativo, delega, mediante certas condições, a sua jurisdição a terceiros. O segundo, por sua vez, quando as partes, novamente mediante a observância de certas condições, manifestam a sua intenção de retirar aquele conflito das "mãos" do Poder Judiciário.

[69] De acordo com Moacyr Amaral Santos, a "liberdade de convencimento não equivale a convencimento arbitrário. A convicção que deverá ser motivada (Cod. cit. art. 131), terá que se assentar na prova dos fatos constantes dos autos (Cod. cit. art. 131) e não poderá desprezar as regras legais, porventura existentes, e as máximas da experiência. O juiz, apoiado na prova dos autos, pela influência que exercer em seu espírito de jurista e de homem de bem, formará a convicção a respeito da verdade pesquisada". SANTOS, Moacyr Amaral. **Primeiras linhas de direito processual civil**. v. 2. São Paulo: Saraiva, 1990, p. 364.

Compreender sua natureza é de grande importância para qualquer estudo relacionado à arbitragem como, por exemplo, os poderes do árbitro, a possibilidade de declaração de inconstitucionalidade de lei na forma difusa e, naquilo que interessa ao presente trabalho, na eventual vinculação de precedentes judiciais pelos árbitros. Entender a sua natureza nos permite dar mais um passo na análise da vinculação ou não dos árbitros frente aos precedentes judiciais.

Julian David Mathew Lews e Loukas A. Mistelis resumem com precisão as possíveis compreensões acerca da natureza da arbitragem:

> Four theories have been suggested with respect to the juridical nature of arbitration. These are known as the jurisdictional, contractual, mixed or hybrid, and autonomous theories. Each purports to describe how the legal system relates to the arbitration mechanism. No one viewpoint has received universal support in theory or practice. Even at a regional level, states treat the juridical nature of arbitration in a different manner. While some have suggested that this discussion is an academic "tempest in a teapot", it has few practical ramifications. In particular, these theories show how the international arbitration process, with extensive detachment but with some recognition and support required from the national legal system, can be explained in the light of the sovereignty and control of the national legal order[70].

Dito isso, vemos que a doutrina assume quatro posições acerca de sua natureza que, em síntese, giram em torno das ideias de autonomia da vontade das partes e de jurisdição: (i) autônoma, (ii) contratual, (iii) jurisdicional e (iv) intermediária ou mista.

[70] LEW, Julian David Mathew; MISTELIS, Loukas A. *et al.* **Comparative International Commercial Arbitration.** Kluwer Law International, 2003, p. 72. Tradução livre: Quatro teorias foram sugeridas a respeito da natureza jurídica da arbitragem. Essas são conhecidas como teorias jurisdicionais, contratuais, mistas ou híbridas e autônomas. Cada uma pretende descrever como o sistema jurídico se relaciona com o mecanismo de arbitragem. Nenhum ponto de vista recebeu apoio universal na teoria ou na prática. Mesmo em nível regional, os estados tratam a natureza jurídica da arbitragem de maneira diferente. Embora alguns tenham sugerido que essa discussão é uma "tempestade no bule" acadêmica, ela tem poucas ramificações práticas. Em particular, essas teorias mostram como o processo de arbitragem internacional, com amplo distanciamento, mas com algum reconhecimento e respaldo exigido do ordenamento jurídico nacional, pode ser explicado à luz da soberania e do controle do ordenamento jurídico nacional.

2.3.1. Caráter autônomo

Merece registro a vertente doutrinária que defende a natureza absolutamente autônoma da arbitragem, de maneira que a arbitragem estaria completamente desvinculada do sistema de justiça, levando, ao extremo, sua natureza contratualista e abraçando a ideia de uma jurisdição autônoma.

Para os defensores dessa teoria[71], a arbitragem se desenvolve de forma completamente autônoma e independente de qualquer ordenação jurídica, sem vinculação com um sistema de justiça. Essa teoria, como vimos, está dissociada da realidade brasileira, que reconhece o aspecto jurisdicional da arbitragem, sem perder de vista as suas características contratuais.

Contudo, ainda que essa teoria não encontre amparo nas arbitragens domésticas brasileiras, o mesmo não pode ser dito em relação às arbitragens internacionais.

[71] "This is well illustrated by the Geneva Conventions 1923-1927 and the New York Convention 1958 aimed at enforcing arbitration agreements and awards. It was equally the impetus for the UNCITRAL and its monumental contributions through its Arbitration Rules and the Model Law. The very significant liberalisation of many national laws, independently and by the adoption of the Model Law, is a further illustration of the law seeking to keep up with the autonomous and continuing development of international commercial arbitration practice. The autonomous theory is a refined mixed theory which develops the regime to reflect the market place. It acknowledges jurisdictional and contractual elements in the arbitration regime, but shifts the focus from the control that the law of seat of arbitration may exercise and the autonomy of parties to the business and legal level where parties agree to and participate in the arbitration process. This theory which prevails today will inevitably dominate arbitration in the years to come". LEW, Julian David Mathew; MISTELIS, Loukas A. *et al.* **Comparative International Commercial Arbitration**. Kluwer Law International, 2003, p. 82. Tradução livre: Isso é bem ilustrado pelas Convenções de Genebra de 1923-1927 e pela Convenção de Nova York de 1958, destinadas a fazer cumprir acordos e sentenças de arbitragem. Foi igualmente o ímpeto para a UNCITRAL e suas contribuições monumentais por meio de suas regras de arbitragem e da Lei Modelo. A liberalização muito significativa de muitas leis nacionais, independentemente e pela adoção da Lei Modelo, é mais uma ilustração da lei que busca acompanhar o desenvolvimento autônomo e contínuo da prática de arbitragem comercial internacional. A teoria autônoma é uma teoria mista refinada que desenvolve o regime para refletir o mercado. Ela reconhece os elementos jurisdicionais e contratuais no regime de arbitragem, mas muda o foco do controle que a lei da sede da arbitragem pode exercer e a autonomia das partes para o nível comercial e jurídico onde as partes concordam em participar do processo de arbitragem. Esta teoria que prevalece hoje irá inevitavelmente dominar a arbitragem nos próximos anos.

Ao analisar essa situação, José Cretella Netto comenta que:

> A mais recente corrente sobre a natureza jurídica da arbitragem começou a formar-se a partir da década de 1960, desenvolvendo a chamada teoria autônoma (ou *sui generis*) da arbitragem, a partir do entendimento de que a arbitragem se desenvolve em regime emancipado e, assim, é dotada de caráter independente, autônomo. Sua pioneira formulação postulava que a natureza da arbitragem decorria da observação de sua prática e objetivos. À vista dessas considerações, a arbitragem não podia ser classificada como puramente jurisdicional nem puramente contratual, nem, tampouco, como mista[72].

Sobre os reflexos da natureza da arbitragem frente às arbitragens internacionais, merece registro a posição de Julian David Mathew Lew, Loukas A. Mistelis e Stefan M. Kroll:

> Arbitration cannot work in the context of the ideologies established in the context of private international law; it does not fit in the internationalist or nationalist-positive views. It can eventually operate outside the constraints of positive law or national legal systems. Thus, the autonomous theory is an enlightened development of the mixed theory. However, it has the added dimension of being in tune with the modern forms of non-national, transnational and delocalized arbitration, as it does not attach too much value to the seat of arbitration and its law[73].

À luz de arbitragens internacionais, interpretar a natureza da arbitragem como sendo autônoma faz sentido, tendo em vista que as partes

[72] CRETELLA NETTO, José. **Contratos internacionais**. Cláusulas típicas. Campinas, SP: Millennium, 2011, p. 280.

[73] LEW, Julian David Mathew; MISTELIS, Loukas A. *et al.* **Comparative International Commercial Arbitration**. Kluwer Law International, 2003, p. 91. Tradução livre: "A arbitragem não pode funcionar no contexto das ideologias estabelecidas no contexto do direito internacional privado; ela não precisa se encaixar nas visões internacionalistas ou nacionalistas-positivistas. Pode eventualmente operar fora das restrições do direito positivo ou dos sistemas jurídicos nacionais. Assim, a teoria autônoma é um desenvolvimento esclarecido da teoria mista. No entanto, tem a dimensão adicional de estar em sintonia com as formas modernas de arbitragem não nacional, transnacional e deslocalizada, uma vez que não atribui muito valor à sede da arbitragem e seu direito".

litigantes podem optar por dirimir o conflito por meio de um conjunto de princípios, regras ou práticas de comércio internacional, afastando as leis de um determinado país.

Para essa linha de pensamento a arbitragem internacional estaria "deslocalizada"[74] de sua sede, fazendo com que o procedimento arbitral estivesse deslocado ou livre das regras da sede da arbitragem e operasse de forma *internacional*.

Nesse sentido, Emmanuel Gaillard defende que a arbitragem internacional

> is rooted in a distinct, transnational legal order, that could be labelled as the arbitral legal order, and not in a national system, be it that of the country of the seat or that of the place or places of enforcement. This representation corresponds to the international arbitrators' strong perception that they do not administer justice on behalf of any given State, but that they nonetheless play a judicial role for the benefit of the international community[75].

[74] "The delocalisation theory takes as its starting point the autonomy of the parties – the fact that it is their agreement to arbitrate that brings the proceedings into being – and rests upon two basic (yet frequently confused) arguments. (91) The first assumes that international arbitration is sufficiently regulated by its own rules, which are either adopted by the parties (as an expression of their autonomy) or drawn up by the arbitral tribunal itself. The second assumes that control should come only from the law of the place of enforcement of the award". NIGEL, Blackaby; PARTASIDES, Constantine *et al.* **Chapter 3**. Applicable Laws. Redfern and Hunter on International Arbitration. 6. ed. Kluwer Law International. Oxford University Press, 2015, p. 181. Tradução livre: "A teoria da deslocalização toma como ponto de partida a autonomia das partes – o fato de que é seu acordo para arbitrar que dá origem ao processo – e se apoia em dois argumentos básicos (embora frequentemente confundidos). O primeiro assume que a arbitragem internacional é suficientemente regulada por regras próprias, que são adotadas pelas partes (como expressão da sua autonomia) ou elaboradas pelo próprio tribunal arbitral. O segundo pressupõe que o controle deve vir apenas da lei do local de execução da sentença".

[75] GAILLARD, Emmanuel. **Legal theory of international arbitration**. Leiden, Boston: Martinus Nijhoff, 2010, p. 35. Tradução livre: está enraizada em uma ordem jurídica distinta e transnacional, que poderia ser rotulada como a ordem jurídica arbitral, e não em um sistema nacional, seja o do país da sede ou do lugar ou locais de execução. Esta representação corresponde à forte percepção dos árbitros internacionais de que não administram justiça em nome de nenhum Estado, mas que, no entanto, desempenham um papel judicial em benefício da comunidade internacional.

Sob este prisma, o país sede da arbitragem não poderia controlar a validade da sentença arbitral, de maneira que apenas o país que deveria homologar essa sentença arbitral é que poderia realizar algum tipo de controle de legalidade para permitir a sua posterior execução em solo nacional.

Contudo, ainda que à luz das arbitragens internacionais essa teoria faça sentido, ela não está imune a críticas ou problemas decorrentes dessa interpretação sobre a sua natureza:

> However, a major drawback of the "delocalisation" approach is that it may severely detract from the finality and certainty of the arbitral decision, because it leaves the door open for the same issues to be re-litigated across multiple jurisdictions. One commentator has referred to these as "floating awards" which cannot be set aside once and for all, (144) and which encourages forum shopping as unsuccessful claimants attempt to get multiple bites at the cherry. The high potential for conflicting decisions creates "systemic uncertainty", (145) which undermines the harmonisation objectives of the NYC and the Model Law, in turn leading to higher transaction costs for commercial parties (146)[76].

De todo modo, podemos apontar, desde já, que essa teoria, caso prevalecesse em solo brasileiro, tornaria a questão a ser debatida nesse trabalho extremamente simples e de fácil resolução, posto que admitir toda desvinculação da arbitragem implicaria no imediato reconhecimento de que os árbitros não estariam, em qualquer aspecto ou nível, vinculados aos precedentes judiciais. Porém, tal teoria, ainda que respeitável

[76] NG, Iris; NG, Melissa *et al.* Five recurring problems in international arbitration: the relationship between courts and arbitral tribunals. **Indian Journal of Arbitration Law**. Centre for Advanced Research and Training in Arbitration Law, National Law University, Jodhpur 2019, v. VIII, Issue 2, p. 19-47. Tradução livre: "No entanto, uma grande desvantagem da abordagem de 'deslocalização' é que ela pode prejudicar gravemente a finalidade e a certeza da decisão arbitral, porque deixa a porta aberta para que as mesmas questões sejam novamente litigadas em várias jurisdições. Um comentarista se referiu a eles como 'sentenças flutuantes' que não podem ser anuladas uma vez e para todos, e que incentiva o *fórum shopping*, à medida que partes vencidas tentam a sorte por várias vezes. O alto potencial para decisões conflitantes cria 'incerteza sistêmica', que mina os objetivos de harmonização da Convenção de Nova York e da Lei Modelo, por sua vez levando a custos de transação mais elevados para as partes".

considerando as práticas internacionais, não encontra respaldo nas arbitragens domésticas que possuam a lei brasileira como sendo competente à resolução dos conflitos.

2.3.2. Caráter contratual

Em seguida temos a posição que defende o caráter meramente contratual da arbitragem, conhecida como teoria privatista. Para os seus defensores[77], a arbitragem existe única e exclusivamente por conta da manifestação da vontade das partes, isto é, o nascedouro da arbitragem está no princípio da autonomia privada, a partir do qual se forma um negócio jurídico. Logo, para essa vertente, a arbitragem nada mais é senão um contrato[78].

Segundo José Cretella Neto, a teoria contratualista vislumbra no instituto natureza jurídica de obrigação criada por contrato, tendo por consequências todas as derivadas do pacto em geral, justificando com base nos seguintes argumentos: a) inexistirá arbitragem sem convenção de arbitragem; b) a base da arbitragem é o consenso entre as partes, enquanto

[77] Segundo Julian David Mathew Lew e Loukas A. Mistelis: The real basis for the contractual theory is the fact that the whole arbitration process is based on contractual arrangements. Both the agreement and the award reflect the contractual character of arbitration. The origin of every arbitration is a contract. The parties agree to submit their disputes to arbitration; the state has no influence or control over this decision. If parties do not voluntarily honour the award, it may be enforced as a contract. LEW, Julian David Mathew; MISTELIS, Loukas A. *et al.* **Comparative international commercial arbitration**. Kluwer Law International, 2003, p. 77-78. Tradução livre: A verdadeira base da teoria contratual é o fato de que todo o processo de arbitragem é baseado em arranjos contratuais. Tanto o acordo quanto a sentença refletem o caráter contratual da arbitragem. A origem de toda arbitragem é um contrato. As partes concordam em submeter suas disputas à arbitragem; o estado não tem influência ou controle sobre essa decisão. Se as partes não honrarem voluntariamente a sentença, ela pode ser executada como um contrato.

[78] "Essa forma de pensar encontra sua origem na Roma antiga. Nos primórdios do direito romano, a solução dos conflitos era feita pelos próprios ofendidos ou, então, pelos grupos a que eles pertenciam, mas, ao longo do tempo, reconheceu-se que, ao invés de usar da vingança individual ou coletiva contra o ofensor, melhor seria a escolha de um terceiro que fixasse uma justa solução ao caso. Esse terceiro, escolhido pelas partes, era justamente o árbitro, e a justiça que ele oferecia era privada. Inicialmente, esse arbitramento era facultativo e, tempos depois, tornou-se obrigatório. Só muito mais tarde é que se concebeu a justiça pública em moldes assemelhados aos tempos atuais". BASÍLIO, Ana Tereza Palhares; FONTES, André R. C. **Revista de Arbitragem e Mediação**, ano 4, n. 14, jul.-set. 2007, São Paulo: RT, 2007, p. 49-50.

que a jurisdição estatal se insere no *ius imperium* estatal, imposto a todos; c) o árbitro não está vinculado ao Poder Judiciário; e d) o juízo arbitral não confere obrigatoriedade de cumprimento ao laudo arbitral, que deve ser voluntariamente obedecido pela parte vencida, necessária se fará a intervenção do Poder Judiciário[79].

Gary Born também registra que a origem da arbitragem está, justamente, em seu aspecto contratual:

> It is the arbitration agreement that gives [the arbitral award] its existence; it is from the arbitration agreement that it derives all its substance; it has, then, like the arbitration agreement, the character of a contract; and the precise truth is that it is only the performance of the mandate that the parties have entrusted to the arbitrators; it is even, to put it precisely, only an agreement to which the parties have bound themselves by hands of the latter (the arbitrators)[80].

E, realmente, o caráter contratualista da arbitragem é inegável e inafastável[81]. Sem a manifestação de vontade das partes, que deverá sempre ser formalizada por meio de um negócio jurídico, seja por meio da inserção de uma cláusula compromissória em um contrato ou da celebração de um compromisso arbitral, não há arbitragem. Porém, a natureza contratualista da arbitragem não se reflete apenas no momento do seu nascimento, mas também na definição de suas regras e, ainda na celebração do contrato

[79] CRETELLA NETO, José. **Curso de arbitragem**. Rio de Janeiro: Forense, 2004, p. 14.

[80] BORN, Gary B. **International commercial arbitration**. v. I. The Netherlands: Kluwer Law International, 2009, p. 185. Tradução livre: "É a convenção de arbitragem que dá [à sentença arbitral] sua existência; é da convenção de arbitragem que deriva todo o seu conteúdo; tem, então, como a convenção de arbitragem, o caráter de um contrato; e a verdade é que é apenas o cumprimento do mandato que as partes confiaram aos árbitros; é mesmo, para colocá-lo precisamente, apenas um acordo ao qual as partes se vincularam pelas mãos destes últimos (os árbitros)".

[81] Segundo Teori Zavascki: "Nem se poderia, mediante lei ordinária, igualar ato privado com ato de jurisdição, já que isso importaria rompimento do monopólio da função jurisdicional, que pertence ao Estado por força da Constituição (art. 5°, XXXV)". E, destarte, considera "inapropriada a inclusão da sentença arbitral entre os títulos executivos judiciais". ZAVASCKI, Teori Albino. **Comentários ao Código de Processo Civil**. v. 8. 2. ed. São Paulo: RT, 2003, p. 165-185.

entre partes e árbitro, por meio do qual este aceita o encargo que lhe foi confiado pelas partes[82].

Como vimos, o aspecto contratualista é evidenciado a todo o momento, desde o fato de que as partes poderão definir o número de árbitros, as regras de julgamento, a lei aplicável, a sede do procedimento, entre tantas outras possibilidades que fogem completamente à realidade do Poder Judiciário, enfatizando o caráter contratualista da arbitragem[83].

Oportuna, portanto, a colocação de Ana Tereza Palhares Basílio e André R. C. Fontes:

> A base das Teorias Privatistas é a de que os atos volitivos impregnam a arbitragem ao ponto de tomar todo o seu conteúdo. A vontade de duas partes na prática de um ato traduz-se em uma declaração única de vontade, de soberania dos litigantes e do poder de disposição, que dão marca e as feições contratuais à arbitragem. Pois bem, o cumprimento das disposições negociadas pelas partes na arbitragem é a vontade desses sujeitos e equipara-se ao que se entende no direito contratual por cumprimento das manifestações de vontade dos contratantes. Se o cumprimento de um e outro tem o mesmo perfil e características, pode-se deduzir que a base da vontade sujeita à execução é a mesma. Cumprimento de cunho contratual e vontade de natureza também contratual. Essas são causa e efeito, ou melhor, antecedentes e consequentes, presentes de igual modo no contrato e na arbitragem. As evidências de identificação com o contrato estão muito mais caracterizadas pela amplitude da liberdade das partes, se comparadas aos mais importantes contratos da atualidade. Em resumo: seria a arbitragem um contrato, porque todas as suas características se fazem presentes nesse instituto. Daí o enquadramento privado da arbitragem[84].

[82] ALVES, Rafael Francisco. **Árbitro e direito**: o julgamento de mérito na arbitragem. São Paulo: Almedina, 2018, p. 61-62.

[83] "É praticamente unânime a doutrina que considera a convenção de arbitragem um negócio jurídico. Segundo José Lebre de Freitas, trata-se de um negócio jurídico processual. O negócio jurídico é assim caracterizado pela sua finalidade de resolver um litígio, podendo dar lugar a uma exceção de preterição de tribunal arbitral, pois retira competência ao tribunal judicial". BARROCAS, Manuel Pereira. **Manual de arbitragem**. Coimbra: Almedina, 2010, p. 40.

[84] BASÍLIO, Ana Tereza Palhares; FONTES, André R. C. **Revista de Arbitragem e Mediação**, ano 4, n. 14, jul.-set. 2007, São Paulo: RT, 2007, p. 50.

Portanto, para a teoria contratualista, a submissão ao procedimento arbitral e à própria sentença arbitral são reflexos de um mesmo acordo e de seu caráter contratual. Em tese, a teoria contratualista poderia seguir o mesmo caminho da teoria autônoma no tocante à relação com os precedentes judiciais, posto que evidenciaria um deslocamento com a jurisdição nacional. Não por menos, Leonardo Greco pondera que defensores radicais da teoria autônoma e contratual defendem que a autonomia da vontade das partes em matéria de direitos disponíveis é a fonte formal da arbitragem e que a confiança por elas depositada nos árbitros livremente escolhidos inclui a autonomia para aplicarem ou interpretarem a lei, os costumes, os precedentes ou a jurisprudência de tribunais judiciais ou arbitrais, vinculantes ou não, sem que as suas decisões possam ser judicialmente revistas, a não ser nos limites expressamente previstos pela legislação de arbitragem[85].

Contudo, a prática e a lei de arbitragem brasileira evidenciam características que impedem a conclusão de que a arbitragem possui apenas a natureza contratualista, como veremos a seguir.

2.3.3. Caráter jurisdicional

Para os defensores dessa teoria são diversos os elementos que evidenciam o caráter publicista ou jurisdicional da arbitragem, a começar pelo fato de que o Estado, por meio de legislação própria, delega e outorga aos árbitros os poderes de jurisdição até então conferidos apenas aos juízes.

Porém, igualmente importante dar um pequeno passo para trás e, com apoio na lição de Sérgio Bermudes, definir o conceito de jurisdição:

> A jurisdição só o Estado pode exercê-la. Trata-se de um atributo da sua soberania. Giuseppe Chiovenda a vê, corretamente, como uma atividade substitutiva. No exercício da jurisdição, o Estado substitui por sua vontade, coativamente imposta, a vontade das partes em lide ou – diga-se por extensão – a vontade do titular da pretensão concernente à matéria de relevância social. Pode acontecer, como acontece no mais das vezes, que a vontade do Estado coincida com a de um dos litigantes ou com a do titular do interesse não

[85] GRECO, Leonardo. Controle jurisdicional da arbitragem. *In*: LEE, João Bosco; LEVY, Daniel de Andrade (ed.). **Revista Brasileira de Arbitragem**. Kluwer Law International, v. XV Issue 57, 2018, p. 7-22.

> conflituoso. Todavia, não é a vontade deles que prevalece, senão a vontade do Estado, enunciada no ato pelo qual ele presta a jurisdição. A vontade jurisdicional do Estado é substitutiva da vontade das partes, ainda quando parte seja o próprio Estado por um dos componentes do seu imenso e formidável organismo [...] A jurisdição é função estatal de aplicação do direito objetivo para a prevenção ou solução de lides, ou para a administração de interesses sociais relevantes. Eis a sua natureza, distinguida pelo fato de que os atos jurisdicionais são autoritários, impondo-se aos litigantes ou aos titulares de interesses sociais significativos, e substituindo-lhes a vontade. Desprovida de autoridade e despida do seu caráter substitutivo, a jurisdição converte-se-ia numa espécie de atividade consultiva, ou conselheiral, frustrando-se, assim, a função estatal de promover a paz e o equilíbrio sociais pela administração da justiça. [...] No sistema constitucional brasileiro (não necessariamente noutros), a jurisdição é entregue a um poder do Estado, o Poder Judiciário (de *judiciarius*, adjetivo de *judicium*, julgamento, ato de julgar, que vem de *judex*, juiz; de *judicare*, julgar, este último de *jus*, direito, e *dicere*, dizer), integrado sempre por agentes estatais, chamados juízes, substantivo cuja etimologia se acaba de explicar (não importa que o órgão onde atuam lhes confira denominação especial, como a de ministro ou desembargador), investidos de dignidade especialíssima, e cercados das garantias de vitaliciedade, inamovibilidade e irredutibilidade de subsídios (CF, art. 95, I, II, III), não em proveito próprio, mas em benefício dos jurisdicionados, para que exerçam sua função com independência, pois, ao se desincumbirem dela, como adverte Chiovenda, só estão sujeitos à lei (CPC, art. 126) e aos ditames da sua consciência[86].

A legislação pátria evidencia o caráter jurisdicional da arbitragem ao reconhecer a sentença arbitral como título executivo judicial e ao equiparar o árbitro ao juiz de direito e aos funcionários públicos quando do exercício da função de árbitro para fins da apuração de eventuais condutas criminais. Na mesma medida, a Lei de Arbitragem prevê que os árbitros estarão sujeitos aos mesmos critérios de suspeição e impedimento, fazendo direta e expressa menção ao CPC[87]. Na lição de Francisco José Cahali, "os

[86] BERMUDES, Sergio. **Introdução ao processo civil**. 4. ed. Rio de Janeiro: Forense, 2006, p. 19; 21-22; 24; 29.

[87] Conforme art. 14 da Lei de Arbitragem.

árbitros, assim, são verdadeiros juízes, pois lhes é atribuída a autoridade para resolver o litígio"[88].

Merecem destaque as considerações trazidas por Ana Tereza Palhares Basílio e André R. C. Fontes sobre as principais características dessa teoria:

> Os defensores das Teorias Jurisdicionalistas da arbitragem partem da premissa não da vontade das artes e sim da vontade do legislador para fundamentá-la. Entendem eles que, assim como a jurisdição, a arbitragem revela, acima de tudo, a vontade do próprio Estado, traduzida na disposição legal para resolver conflitos de interesses. Sustentam os seguidores dessa tese que o Estado outorga poderes ao juiz e ao árbitro, e ambos exercem a mesma função de resolver conflitos, com a diferença apenas de que incumbe às partes a escolha dos árbitros. A igualdade de funções de árbitro e juiz redundaria na ideia de um sentido único para essa função, que se denomina jurisdição[89].

Em outras palavras, há uma efetiva e plena transferência da competência, em termos de jurisdição, do juiz estatal ao árbitro, ainda que esse último não detenha os poderes coercitivos do juiz estatal, tendo à sua disposição todos os poderes cognitivos para o julgamento da causa[90]. Tanto isso é verdade que, apesar de não conseguir forçar o cumprimento da sua sentença arbitral, a decisão do árbitro não está sujeita a qualquer

[88] CAHALI, Francisco José. **Curso de arbitragem**: mediação, conciliação, resolução CNJ 125/2010. 6. ed. São Paulo: RT, 2017, p. 129.

[89] BASÍLIO, Ana Tereza Palhares; FONTES, André R. C. **Revista de Arbitragem e Mediação**, ano 4, n. 14, jul.-set. 2007, São Paulo: RT, 2007, p. 50-51.

[90] "it follows that the arbitrator, like the judge, draws his power and authority from the local law; hence the arbitrator is considered to closely resemble a judge [...] The only difference between judge and arbitrator is that the former derives his nomination and authority directly from the sovereign, whilst the latter derives his authority from the sovereign but his nomination is a matter for the parties". LEW, Julian David Mathew; MISTELIS, Loukas A. *et al.* **Comparative international commercial arbitration**. Kluwer Law International, 2003, p. 66. Tradução livre: "acontece que o árbitro, assim como o juiz, extrai seu poder e autoridade da lei local; portanto, o árbitro é qualificado como algo próximo a um juiz [...] A única diferença entre juiz e árbitro é que o primeiro deriva sua nomeação e autoridade diretamente do Estado, enquanto o último deriva sua autoridade do Estado, mas sua nomeação é um assunto para as partes".

tipo de revisão ou homologação pelo Poder Judiciário, com exceção das restritas hipóteses de anulação da sentença arbitral[91].

Nessa linha, defende Francisco José Cahali que o árbitro estará investido de jurisdição ao caso que lhe for apresentado pelos interessados, ao passo em que sua decisão abriga as partes mesmo diante de solução contrária aos interesses ou expectativas, fazendo com que o árbitro exerça ação cognitiva na atividade julgadora, no sentido de reconhecer e aplicar o direito ao caso concreto. Prossegue ainda destacando que os argumentos trazidos pelas partes são avaliados de acordo com todo o contexto probatório, e, com base nesses elementos, analisadas as questões de fato e de direito, obedecidas as regras de direito material e processual, promove-se o julgamento do litígio, tal qual se faz no Judiciário, ensejando em uma e outra hipótese a coisa julgada[92].

E, de fato, não poderia ser diferente, pois como defende Cândido Rangel Dinamarco[93], a partir do momento em que se assume e reconhece que os árbitros possuem jurisdição e capacidade de resolução de conflitos e pacificação social, "não há dificuldade alguma para afirmar que também os árbitros exercem jurisdição, uma vez que sua atividade consiste precisamente em pacificar com justiça, eliminando conflitos"[94].

Para Nelson Nery Junior, a natureza da arbitragem é de jurisdição:

> O árbitro exerce jurisdição porque aplica o direito ao caso concreto e coloca fim à lide que existia entre as partes. A arbitragem é instrumento de pacificação social. Sua decisão é exteriorizada por meio de sentença, que tem qualidade de título executivo judicial (CPC (LGL 1973\5) 475-N IV), não havendo necessidade de ser homologada pela jurisdição estatal. A execução

[91] "o novo procedimento arbitral, uma vez instaurado, em tudo se equipara à jurisdição oficial, já que nem mesmo o compromisso depende necessariamente de intervenção oficial, nem tampouco a sentença arbitral tem sua eficácia subordinada a qualquer crivo de aprovação em juízo" TEODORO JÚNIOR, Humberto. **Curso de direito processual civil**. v. III. 27. ed. Rio de Janeiro: Forense, 2009, p. 1.472.

[92] CAHALI, Francisco José. **Curso de arbitragem**: mediação, conciliação, resolução CNJ 125/2010. 6. ed. São Paulo: RT, 2017, capítulo 4, p. 131.

[93] DINAMARCO, Cândido Rangel. **A arbitragem na teoria geral do processo**. São Paulo: Malheiros, 2013, p. 39.

[94] DINAMARCO, Cândido Rangel. **A arbitragem na teoria geral do processo**. São Paulo: Malheiros, 2013, p. 39.

da sentença arbitral é aparelhada por título judicial, sendo passível de impugnação ao cumprimento de sentença com fundamento no CPC (LGL 1973\5) 475-L, segundo a LArb 33 § 3º[95].

Verifica-se que parte da doutrina caminha pelo reconhecimento de que a arbitragem possui natureza jurisdicional, ainda que a sua formação dependa de uma manifestação contratual. Isso se reflete, também, no CPC, que logo em seus primeiros artigos aponta a inafastabilidade da "apreciação jurisdicional" para as situações de ameaça ou lesão ao direito, para logo em seguida registrar que "é permitida a arbitragem, na forma da lei".

Essa mesma menção é repetida pelo CPC, mais precisamente em seu art. 42, que determina: "as causas cíveis serão processadas e decididas pelo juiz nos limites de sua competência, ressalvado às partes o direito de instituir juízo arbitral, na forma da lei". Logo, pela leitura combinada da doutrina com as disposições da Lei de Arbitragem e do CPC, não restam dúvidas de que a arbitragem possui um relevante aspecto jurisdicional, conforme defende Carlos Alberto Carmona:

> O fato que ninguém nega é que a arbitragem, embora tenha origem contratual, desenvolve-se com a garantia do devido processo e termina com o ato que tende a assumir a mesma função da sentença judicial. Sirva, pois, esta evidência para mostrar que a escolha do legislador brasileiro certamente foi além das previsões de muitos ordenamentos estrangeiros, mais evoluídos que o nosso no trato do tema, trazendo como resultado final o desejável robustecimento da arbitragem[96].

Admitir o caráter pura ou radicalmente jurisdicional da arbitragem também poderia resolver de imediato a questão da vinculação dos árbitros aos precedentes judiciais em função do exercício puramente jurisdicional do árbitro, conforme defende Leonardo Greco ao apontar que os defensores mais radicais dessa teoria defenderão que os tribunais arbitrais estão

[95] NERY JUNIOR, Nelson; NERY, Rosa Maria de Andrade. **Código de Processo Civil Comentado e Legislação Extravagante**. São Paulo: RT, 2013, p. 1.531.

[96] CARMONA, Carlos Alberto. **Arbitragem e processo** – um comentário à Lei n. 9.307/96. 2. ed. São Paulo: Atlas, 2004, p. 46.

obrigados a seguir a jurisprudência e os precedentes, tanto vinculantes quanto os não, salvo nos julgamentos por equidade, porque exercem função jurisdicional que lhes é conferida pela lei em substituição aos tribunais estatais[97].

Porém, mesmo que parte da doutrina caminhe pelo reconhecimento de um preponderante aspecto jurisdicional da arbitragem[98], o caráter contratual estará sempre presente, tanto no momento de sua manifestação de vontade como durante a sua execução, o que nos leva à quarta teoria da natureza da arbitragem.

2.3.4. Posição intermediária ou mista

Como vimos, são respeitáveis os posicionamentos pela natureza contratualista e pela natureza jurisdicional da arbitragem. Por isso, foi criado o posicionamento intermediário ou misto, que cumula os principais aspectos do caráter contratual e do caráter jurisdicional. Afinal, conforme exposto no início deste capítulo, não se pode desconsiderar que a arbitragem depende, em um primeiro momento e à luz do direito brasileiro, da autorização legal para a sua instituição e validade. Em seguida, a arbitragem depende, em um momento subsequente, da manifestação de vontade das partes, que deverá ser exercida por meio da convenção arbitral.

Porém, uma vez ultrapassada a formação da convenção arbitral, chegando-se à instituição do Tribunal Arbitral, vemos que a relação das partes com o árbitro, ainda que possua um caráter contratual, vez que pactuaram disposições relacionadas, por exemplo, ao pagamento de honorários, também possui um caráter evidentemente jurisdicional.

[97] GRECO, Leonardo. Controle jurisdicional da arbitragem. *In*: LEE, João Bosco; LEVY, Daniel de Andrade (ed.). **Revista Brasileira de Arbitragem**. Comitê Brasileiro de Arbitragem CBAr & IOB; Kluwer Law International, v. XV Issue 57, 2018, p. 7-22.

[98] Para Carlos Alberto Carmona: "O art. 32 [da Lei 9.307/96] afirma que a decisão final dos árbitros produzirá os
mesmos efeitos da sentença estatal, constituindo a sentença condenatória título executivo que, embora não oriundo do Poder Judiciário, assume a categoria de judicial. O legislador optou, assim, por adotar a tese jurisdicional da arbitragem, pondo termo à atividade homologatória do juiz, fator e emperramento da arbitragem. Certamente continuarão a surgir críticas, especialmente de processualistas ortodoxos que não conseguem ver a atividade processual – e muito menos jurisdicional – fora do âmbito da tutela estatal estrita". CARMONA, Carlos Alberto. **Arbitragem e processo** – um comentário à Lei n. 9.307/96. 2. ed. São Paulo: Atlas, 2004, p. 45.

Segundo Julian David Mathew Lew e Loukas A. Mistelis, a teoria mista da natureza da arbitragem tornou-se a prevalente no mundo, eis que reúne:

> elements of both the jurisdictional and the contractual theory are found in modern law and practice of international commercial arbitration. According to the mixed theory we have a private justice system created by contract. It is also common that such a hybrid system exists de facto. This can be seen in cohabitation of the jurisdictional approach of the New York Convention with the contractual approach of French law. Thus, both the contractual origin and the jurisdictional function have an important influence on arbitration. An effect of the hybrid or mixed theory is to acknowledge the strong, though not overwhelming, connection between arbitration and the place where the tribunal has its seat[99].

Com a nomeação do árbitro ou do Tribunal Arbitral, há o efetivo exercício da jurisdição, posto que os árbitros deverão resolver o conflito envolvendo as partes e a sentença a ser proferida será definitiva, formando, inclusive, a coisa julgada. Nesse sentido, comenta Francisco José Cahali que a teoria mista cumula características da teoria jurisdicional e da teoria contratual, de modo que, mesmo pautada no negócio jurídico realizado entre as partes, e sendo dele decorrente, não se pode desenvolver a arbitragem fora de um sistema jurídico, pois este método de solução de conflitos submete-se à ordem legal existente, embora não controlada inteiramente por esse sistema[100].

[99] LEW, Julian David Mathew; MISTELIS, Loukas A. *et al.* **Comparative International Commercial Arbitration**. Kluwer Law International, 2003, p. 80. Tradução livre: A teoria mista ou híbrida tornou-se a teoria mundial dominante, uma vez que elementos da teoria jurisdicional e contratual são encontrados no direito moderno e na prática da arbitragem comercial internacional. De acordo com a teoria mista, temos um sistema de justiça privado criado por contrato. Também é comum que tal sistema híbrido exista de fato. Isso pode ser visto na coabitação da abordagem jurisdicional da Convenção de Nova York com a abordagem contratual da lei francesa. Assim, tanto a origem contratual quanto a função jurisdicional têm importante influência na arbitragem. Um efeito da teoria híbrida ou mista é reconhecer a forte, embora não esmagadora, conexão entre a arbitragem e o local onde o tribunal tem sua sede.

[100] CAHALI, Francisco José. **Curso de arbitragem**: mediação, conciliação, resolução CNJ 125/2010. 6. ed. São Paulo: RT, 2017, p. 129.

Por isso que, ainda se entenda ou admita por alguma preponderância do aspecto jurisdicional, o aspecto contratual da arbitragem é relevante e não deve ser desconsiderado, razão pela qual a crítica de Alexandre Freitas Câmara sobre a interpretação isolada do caráter contratual e jurisdicional merece destaque:

> Parece-me que as duas posições são criticáveis. Em primeiro lugar, deve-se afirmar, a meu juízo, que a função exercida pelos árbitros é pública, por ser função de pacificação de conflitos, de nítido caráter de colaboração com o Estado na busca de seus objetivos essenciais. De outro lado, parece inegável que a arbitragem se inicia por ato de direito privado, qual seja, a convenção de arbitragem, que será estudada mais adiante. Não se pode, porém, confundir a convenção de arbitragem, ato que institui o procedimento arbitral, com arbitragem em si. É a natureza desta, e não daquele, que se busca, e tal natureza é, a meu juízo, a de função pública. Pública, mas não estatal, e – por conseguinte – não se poderia considerar que tal função é jurisdicional. Pensar de outra forma, a meu ver, seria infringir o monopólio estatal da jurisdição, o que não me parece possível. Relembre-se agora o que já disse anteriormente: o Estado não possui o monopólio da Justiça, mas possui o da Jurisdição.
>
> É preciso, ainda, afirmar minha convicção no sentido de que a arbitragem é verdadeiro processo. [...] Toda vez que um procedimento se realiza em contraditório, isto é, toda vez que na seqüência de atos que compõe o procedimento se tem assegurada a participação (ao menos potencial) dos interessados no provimento (assim entendidos todos aqueles que serão alcançados pelos efeitos de tal provimento), ter-se-á um processo. [...] No processo arbitral, além do procedimento em contraditório, instaura-se uma relação processual entre as partes e o árbitro (ou Tribunal Arbitral). Esta relação processual é diferente da que se estabelece no processo jurisdicional na medida em que o árbitro, por não ter poder de império, não se põe acima das partes (embora, assim como o Estado-juiz, delas seja eqüidistante). Assim sendo, processo arbitral e processo jurisdicional se distinguem intrinsecamente, uma vez que possuem distintas relações processuais, ainda que ambos possam ser muito semelhantes (e até mesmo iguais) do ponto de vista extrínseco (ou seja, do ponto de vista do procedimento, que se realiza obrigatoriamente em contraditório). [...] Não, porém, um processo jurisdicional, pois a jurisdição é monopólio do Estado, não podendo ser exercida pelo árbitro, o qual é um ente privado. Ademais, não se faz presente na arbitragem a relação jurídica

processual jurisdicional, qual seja, aquela que se estabelece entre as partes e o Estado-Juiz. Não há, portanto, como se admitir a natureza jurisdicional da arbitragem, embora não se possa negar o múnus público exercido pelo árbitro, em sua atividade privada, de busca da pacificação social. Com isto, coloco-me numa posição publicista frente à arbitragem, negando a tese de quem vê neste instituto uma figura exclusivamente regulada pelo direito privado[101].

Segundo Teresa Arruda Alvim Wambier,

> Nesse contexto, encarta-se a arbitragem. Cabe, então lembrarmos, aqui, a polêmica consistente em se saber se a arbitragem é, ou não, atividade jurisdicional. Parece que a opção do legislador da Lei 9.307/1996 foi a de dar mais relevância à arbitragem, pois a decisão final dos árbitros foi elevada à categoria de título judicial, quando de natureza condenatória. Não existe mais a necessidade de que a decisão do árbitro seja homologada pelo Poder Judiciário.
>
> Assim, se se tomar em conta a natureza da atividade, e não quem a desempenha – que, no caso, não é o Estado – somando-se a isso à força (= o grau de eficácia) que lei atribui à decisão do árbitro, parece correto afirmar-se que se trata de atividade jurisdicional. [...] Os árbitros não exercem plenamente a atividade jurisdicional, pois, por exemplo, há matérias sobre as quais não podem decidir e também não apreciam existência e validade de lei em tese, nem fixam qual seria a correta interpretação do direito. Mas estas limitações e a possibilidade de que a decisão dos árbitros seja 'controlada' pelo Poder Judiciário não descaracterizam, a nosso ver a atividade dos árbitros como jurisdicional, mas faz com que não se possa afirmar categoricamente que a arbitragem seja um equivalente jurisdicional, em termos absolutos[102].

Portanto, percebe-se que a teoria mista ou intermediária atrai os melhores aspectos de cada uma das teorias, valorizando tanto o aspecto contratual como o aspecto jurisdicional ou público da arbitragem. Além

[101] CÂMARA, Alexandre Freitas. **Arbitragem** – Lei n. 9.307/96. 4. ed. Rio de Janeiro: Lumen Juris, 2005, p. 12-15.

[102] WAMBIER, Teresa Arruda Alvim. Fundamentos do processo. **Revista dos Tribunais**, n. 855, São Paulo: RT, p. 13-14.

disso, mesmo que se reconheça alguma preponderância do aspecto jurisdicional, há que se reconhecer também que não estamos lidando com uma jurisdição estatal, mas sim com uma jurisdição privada[103], conforme registrava Francisco Cavalcanti Pontes de Miranda durante a vigência do CPC de 1939: "entre os compromitentes e o árbitro há relação jurídica - que diríamos processual, em sentido latíssimo - porém essa relação jurídica não é de direito público, como a relação jurídica processual entre o autor-Estado e Estado-réu"[104].

O reconhecimento da natureza jurisdicional da arbitragem em maior ou menor grau não implica na declaração de que a arbitragem faz parte do sistema do Poder Judiciário ou que estaria a ele vinculada enquanto órgão inferior ou subalterno[105]. A arbitragem integra um sistema de direito e de justiça, do qual o Poder Judiciário, evidente, também faz parte, sendo ele o seu maior símbolo e representante. A arbitragem, ainda que detentora de natureza jurisdicional, possui origem privada e não estatal, conforme registra Eduardo Arruda Alvim, que vê a arbitragem como jurisdição privada, isto é, "um regime substitutivo da jurisdição que, apesar de não

[103] "Está-se, portanto, diante de verdadeira jurisdição de caráter privado. Aliás, o novo microssistema que contempla o juízo arbitral não permite, ao nosso entender, outra conclusão". FIGUEIRA JUNIOR, Joel Dias. **Arbitragem, jurisdição e execução**. São Paulo, RT, 1999, p. 157.

[104] MIRANDA, Francisco Cavalcanti Pontes de. **Tratado de direito privado**: parte especial - direito das obrigações. t. XXVI. Atualizado por Ruy Rosado de Aguiar Júnior e Nelson Nery Junior. São Paulo: RT, 2012, p. 525.

[105] Para Carlos Eduardo Stefen Elias: "A dicotomia entre a teoria contratual e a teoria jurisdicional foi ultrapassada (ou, ao menos, enormemente atenuada) pelo entendimento de que a arbitragem tem origem contratual, mas que nela é outorgado ao árbitro poder jurisdicional. No entanto, os efeitos da interpretação literal de que o árbitro "equivale" ao juiz continuam no que diz respeito à limitação dos poderes do árbitro no exercício da sua função. Nesse sentido, a equivalência integral entre os papéis de árbitro e de juiz imporia a não aceitação de qualquer limitação do poder conferido ao árbitro pelas partes, a necessidade de que o árbitro se sujeite às mesmas amarras e liberdades procedimentais que alcançam o juiz no processo civil ou a possibilidade de utilização, contra o árbitro, dos mesmos mecanismos de controle concebidos contra os abusos do Poder Público no exercício das suas funções (por exemplo, ao mandado de segurança). Essa concepção, refratária ao aprimoramento da arbitragem, deve ser afastada. ELIAS, Carlos Eduardo Stefen. O árbitro é (mesmo) juiz de fato e de direito? Análise dos poderes do árbitro vis-à-vis os poderes do juiz no Novo Código de Processo Civil brasileiro. **Revista de Arbitragem e Mediação**, v. 54, p. 79-122, jul.-set., 2017.

ser exercida pelo Estado, visa a obtenção do mesmo fim, a pacificação social"[106].

Isso significa dizer que a arbitragem não está sujeita às regras de processo civil ou da organização do Poder Judiciário. O procedimento arbitral será regulado pelas regras a serem definidas pelas partes, à luz da Lei de Arbitragem e de seus princípios norteadores, do eventual regulamento eleito pelas partes e, principalmente, pela lei eleita para a resolução do conflito[107].

Diante desse cenário percebemos que a discussão sobre a natureza da arbitragem possui um relevante papel no debate sobre a eventual vinculação dos árbitros aos precedentes judiciais, de modo que a defesa do caráter puramente jurisdicional da arbitragem nos levaria à imediata conclusão de que os árbitros estão, de fato, vinculados aos precedentes judiciais, enquanto a defesa da teoria autônoma ou puramente contratual nos levaria à imediata e inversa conclusão de desvinculação absoluta dos árbitros aos precedentes judiciais.

Porém, defende-se nesse trabalho a da natureza mista da arbitragem, que abarca aspectos da natureza contratual e jurisdicional, ao passo que, mesmo que se admitisse alguma preponderância do aspecto jurisdicional, há uma substancial diferença entre reconhecer a natureza pública da arbitragem e vincular essa atividade como uma atividade estatal.

Deste modo, deve-se percorrer mais etapas para que se possa concluir a análise de eventual vinculação dos precedentes judiciais aos árbitros.

[106] ALVIM, Eduardo Arruda. **Curso de direito processual civil**. v.1. São Paulo, RT, 1999, p. 56-57.

[107] Na lição de José Manoel de Arruda Alvim Netto: "A lei n. 9.307/96 é um reflexo da mudança de paradigma nos estudos que envolvem os métodos de solução dos conflitos, pois sinaliza novas possibilidades para a aplicação dos direitos aos litígios, alternativas à via judicial. O que se preconiza atualmente é que o Estado não é o único – e, algumas vezes, sequer é o mais adequado – entre o vocacionado para esta função, que pode muito bem ser exercida por particulares, algumas vezes com resultados mais proveitosos do que aqueles obtidos no âmbito do Judiciário. Não se trata de destituição do poder estatal para solucionar conflitos e, menos ainda, de inobservância ao princípio da inafastabilidade da apreciação jurisdicional; o poder-dever do Estado remanesce, facultando-se às partes a utilização da arbitragem para os litígios patrimoniais que envolvam direitos disponíveis e entre partes que sejam maiores e capazes". ALVIM NETTO, José Manoel de Arruda. Sobre a natureza jurisdicional da arbitragem. *In*: (org.) CAHALI, Francisco José; RODOVALHO, Thiago; FREIRE, Alexandre. **Arbitragem, estudos sobre a Lei n. 13.129, de 26-5-2015**. São Paulo: Saraiva, 2015, p. 140.

3.
O PRECEDENTE

3.1. O sistema do *common law* e a relação com os precedentes

No capítulo anterior tivemos a oportunidade de discorrer sobre importantes questões relacionadas aos fundamentos do trabalho e que permitem uma melhor compreensão da arbitragem. Nesse próximo capítulo, analisaremos a origem dos precedentes no *common law* e no *civil law*, apontando suas principais diferenças e peculiaridades dentro de cada um desses sistemas, destacando ainda as principais distinções entre súmula vinculante, jurisprudência e precedentes. Em seguida, analisaremos o tratamento dos precedentes no CPC, a sua racionalidade e a realidade vivida pelo Poder Judiciário, tecendo alguns comentários sobre a sua constitucionalidade, para em seguida discutir se estamos lidando com uma nova fonte primária de leis ou com uma fonte normativa complementar.

Agora, faremos a ligação desses fundamentos basilares com os precedentes judiciais. Não pretendemos desenvolver uma extensa discussão sobre a origem dos precedentes no *common law* e no *civil law*, mas seus contornos são relevantes à discussão da aplicabilidade ou não dos precedentes judiciais brasileiros na arbitragem.

E, justamente por essa razão, começaremos pela análise do *common law* e sua relação com os precedentes. A origem[108] do *common law* está na

[108] Segundo René David, podemos reconhecer quatros períodos principais da história do direito inglês: "O primeiro é o período anterior à conquista normanda de 1066. O segundo,

Inglaterra e dela se irradiou para todos os países por ela colonizados ou que a ela se associaram, formando uma grande família de países que seguiam essa tradição, conhecida como *Commonwhealth*, que têm como base a observância dos costumes, tradicionalmente construídos pela reiterada prática de condutas e de comportamentos da sociedade, bem como à luz daquilo que era manifestado pelos juízes e pelos tribunais. Evidentemente o *common law* inglês passou por algumas mudanças ao longo dos séculos, fruto justamente da evolução da sociedade, sem, contudo, perder aquilo que lhe era mais importante: a observância aos costumes[109].

que vai de 1066 ao advento da dinastia dos Tudors (1485), é o da formação da *common law*, no qual um sistema de direito novo, comum a todo o reino, se desenvolve e substitui os costumes locais. O terceiro período, que vai de 1485 a 1832, é marcado pelo desenvolvimento, ao lado da *common law*, de um sistema complementar e às vezes rival, que se manifesta nas "regras de equidade". O quarto período, que começa em 1832 e continua até os nossos dias, é o período moderno, no qual a *common law* deve fazer face a um desenvolvimento sem precedentes da lei e adaptar-se a uma sociedade dirigida cada vez mais pela administração". DAVID, René. **Os grandes sistemas do direito contemporâneo**. 4. ed. São Paulo: Martins Fontes, 2002, p. 356.

[109] Conforme lição de Luís Manoel Borges do Vale: "Costuma-se estabelecer como marco de consolidação do *Common Law* ou *Comune Ley* o período subsequente à conquista normanda, no ano de 1066, época na qual foi possível trabalhar a ideia de costume comum a toda a Inglaterra, em detrimento da incidência das regras costumeiras locais adstritas ao regime feudal. Dessa maneira, surgem os Tribunais Reais de Justiça ou Tribunais de Westminster, os quais passam a aplicar o direito uníssono a toda a nação, sem que, *a priori*, restasse extirpada a competência dos Tribunais Locais ou *Hundred Court*. Com a evolução do direito comum e a maior confiança dos jurisdicionados nas Cortes Reais, os órgãos de julgamento local perdem espaço e suas atribuições são absorvidas por aquelas estruturas judicantes vinculadas ao reino. Firma-se nesse momento, o *Common Law*. Posteriormente, o *Common Law* ainda terá que conviver, no período que vai de 1485 a 1832, com os chamados Tribunais de *equity* ou de Chancelaria, que surgem como resposta à ineficiência da forma de aplicação do direito costumeiro, nas Cortes Reais, de tal sorte que se propõem um modelo de jurisdição, com fulcro em valores de equidade e justiça. Dessa forma, acaso o cidadão almejasse uma solução de *equity* teria que recorrer às *Court of Chancery*, na qual o julgador não estaria vinculado a precedentes, mas sim a valores traduzidos como justo. A despeito disso, os *Judicature Acts* extinguem, em 1873-1875, a distinção entre *equity* e *common law*, reforçando-se o direito comum, nos moldes do que se visualiza hodiernamente. Nessa linha de intelecção, é possível divisar quatro fases distintas de evolução do direito inglês, quais sejam: a) período anglo-saxônico; b) período de formação do *Common Law*; c) embate entre *Common Law* e *equity* e d) período moderno". VALE, Luís Manoel Borges do. **Precedentes vinculantes no processo**

Esses costumes continuam sendo pautados não apenas pelas suas características próprias, mas também pelas decisões judiciais pretéritas, enquanto normas abstratas, que exercem um papel de extrema relevância na sociedade, conhecidas por precedentes. Com isso, os precedentes passaram a exercer um grande papel na sociedade, influenciando a forma como as pessoas e a sociedade como um todo se comportam diante de determinadas situações, independentemente de existir ou não algum tipo de codificação.

O conceito de precedente, em linhas gerias, consiste em um posicionamento judicial, proferido por um órgão ou tribunal competente, que ao solucionar um caso específico, constrói uma solução jurídica relevante e com capacidade de solucionar casos futuros.

Nesse ponto, trazemos as ponderações de René David:

> O direito, quer para um jurista americano, quer para um jurista inglês, é concebido essencialmente sob a forma de um direito jurisprudencial; as regras formuladas pelo legislador, por mais numerosas que sejam, são consideradas com uma certa dificuldade pelo jurista que não vê nelas o tipo normal da regra de direito; estas regras só são verdadeiramente assimiladas ao sistema de direito americano quando tiverem sido interpretadas e aplicadas pelos tribunais e quando se tornar possível, em lugar de referirem a elas, referirem-se às decisões judiciárias que as aplicaram. Quando não existe precedente, o jurista americano dirá naturalmente: "There is no law on the point" (Não há direito sobre a questão), mesmo se existir, aparentemente, uma disposição de lei que a preveja[110].

Para Luiz Guilherme Marinoni,

> Seria possível pensar que toda decisão judicial é um precedente. Contudo, ambos não se confundem, só havendo sentido falar de precedente quando se tem uma decisão dotada de determinadas características, basicamente a potencialidade de se firmar como paradigma para a orientação dos jurisdicionados

civil brasileiro e a razoável duração do processo. Rio de Janeiro: LMJ Mundo Jurídico, 2019, p. 37-38.

110 DAVID, René. **Os grandes sistemas do direito contemporâneo**. 3. ed. São Paulo: Martins Fontes, 1998, p. 367.

> e dos magistrados. De modo que, se todo precedente ressai de uma decisão, nem toda decisão constitui precedente. Note-se que o precedente constitui decisão acerca da matéria de direito – ou, nos termos do *common law*, de um *point of law* – e não de matéria de fato. [...] Nesta dimensão, é possível dizer que o precedente é a primeira decisão que, ao menos por maioria, decide a questão de direito ou é a decisão que, igualmente ao menos por maioria, definitivamente a delineia, deixando-a cristalina[111].

Na concepção do *common law*, em especial do direito inglês, a lei não é considerada um modo de expressão normal do direito, mas um elemento estranho ao direito[112]. O sistema do *common law* está lastreado, basicamente, nos costumes e na confiança de que o juiz possui capacidade e competência de criar o direito à luz do caso concreto. Segundo Sir. John Salmond:

> A precedent, therefore, is a judicial decision which contains in itself, a principle. The underlying principle which thus forms its authoritative element is often termed the ratio decidendi. The concrete decision is binding between the parties to it, but it is the abstract *ratio decidendi* which alone has the force of law as regards the world at large[113].

A noção de que os tribunais normalmente devem seguir precedentes na decisão de casos é uma das principais características estruturais em sistemas jurídicos de *common law*[114]. Contudo, o que confere o efeito vinculativo ao precedente é o *stare decisis*, permitindo a vinculação dos

[111] MARINONI, Luiz Guilherme. **Precedentes obrigatórios**. 5. ed. São Paulo: RT, 2016, p. 157-159.

[112] DAVID, René. **Os grandes sistemas do direito contemporâneo**. 3. ed. São Paulo: Martins Fontes, 1998, p. 434.

[113] SALMOND, Sir. John. **Jurisprudence**. 18. ed. London: Sweet & Maxwell, Limited, 1930, p. 201. Tradução livre: "Um precedente, portanto, é uma decisão judicial que contém em si um princípio. O princípio subjacente que assim forma seu elemento de autoridade é frequentemente denominado *ratio decidendi*. A decisão concreta é vinculativa entre as partes, mas é a *ratio decidendi* abstrata que tem força de lei em relação ao mundo em geral".

[114] ALEXANDER, Larry. Constrained by precedent. **Southern California Law Review**, v. 63, 1989-1900, p. 1-64.

demais órgãos, vertical ou horizontalmente[115], correspondendo, portanto, à política que exige dos tribunais subordinados a vinculação às decisões proferidas pelos tribunais superiores[116]. Sobre o funcionamento vertical e horizontal dos precedentes, Mark Tushnet pondera:

> O precedente funciona tanto no sentido vertical quanto no sentido horizontal. Verticalmente, o sistema de precedentes prevê que um juiz ou tribunal de instância inferior deve seguir e aplicar a norma jurídica enunciada por um juiz ou tribunal de instância superior em todos os casos nos quais a orientação expressada pelo precedente tiver aplicação, sem que lhe seja dado considerar se a norma articulada precedentemente é ou não é juridicamente correta, segundo os padrões e entendimentos seguidos por cada um. Horizontalmente, o sistema prevê que, tomando-se dois juízes ou tribunais de idêntico grau de jurisdição, dotados da mesma competência jurisdicional (vale dizer: dois juízes de primeira instância dentro de uma determinada jurisdição; ou, então, dois tribunais recursais dentro uma jurisdição maior), o segundo juiz ou tribunal a enfrentar a mesma questão jurídica estará fortemente compelido a seguir e aplicar a norma jurídica já enunciada pelo primeiro, muito embora lhe seja dada a possibilidade de adotar e expressar o seu próprio entendimento jurídico sobre a matéria[117].

[115] Conforme esclarece Marcos Serra Netto Fioravanti: "Pois bem, para o sistema do *common law* denomina-se precedente uma decisão, ou partes de uma decisão pretérita, prolatada por órgão dotado de jurisdição sobre um conflito a ele submetido e que cria norma jurídica apta a vincular casos futuros sobre o mesmo tema. Essa seria a generalidade do conceito de precedente no *common law*, definindo-o como uma decisão, ou partes de uma decisão, emanada de órgão dotado de jurisdição e que já tenha decidido a questão conflituosa, produzindo efeitos sobre aquele caso concreto e apta a produzir efeitos para casos futuros que venham a debater o mesmo conflito, mesmo que entre partes diferentes. Precedente para o *common law* é, portanto, a decisão judicial ou parte de uma decisão, tomada em relação a um caso concreto, cujo núcleo essencial tem a aptidão para interferir no julgamento de casos que lhe sejam posteriores e análogos". FIORAVANTI, Marcos Serra Netto. **A arbitragem e os precedentes judiciais**: observância, respeito ou vinculação? São Paulo: Lumen Juris, 2018, p. 22.

[116] COLE, Charles D. *Stare decisis* na cultura jurídica dos Estados Unidos. O sistema de precedente vinculante do *common law*. Tradução de Maria Cristina Zucchi. *In*: **Revista dos Tribunais** n. 752, São Paulo: RT, 1998, p. 12.

[117] TUSHNET, Mark. Os precedentes judiciais nos Estados Unidos. **Revista de Processo**, ano 38, v. 218, abr. 2013, p. 102.

As justificativas do *stare decisis* podem ser sumarizadas em quatro pontos: igualdade, previsibilidade, economia e respeito, conforme explica Edward Allan Farnsworth:

> The first argument is that the application of the same rule to successive similar cases results in equality of treatment for all who come before the courts. The second is that consistent following of precedents contributes to predictability in future disputes. The third is that the use of established criteria to settle new cases saves time and energy. The fourth is that adherence to earlier decisions shows due respect for wisdom and experience of prior generations of judges.
>
> For several reasons, the doctrine of precedent has never enjoyed in the United States the absolute authority that is said to have attained in England. The great volume of decisions, with conflicting precedents in different jurisdictions, has detracted from the authority of individual decisions. The rapidity of change has often weakened the applicability of precedents to later cases that have arisen after social and economic conditions have altered with the passage of years. Nevertheless, the doctrine of precedent, though less rigidly applied than in England, is still firmly entrenched in the United States[118].

Portanto, à luz dos doutrinadores citados, podemos dizer que o precedente, de acordo com os ditames do *common law*, é a decisão judicial que, mesmo analisando o caso concreto posto para a solução, constrói um núcleo fundamental que tem a capacidade e o potencial de influenciar decisões futuras sobre temas idênticos ou similares[119]. E tal influência

[118] FARNSWORTH, E. Allan. **Introduction of the Legal System of the United States**. 4. ed. Oxford University Press, 2010, p. 59.

[119] Segundo Benjamin N. Cardozo, um precedente pode nascer a partir do momento em que o juiz não consegue encaixar os precedentes existentes ao caso concreto: "It is when the colors do not match, when the references in the index fail, when there is no decisive precedent, that the serious business of the judge begins. He must then fashion law for the litigants before him. In fashioning it for them, he will be fashioning it for others. [...] The sentence of today will make the right and wrong of tomorrow. If the judge is to pronounce it wisely, some principles of selection there must be to guide him among all the potential judgments that compete for recognition." Tradução livre: É quando as cores não coincidem, quando as referências no

se dá em dois momentos, conforme visto acima, porém, com públicos distintos – no primeiro deles, apenas para as partes litigantes e, no futuro, para toda a sociedade[120].

O direito, então, surge a partir do momento em que precedentes são proferidos ou posteriormente modificados, o que motivou dois tipos de interpretação acerca da natureza dessas decisões. Isto é, o precedente passa a declarar um direito já existente ou ele cria e descobre um novo direito[121]? Em um primeiro momento, defendia-se a posição de que o precedente apenas declarava o direito, que nada mais era do que o reflexo ou o resultado dos costumes daquela sociedade, de modo que o juiz ou o tribunal estaria apenas transformando aquele direito preexistente em uma manifestação judicial. Não haveria, naquele momento, a criação de um direito, mas apenas o espelhamento dos costumes gerais. Essa linha de pensamento era defendida e verificada a partir do momento em que um precedente tinha como fundamento, ainda que parcial, justamente um precedente anterior, através do qual se declarava, tanto à luz dos costumes gerais, como também de decisões anteriores, o direito aplicável àquele caso[122].

índice falham, quando não há precedente decisivo, que começa o trabalho sério do juiz. Ele deve então criar leis para os litigantes que estão perante ele. Ao fazer isso para eles, ele o estará moldando para os outros. [...] A sentença de hoje fará o certo e o errado de amanhã. Se o juiz deve pronunciá-lo com sabedoria, alguns princípios de seleção devem existir para orientá-lo entre todos os julgamentos potenciais que competem pelo reconhecimento. CARDOZO, Benjamin N. **The nature of the judicial process**. New Haven: Yale University Press, 2010, p. 21.

120 "O sistema de precedentes vinculantes faz com que as cortes ajam em duas dimensões: resolvem conflitos, e isto diz respeito ao passado; e têm o papel de fazer direito, criando regras para o futuro. A primeira função atinge uma audiência limitada: o réu e o autor. A segunda atinge uma audiência mais ampla, que inclui o público, os tribunais, a mídia, os acadêmicos e outros tribunais". WAMBIER, Teresa Arruda Alvim. Estabilidade e adaptabilidade como objetivos do direito: *civil law* e *common law*. **Revista de Processo** n. 172, São Paulo: RT, 2009, p. 121-174.

121 Segundo Luiz Guilherme Marinoni: "No *common law*, discutiu-se intensamente sobre o significado da decisão judicial, ou, mais propriamente, sobre o significado da função jurisdicional. Desejava-se esclarecer se a decisão judicial criava o direito ou somente o declarava e, bem por isso, intuiu-se que estava discutindo uma teoria de jurisdição". MARINONI, Luiz Guilherme. **Precedentes obrigatórios**. 5. ed. São Paulo: RT, 2016, p. 25.

122 "A suposição de que o *common law* consiste nos costumes gerais faz sentir a teoria declaratória em outra perspectiva, ou melhor, a própria teoria declaratória sob disfarce. Partindo-se

Por outro lado, os defensores da teoria de que os precedentes criam o direito argumentam que o *common law* somente existe em decorrência da capacidade dos juízes e tribunais de produzir as *leis*, isto é, o *common law* surgiu justamente do fato de que esses juízes possuíam o *law-making authority*, de modo que o direito seria o resultado da vontade dessas manifestações judiciais produzidas pelos juízes. Logo, essa linha defende que o direito não é descoberto, mas é criado.

Porém, se os precedentes revelam o direito ou o criam, conforme registra Luiz Guilherme Marinoni, não se mostra tão relevante, já que os próprios partidários da teoria de que o juiz declara o direito, ao considerarem a necessidade de revogação do precedente, admitiram que, neste caso, ocorreria um *remaking*, de modo que pouco importa se o juiz reconstrói o direito ou declara o erro da primitiva declaração do direito quando uma outra explicação serve para justificar a revogação do precedente. Conclui Marinoni que ao justificarem tal revogação, ambas as teorias estavam cientes do dever judicial de respeito aos precedentes[123].

Realmente, ao que nos interessa no presente momento, os precedentes, independentemente de sua natureza declaratória ou constitutiva, contribuem para formar o direito costumeiro, a base do *common law*, que passa a nortear o comportamento dos indivíduos e da sociedade como um todo em situações pré-definidas[124]. Nessa toada, relevantes os comentários

da ideia de que o *common law* está nos costumes gerais observados entre os *Englishmen*, o juiz não o cria, mas tão somente o declara. Daí a conclusão de Blackstone de que as decisões das Cortes constituíam a demonstração do que o *common law* é". MARINONI, Luiz Guilherme. **Precedentes obrigatórios**. 5. ed. São Paulo: RT, 2016, p. 26.

[123] MARINONI, Luiz Guilherme. **Precedentes obrigatórios**. 5. ed. São Paulo: RT, 2016, p. 29.

[124] Segundo Edward D. Re: o precedente, é quase universalmente tratado como apenas um ponto de partida. Diz-se que o caso decidido estabelece um princípio, e ele é na verdade um *principium*, um começo, na verdadeira acepção etimológica da palavra. Um princípio é uma suposição que não põe obstáculo a maiores indagações. Como ponto de partida, o juiz no sistema do *common law* afirma a pertinência de um princípio extraído do precedente considerado pertinente. Ele, depois, trata de aplicá-lo moldando e adaptando aquele princípio de forma a alcançar a realidade da decisão ao caso concreto que tem diante de si. O processo de aplicação, quer resulte numa expansão ou numa restrição do princípio, é mais do que apenas um verniz; representa a contribuição do juiz para o desenvolvimento e evolução do direito". RE, Edward D. Stare decisis. trad. Ellen Gracie Northfleet. *In*: **Revista Forense**, Brasília, maio-jul.1994, p. 281-287.

do então Ministro da Suprema Corte Americana, Benjamin N. Cardozo, sobre a forma de trabalho dos advogados e juízes no sistema de *common law* americano:

> [...] in a system so highly developed as our own, precedents have so covered the ground that they fix the point of departure from which the labor of the judge begins. Almost invariably, his first step is to examine and compare them. If they are plain and to the point, there may be need of nothing more. Stare decisis is at least the everyday working rule of our law [...] the work of deciding cases in accordance with precedents that plainly fit them is a process similar in its nature to that of deciding cases in accordance with a statute. It is a process of search, comparison, and little more. Some judges seldom get beyond that process in any case. Their notion of their duty is to match the colors of the case at hand against the colors of many sample cases spread out upon their desk[125].

Como vemos, o respeito às decisões pretéritas passou a ser, de forma bastante natural, o grande orientador e norte das decisões judiciais futuras e moldou a forma como a sociedade reagiria a determinadas situações, à luz daquelas decisões judiciais[126]. Isso também nos mostra que o *common*

[125] CARDOZO, Benjamin N. **The nature of the judicial process**. New Haven: Yale University Press, 2010, p. 20.
Tradução livre: num sistema tão altamente desenvolvido quanto o nosso, os precedentes já cobriram o campo de tal forma que eles fixam o ponto inicial a partir do qual o trabalho do juiz começa. Quase invariavelmente, seu primeiro passo é examiná-los e compará-los. Se eles forem adequados, talvez nada mais seja necessário. O *stare decisis* é pelo menos a ferramenta de trabalho diária do nosso direito [...] o trabalho de decidir casos de acordo com precedentes que se encaixam perfeitamente é um processo semelhante em sua natureza ao de decidir casos de acordo com uma legislação. É um processo de pesquisa, comparação e um pouco mais. Alguns juízes raramente vão além desse processo em qualquer caso. A noção de seu dever é combinar as cores da caixa em questão com as cores de muitas caixas de amostra espalhadas sobre sua mesa.

[126] Mark Tushnet traz uma interessante consideração sobre um elemento a ser observado pelos juízes na aplicação de precedentes sob o aspecto horizontal: "Contudo, existe outra consideração – humildade – que atua para prestigiar o precedente horizontal. A ideia nesse caso é simples. O segundo juiz ou tribunal a enfrentar a mesma questão dirá, com efeito: "Com certeza, o primeiro julgador a confrontar-se com a questão jurídica do caso foi sorteado aleatoriamente. Mas não há razão para supor que eu seja um juiz melhor do que ele ou ela [aqui

law e o *stare decisis*, este último sendo a eficácia vinculante das decisões pretéritas, não são conceitos sinônimos e tampouco surgiram no mesmo momento[127]. O *common law* não dependeu do conceito de *stare decisis* para se desenvolver durante muitos séculos, conforme registra Luiz Guilherme Marinoni[128] ao esclarecer: "o *stare decisis* constitui apenas um elemento moderno do *common law*, que também não se confunde com o *common law* de tempos imemoriais ou com os costumes gerais, de natureza secular, que dirigiam o comportamento dos *Englishmen*".

reside o elemento da humildade] e, portanto, não há razão para pensar que, examinando o mérito da questão, eu chegarei a uma conclusão melhor do que aquela a que chegou o primeiro julgador. Posso poupar o tempo e a energia de todos simplesmente ao seguir a orientação do precedente do primeiro julgador, e se assim eu não fizer, disso não decorrerá, de qualquer modo, a certeza de que a causa teve um resultado mais consonante com aquilo que o direito 'verdadeiramente' prevê. É importante enfatizar, aqui, que as razões de humildade operam em qualquer nível do sistema judiciário, desde o juiz de primeiro grau ao juiz da mais alta Corte. Mesmo Ministros da Suprema Corte devem ter em conta de que, em linha de princípio, eles não têm motivos específicos – exceto o mais genuíno egocentrismo – para pensar que são melhores ao produzir interpretação jurídica do que os seus predecessores". TUSHNET, Mark. Os precedentes judiciais nos Estados Unidos. **Revista de Processo**, ano 38, v. 218, p. 102, abr. 2013.

[127] Segundo Vincy Fon e Francesco Parisi: "However, it was not until the 17th and 18th centuries that a substantive rule of precedent developed in common law systems. In that period, courts were entrusted with the task of "finding" the law, rather than "making" the law. The presence of several cases recognizing the same legal principle increased the persuasive force of judicial findings: precedents became more authoritative when they were reaffirmed by a sequence of consistent decisions over time. During the late 18th and early 19th centuries, under Bentham's positivist influence, the doctrine of stare decisis moved from practice to principle, giving rise to the common law notion of binding authority of precedent". V. FON, F. Parisi. Judicial precedents in civil law systems: a dynamic analysis. **International Review of Law and Economics** 26, Elsevier Inc., 2007, p. 521. Tradução livre: No entanto, não foi até os séculos 17 e 18 que uma regra substantiva de precedente se desenvolveu nos sistemas de *common law*. Nesse período, os tribunais foram encarregados de "encontrar" a lei, ao invés de "fazer" a lei. A presença de vários casos reconhecendo o mesmo princípio jurídico aumentou a força persuasiva das conclusões judiciais: os precedentes tornaram-se mais confiáveis quando foram reafirmados por uma sequência de decisões consistentes ao longo do tempo. Durante o final do século 18 e início do século 19, sob a influência positivista de Bentham, a doutrina do *stare decisis* mudou da prática para o princípio, dando origem à noção de *common law* de autoridade obrigatória de precedente.

[128] MARINONI, Luiz Guilherme. **Precedentes obrigatórios**. 5. ed. São Paulo: RT, 2016, p. 34.

Para entendermos, na prática, o que é o *stare decisis*, devemos falar de dois casos[129]. O primeiro deles, *Roe v. Wade*[130] e o segundo, *Planned Parenthood of Southern Pennsylvania v. Casey*.

No primeiro, julgado em 1973, a Suprema Corte Americana decidiu, por 7 votos a 2, que a escolha de uma mulher em fazer um aborto é protegida por seu direito à privacidade[131]. Essa posição foi liderada

[129] "Discussing stare decisis today without mentioning Casey is like presenting Hamlet without Hamlet—or, some might say, Harry Potter without the evil Voldemort. Casey is by far the most notable and controversial application of the doctrine in re- cent years. In part, this is because the Court's willingness to stand by precedent came as such a surprise. After all, in words of one sage observer, "The last thing one would have expected the Rehnquist Court to do was to reaffirm Roe v. Wade". FARBER, Daniel A. The rule of law and the law of precedents. **Minnesota Law Review**. 2006. Disponível em: https://scholarship.law.umn.edu/mlr/25. Acesso em: 29 set. 2020, p. 1194. Tradução livre: Discutir *stare decisis* hoje sem mencionar Casey é como apresentar Hamlet sem Hamlet – ou, alguns podem dizer, Harry Potter sem o malvado Voldemort. Casey é de longe a aplicação mais notável e controversa da doutrina nos últimos anos. Em parte, isso se deve ao fato de que a disposição da Corte em seguir o precedente foi uma grande surpresa. Afinal, nas palavras de um sábio observador: "A última coisa que se poderia esperar que Rehnquist fizesse era reafirmar Roe *v.* Wade.

[130] Jane Roe era uma mulher solteira e grávida residente no Texas em 1970. As leis do Texas consideravam como crime o aborto de um feto, salvo se houvesse orientação médica com o propósito de salvar a vida da mãe. Roe entrou com uma ação contra Wade, o promotor distrital do Condado de Dallas, contestando a lei em questão sob o fundamento de que ela violava a garantia de liberdade pessoal e o direito à privacidade implicitamente garantido na Primeira, Quarta, Quinta, Nona e 14ª Emendas. Relato fático extraído da decisão proferida pela Suprema Corte Americana. Disponível em: https://caselaw.findlaw.com/us-supreme-court/410/113.html. Acesso em: 19 set. 2020.

[131] De acordo com a decisão, no primeiro trimestre, o direito de uma mulher à privacidade em torno da escolha de fazer um aborto superou os interesses do estado em regulamentar essa decisão. No primeiro trimestre, fazer um aborto não representa um perigo grave para a vida e a saúde da mãe, e o feto ainda não se desenvolveu. Os interesses do estado ainda não seriam convincentes, portanto, não podem interferir no direito da mulher à privacidade, regulamentando ou proibindo-a de fazer um aborto durante o primeiro trimestre. Durante o segundo trimestre, os interesses do estado se tornam mais factíves conforme o perigo de complicações aumenta e o feto se torna mais desenvolvido. Durante esta fase, o estado pode regulamentar, mas não proibir o aborto, desde que os regulamentos visem proteger a saúde da mãe. Durante o terceiro trimestre, o perigo para a saúde da mulher torna-se maior e o desenvolvimento fetal está quase concluído. No último trimestre, os interesses do estado em proteger a saúde da mãe e a vida do feto tornam-se os mais plausíveis. O estado pode regulamentar ou mesmo proibir o aborto nesta fase, desde que haja uma exceção para abortos necessários para preservar a vida

pelo Ministro Blackmun e acompanhada pelos Ministros Stewart, Burger e Douglas, que manifestaram votos concordantes, enquanto os Ministros White e Rehnquist se posicionaram de maneira desfavorável. Trata-se, evidentemente, de uma decisão de cunho moral, político e econômico de enorme valor e que, a partir daquele momento, passou a pautar o comportamento da sociedade e do estado por quase 50 anos.

Em 1992, a Suprema Corte decidiu o caso *Planned Parenthood of Southern Pennsylvania v. Casey*, que tinha como objeto de discórdia o Ato de Controle do Aborto da Pensilvânia de 1982[132], mas como pano de fundo a própria discussão de constitucionalidade do aborto. Contudo, como a composição da Suprema Corte havia sido alterada, migrando para posicionamentos mais conversadores, havia a expectativa de que o precedente *Roe v. Wade* pudesse ser superado.

Em uma apertada votação, a Suprema Corte confirmou, por 5 votos a 4, o seu compromisso com o precedente gerado no caso *Roe v. Wade*, mantendo o direito básico de uma mulher realizar o aborto, diante de certas circunstâncias. Nesse caso o *stare decisis* influenciou o posicionamento da corte, que apontou:

> After considering the fundamental constitutional questions resolved by Roe, principles of institutional integrity, and the rule of stare decisis, we are led to conclude this: the essential holding of Roe *v.* Wade should be retained and once again reaffirmed. [...]
>
> Court must take care to speak and act in ways that allow people to accept its decisions on the terms the Court claims for them, as grounded truly in

e a saúde da mãe. Conteúdo extraído da decisão proferida pela Suprema Corte Americana. United States Supreme Court. ROE *v.* WADE (1973) n.70-18. Disponível em: https://caselaw.findlaw.com/us-supreme-court/410/113.html. Acesso em: 19 set. 2020.

[132] A referida disposição exigia que uma mulher que pretendesse realizar um aborto deveria fornecer o seu consentimento informado antes do procedimento; especificou que ela receberia certas informações pelo menos 24 horas antes da realização do aborto; exigia o consentimento informado de um dos pais para um menor obter um aborto; exigia que uma mulher casada em busca de aborto notificasse seu marido; e impôs certos requisitos de relatórios sobre instalações que prestam serviços de aborto. Conteúdo extraído da decisão proferida pela Suprema Corte Americana. Disponível em: https://caselaw.findlaw.com/us-supreme-court/510/1309.html. Acesso em: 19 set. 2020.

> principle, not as compromises with social and political pressures having, as such, no bearing on the principled choices that the Court is obliged to make. [...] Where, in the performance of its judicial duties, the Court decides a case in such a way as to resolve the sort of intensely divisive controversy reflected in Roe and those rare, comparable cases, its decision has a dimension that the resolution of the normal case does not carry. It is the dimension present whenever the Court's interpretation of the Constitution calls the contending sides of a national controversy to end their national division by accepting a common mandate rooted in the Constitution. [...] We conclude the line should be drawn at viability, so that before that time the woman has a right to choose to terminate her pregnancy. We adhere to this principle for two reasons. First, as we have said, is the doctrine of stare decisis. Any judicial act of line drawing may seem somewhat arbitrary, but Roe was a reasoned statement, elaborated with great care. We have twice reaffirmed it in the face of great opposition. See Thornburgh v. American College of Obstetricians & Gynecologists, 476 U. S., at 759; Akron I, 462 U. S., at 419-420 [...] the central premise of those cases represents an unbroken commitment by this Court to the essential holding of Roe. It is that premise which we reaffirm today[133].

Como vemos, um ponto relevante de *Roe v. Wade* gira em torno da segurança jurídica, da previsibilidade e da importância de se observar e respeitar os precedentes que não apenas criaram legítimas expectativas na sociedade, mas que moldaram todo um comportamento da sociedade e do estado, ainda que tal precedente tenha sido revogado, ele perdurou e orientou a sociedade americana por quase 50 anos.

Para o *common law* os precedentes formam aquilo que chamamos de direito costumeiro e, em determinados casos e situações, esses precedentes terão um efeito vinculante[134] perante a sociedade como um todo e serão considerados fontes de direito primário. Esses precedentes terão a sua *ratio* extraída e analisada, de modo que será justamente ela que fixará

[133] United States Supreme Court. Planned Parenthood *v.* Casey, 505 U.S. 833 (1992).

[134] SLAPPER, Gary; KELLY, David. **O sistema jurídico inglês**. Rio de Janeiro: GEN, 2011, p. 92.

o direito a ser observado[135] e vinculará as decisões judiciais futuras e os tribunais inferiores[136].

Isto é, os elementos externos da decisão, também conhecidos como *dictum*[137], devem ser relevados no momento da definição do direito extraído daquele precedente vinculante, ainda que possam servir, em alguma medida, como argumento persuasivo. Contudo, o precedente não pode ser aplicado de forma indistinta ou automaticamente. São apenas os fundamentos que vinculam e merecem tal reconhecimento. De acordo com Edward D. Re:

> Estuda-se o precedente para determinar se o princípio nele deduzido constitui a fundamentação da decisão ou tão-somente um *dictum*. Apenas os fundamentos da decisão merecem reconhecimento e acatamento com força vinculativa. Um *dictum* é apenas uma observação ou opinião e, como tal, goza tão-somente de força persuasiva. Os fatores que afetam ou determinam o grau de persuasão que podem alcançar os *dicta* são muitos e de diversa natureza. [...] Logo, a força vinculativa de um caso anterior limita-se ao princípio ou regra indispensável à solução das questões de fato e de direito efetivamente suscitadas e decididas[138].

[135] Na lição de José Rogério Cruz e Tucci, o precedente pode ser dividido em duas partes: "a) as circunstâncias que embasam a controvérsia; e b) a tese ou o princípio jurídico assentado na motivação (*ratio decidendi*) do provimento decisório". TUCCI, José Rogério Cruz e. **Precedente judicial como fonte do direito**. São Paulo: RT, 2004, p. 12.

[136] "it is clear that the relevance of an earlier precedents depends upon how we characterize the facts arising in the earlier case". SCHAUER, Frederick. Precedent. **Stanford Law Review** 39, n. 3 (1987), p. 571-605. Acesso em: 2 set. 2020. Tradução livre: é claro que a relevância de um precedente anterior depende de como caracterizamos os fatos que surgiram no caso anterior.

[137] Segundo José Rogério Cruz e Tucci, "como regra necessária à decisão, não se confunde com o *obter dictum*, vale dizer, a passagem da motivação do julgamento que contém argumentação marginal ou simples opinião, prescindível para o deslinde da controvérsia. O *obter dictum*, assim considerado, não se presta para ser invocado como precedente vinculante em caso análogo, mas pode perfeitamente ser referido como argumento de persuasão". TUCCI, José Rogério Cruz e. **Precedente judicial como fonte do direito**. São Paulo: RT, 2004, p. 177.

[138] RE, Edward D. Stare decisis. Tradução de Ellen Gracie Northfleet. *In*: **Revista Forense**, Brasília, maio-jul. 1994, p. 281-287.

Segundo Samuel Meira Brasil:

> O efeito de um precedente jurisdicional encontra-se na *ratio decidendi* (Inglaterra), também chamada de *holding* (USA), isto é, nas razões de decidir, nos fundamentos utilizados no julgamento. É o que os alemães chamam de *tragende Grunde,* isto é, os fundamentos determinantes da decisão. Essa é uma característica do precedente vinculante, fundada no postulado *stare decisis* (*ET non quieta movere*). Não há como falar em precedente vinculante sem compreender qual é a parte da decisão que vincula[139].

Todos esses elementos geram uma grande estabilidade sistêmica, que preza pela previsibilidade de suas decisões e pela segurança jurídica que se cria pelo respeito e observância dos precedentes, independentemente da presença do *stare decisis.* Isso, contudo, não significa dizer que se trata de um sistema imutável ou engessado, ainda que o *stare decisis* procure preservar a estabilidade do sistema[140], que não atenderia ou acompanharia de forma satisfatória a evolução e a globalização das sociedades. Na lição de Gilbert Guillaume:

> We know that the English Common Law follows the rule of stare decisis, or more precisely, the rule of stare *rationibus decisis*: that courts are bound by the reasoning of the judgments already rendered. These judgments create the law, and that law must be respected. Such a radical solution will obviously require accommodations. On the one hand, litigants and judges tirelessly seek to distinguish the cases they are dealing with from the precedents invoked. This is an exercise in which the Anglo-Saxon lawyers engage with delectation. On the other hand, the House of Lords, in a well known practice statement of 1966, recalled that it considered its earlier decisions 'as normally binding', but reserved its right 'to depart from a previous decision when it appears right to do so[141].

[139] BRASIL JUNIOR, Samuel Meira. **Precedentes vinculantes e jurisprudência dominante na solução de controvérsias**. Tese (Doutorado em Direito). Universidade de São Paulo (USP), São Paulo, 2010, p. 34-35.

[140] FARBER, Daniel A. The rule of law and the law of precedents. **Minnesota Law Review**. 2006. Disponível em: https://scholarship.law.umn.edu/mlr/25. Acesso em: 29 set. 2020.

[141] GUILLAUME, Gilbert. The use of precedent by international judges and arbitrators. **Journal of International Dispute Settlement**, v. 2, n. 1, 2011, p. 6. Tradução livre: Sabemos

Evidentemente que acompanhar a evolução da sociedade, especialmente nos dias atuais, se mostra uma árdua tarefa para qualquer sistema jurídico, mas o *common law* também possui mecanismos próprios de adequação à realidade. Como veremos a seguir, são meios de superação usados com parcimônia, mas que permitem a flexibilização dos precedentes. Edward D. Re acrescenta que a aplicação do *stare decisis* não é absoluta, imutável ou permanente:

> A doutrina do *stare decisis* consequentemente não exige obediência cega às decisões passadas. Ela permite que os tribunais se beneficiem da sabedoria do passado, mas rejeitem o que seja desarrazoado ou errôneo. Antes de mais nada é necessário que o tribunal determine se o princípio deduzido através do caso anterior é aplicável. Em seguida, deve decidir em que extensão o princípio será aplicado. Um tribunal pode preferir estender um princípio mais além dos limites de um caso antecedente se entender que assim estará promovendo justiça. Caso a aplicação do princípio, entretanto, possa produzir resultado indesejável, o tribunal estreitará ou restringirá o princípio, ou ainda aplicará precedente diverso. Por isso é preciso assinalar que *stare decisis* não é apenas uma doutrina de estabilidade e uniformidade. Suas restrições e limitações inerentes, bem como os fatores que determinam a inaplicabilidade de decisões anteriores tornam possível a necessária flexibilidade, indispensável para a mudança e o progresso[142].

A primeira forma de não aplicação de um precedente se dá por meio do *distinguishing*, que em tradução livre poderíamos chamar simplesmente de *diferenciação* ou *distinção*. Não se trata exatamente de superação de um

que o *common law* inglês segue a regra de *stare decisis*, ou mais precisamente, a regra de *stare rationibus decisis*: que os tribunais estão vinculados ao raciocínio das sentenças já proferidas. Esses julgamentos criam a lei, e essa lei deve ser respeitada. Uma solução tão radical obviamente exigirá adaptações. Por outro lado, litigantes e juízes buscam incansavelmente distinguir os casos de que tratam dos precedentes invocados. Este é um exercício em que os advogados anglo-saxões se envolvem com deleite. Por outro lado, a Câmara dos Lordes, em uma declaração de prática bem conhecida de 1966, lembrou que considerava suas decisões anteriores "normalmente vinculativas", mas se reservava o direito de "afastar-se de uma decisão anterior quando parecesse correto fazê-lo".

142 RE, Edward D. Stare Decisis. Tradução de Ellen Gracie Northfleet. *In*: **Revista Forense**, Brasília, maio-jul. 1994, p. 281-287.

precedente, mas da tentativa de não aplicação daquele precedente no caso concreto, pois a parte interessada irá demonstrar que a *ratio* do precedente não se aplica ao caso em questão em razão das diferenças entre os casos, ainda que tenham aparente semelhança. Contudo, é importante apontar que deve haver uma sensível distinção entre os fatos relevantes, ao passo que sutilezas distintivas não servirão para diferenciar ou justificar a não aplicação de um precedente.

Para Fredie Didier Junior, esse trabalho de distinção pode ser analisado sob duas perspectivas: "(i) para designar o método de comparação entre o caso concreto e o paradigma (*distinguish*-método); (ii) e para designar o resultado desse confronto, nos casos em que se conclui haver entre eles alguma diferença (*distinguish*-resultado)"[143].

Com o *distinguishing* temos o afastamento do precedente judicial perante aquele caso concreto, mas o precedente judicial continua válido, com a peculiaridade de que aquele precedente não se aplica mais para aquele tipo de situação ou por discrepâncias ou ausência de similitude entre o caso concreto e o precedente[144].

A segunda forma de superação de um precedente se dá por meio do *overruling*[145]. Enquanto o *distinguishing*[146] trabalha a diferenciação de elementos substanciais, o *overruling* toma forma por meio de mudanças comportamentais na sociedade ou em decorrência do transcurso de tempo, que também reflete mudanças comportamentais e de entendimento sobre determinadas condutas e circunstâncias, que fazem com que o precedente seja totalmente superado e já não mais reflita a realidade econômica, social ou política daquela sociedade, tal como ocorrido com o caso Roe *vs* Wade, que persistiu por quase 50 anos até que, em 24 de junho de 2022, foi *overruled* pela Suprema Corte Americana.

Válido apontar que esse desgaste ocorre de forma gradativa e paulatina, de modo que os Tribunais passam a efetuar constantes distinções desse

[143] DIDIER JUNIOR, Fredie. **Curso de direito processual civil**. v. 2. 8. ed. Salvador: Juspodivm, 2013, p. 454.

[144] BUSTAMANTE, Thomas da Rosa de. **Teoria do precedente judicial**: a justificação e a aplicação das regras jurisprudenciais. São Paulo: Noeses, 2012, p. 473.

[145] Superação, em tradução livre.

[146] Distinção, em tradução livre.

precedente frente aos novos casos ou em decorrência de uma lei escrita posterior que leve esse precedente a perder relevância[147].

Uma terceira forma de análise se dá através do *overriding*[148], que é a superação parcial de um determinado precedente. Segundo Tiago Asfor Rocha Lima[149], "o *overriding* refere-se à prática de restringir o âmbito de aplicação de um precedente judicial em julgamento posterior", fazendo com que o precedente continue subsistindo e sendo relevante à sociedade, porém de forma restritiva.

Merece registro a existência de outras técnicas de distinção, como o *sinaling*[150], em que o precedente não é propriamente revogado pelo Tribunal, que tampouco realiza o *distinguishing*, mas apenas reconhece que o precedente já não deve mais produzir efeitos. Porém, para não causar maiores surpresas à sociedade, o Tribunal apenas sinaliza que não mais seguirá aquele precedente para o presente caso e casos futuros, preparando a sociedade para essa mudança[151].

Há, ainda, uma outra técnica de apreciação de precedentes denominada *transformation*[152], que reflete uma relevante mudança do conteúdo do precedente, sem que ocorra a sua revogação, tal como ocorre no *overruling*. O que ocorre, na prática, é a reconfiguração do precedente por meio de uma alteração na forma de interpretação de seu conteúdo,

147 MACÊDO, Lucas Buril de. **Precedentes judiciais e o direito processual civil**. 2. ed. Salvador: Juspodivm, 2017, p. 298.

148 Superação parcial, em tradução livre.

149 LIMA, Tiago Asfor Rocha. **Precedentes judiciais civis no Brasil**. São Paulo: Saraiva, 2013, p. 209.

150 Sinalização, em tradução livre.

151 Segundo Luiz Guilherme Marinoni, "Nesta situação, o tribunal tem consciência de que o *distinguishing* não é possível, pois a solução que se pretende dar à questão é logicamente incompatível com a *ratio decidendi* do precedente. A exceção que derivaria do *distinguishing* não guardaria lógica com a manutenção do precedente. Não obstante, também sabe a corte que a revogação do precedente, diante das particularidades da situação, estará colocando em risco a segurança jurídica, mediante a negação da previsibilidade então outorgada à comunidade. Mantém-se o precedente unicamente em virtude da segurança jurídica, da previsibilidade dada aos jurisdicionados e da confiança que o Estado deve tutelar, ainda que não se duvide de que a sua manutenção está em desacordo com o ideal de direito prevalente à época". MARINONI, Luiz Guilherme. **Precedentes obrigatórios**. 5. ed. São Paulo: RT, 2016, p. 335.

152 Transformação, em tradução livre.

desacompanhada de qualquer declaração de revogação, conforme ressalta Luiz Guilherme Marinoni:

> *transformation*, porém, tenta-se muitas vezes compatibilizar o resultado do precedente transformado com o resultado alcançado no caso sob julgamento. Isso poderia ser visto como distinção substancial entre o *overruling* e a *transformation*. [...] A compatibilidade entre os resultados obtidos no caso transformado e no caso em que se fez a *transformation* é obtida somente quando se realiza a individualização de pontos do precedente que a antiga Corte não considerou fundamentais ou materiais [...] De qualquer forma, ainda que frisando pontos que não foram considerados pelas Cortes anteriores, mediante a desconstrução de precedentes e casos já julgados, a *transformation* evidencia a superação da *ratio decidendi* do precedente no curso da história[153].

A *transformation*, portanto, preserva a estabilidade do sistema de precedentes, tendo em vista que não se reconhece o erro do julgamento anterior, como ocorre com o *overruling*, mas apenas se adequa à tese do precedente para preservar a estabilidade do sistema[154].

Vemos, portanto, que o *stare decisis*, o *distinguishing*, o *overruling*, *sinaling* e *transformation* são características extremamente marcantes do *common law*, de uma cultura que se desenvolveu por meio do respeito aos precedentes, independentemente desses precedentes serem vinculantes.

Afinal, é inegável que embora o precedente não seja, via de regra, *binding*, ele ainda assim é interpretado como um precedente persuasivo, que pode orientar a sociedade, os advogados e os juízes na interpretação

[153] MARINONI, Luiz Guilherme. **Precedentes obrigatórios**. 5. ed. São Paulo: RT, 2016, p. 343.

[154] Luiz Guilherme Marinoni adverte: "A outra vantagem da *transformation* sobre o *overruling* estaria na não perturbação dos precedentes, enfatizando-se a segurança proporcionada pela sua estabilidade. Com isso surge a ideia ainda que artificial de que o respeito aos precedentes estaria sendo preservado mesmo que as verdadeiras razões neles embutidas não fossem mais aceitas. [...] Adverte assim Berg que as desvantagens da *transformation* constituem o lado dos custos das suas vantagens. A principal delas está na dificuldade de as Cortes inferiores compreenderem o real significado da decisão em que se fez a *transformation*. Isso é ocasionado exatamente pela sua artificialidade de tentativa de o julgador esconder o que está implícito em seu raciocínio. MARINONI, Luiz Guilherme. **Precedentes obrigatórios**. 5. ed. São Paulo: RT, 2016, p. 246.

de determinados costumes e casos, tendo outros beneficiários, conforme elenca Daniel A. Farber: "(a) those that apply to every decision maker, judicial or otherwise; (b) those that particularly apply to courts; and (c) those that are especially linked with the nature of constitutional law."[155]. Atualmente o *stare decisis* possui uma importante função para o *common law*, ainda que não se desconsidere a existência de legislação codificada nos países adeptos ao *common law*. Mas nada disso muda o fato de que a sociedade está igualmente enraizada nessa prática, que se caracteriza como fonte primária de direito e não como fonte secundária.

3.2. O sistema do *civil law* e a relação com os precedentes

O sistema *civil law*[156] está intrinsecamente conectado ao racionalismo, ao dogma e ao método dedutivo e possui como sua principal característica a codificação das normas, enquanto o sistema *common law*, de cunho

[155] FARBER, Daniel A. The rule of law and the law of precedents. **Minnesota Law Review**. 2006. Disponível em: https://scholarship.law.umn.edu/mlr/25. Acesso em: 29 set. 2020, p. 1177. Tradução livre: (a) aqueles que se aplicam a todos os tomadores de decisão, judiciais ou não; (b) aqueles que se aplicam particularmente aos tribunais; e (c) aqueles que estão especialmente relacionados com a natureza do direito constitucional.

[156] "A família romano-germânica tem atrás de si uma longa história. Liga-se ao direito da antiga Roma, mas uma evolução mais que milenar afastou, de modo considerável, não só as regras substantivas e de processo, mas a própria concepção que se tem do direito e da regra do direito, da que era admitida no tempo de Augusto ou Justiniano. Os direitos da família romano-germânica são os continuadores do direito romano, cuja evolução concluíram; não são de modo algum a cópia deles, tanto mais que muitos dos seus elementos derivam de fontes diversas do direito romano. A família de direito romano-germânica está atualmente dispersa pelo mundo inteiro. Ultrapassando largamente as fronteiras do antigo Império Romano, ela conquistou, particularmente, toda a América Latina, uma grande parte da África, os países do Oriente Próximo, o Japão e a Indonésia. [...] O sistema de direito romano-germânico formou-se na Europa Continental e é aí que ainda hoje conserva o seu principal centro, ainda que, devido aos fenômenos de expansão ou de recepção, numerosos países extra-europeus tenham aderido a este sistema ou extraído dele alguns dos seus elementos. A época em que surge, do ponto de vista científico, o sistema de direito romano-germânico é o século XIII. Até esta época existem, sem dúvida alguma, elementos com a ajuda dos quais o sistema será constituído; mas parece prematuro falar de sistema, e talvez mesmo de direito". DAVID, René. **Os grandes sistemas do direito contemporâneo**. 4. ed. São Paulo: Martins Fontes, 2002, p. 33-35.

empirista, é antidogmático e dá preferência à experiência histórica, à praticidade do pensamento prático e ao método de indução[157].

As normas não são simplesmente aquelas dos costumes da sociedade ou as descritas nos precedentes judiciais, mas estão nas leis editadas e promulgadas pelo Poder Legislativo, enquanto a fonte normativa do *common law* está nos costumes e no Poder Judiciário, sem prejuízo da existência de leis codificadas. Para o *civil law*, partia-se da ideia de que a fonte da segurança jurídica estaria na criação de normas por entes especializados e voltados para essa função, de forma ampla e sem se atentar aos interesses diretos de litigantes, tal como ocorreria caso uma determinada questão fosse submetida a um juiz de direito[158].

Nesse cenário, os juízes e os advogados trabalham com as leis postas pelo Poder Legislativo, podendo apenas desenvolver interpretações sobre as leis já em vigor no plano jurídico. Isso é resultado de uma característica que remonta aos tempos da época pré-revolução francesa, em que os juízes tinham uma tendência de desconsiderar a aplicação da lei para atender aos interesses da burguesia e das classes dominantes, em detrimento do proletariado.

Surgiu, então, a necessidade de se trazer maior equilíbrio a essa relação do Poder Judiciário com a sociedade e com os demais poderes, conforme esclarece Luiz Guilherme Marinoni:

> A preocupação em desenvolver um novo direito e permitir o desabrochar de uma nova sociedade exigiu a admissão dos argumentos de Montesquieu, aceitando-se a necessidade de separação dos poderes e impondo-se, sobretudo, uma clara distinção entre as funções do Legislativo e do Judiciário. Tornou-se imprescindível limitar a atividade do Judiciário, subordinando-o

[157] BARREIROS, Lorena Miranda Santos. Estruturação de um sistema de precedentes no Brasil e concretização da igualdade: desafios no contexto de uma sociedade multicultural. *In:* (coord.) DIDIER JUNIOR, Fredie. *et al.* **Precedentes**. Salvador: Juspodivm, 2015, p. 186.

[158] "Cabe, nesse sentido, distinguir dois tipos de ordenamento, o da tradição romanística (nações latinas e germânicas) e o da tradição anglo-americana (*common law*). A primeira caracteriza-se pelo primado do processo legislativo, com valor secundário às demais fontes do direito. A tradição latina ou continental (*civil law*) acentuou-se especialmente após a Revolução Francesa, quando a lei passou a ser considerada a única expressão autêntica da Nação, da vontade geral, tal como verificamos na obra de Jean-Jacques Rousseau, Du contrat social". REALE, Miguel. **Lições preliminares de direito**. 27. ed. São Paulo: Saraiva, 2002, p. 141.

de forma rígida ao Parlamento, cujos habitantes deveriam representar os anseios do povo[159].

Dessa forma, os juízes seriam obrigados a seguir a vontade do povo, por meio das manifestações do Poder Legislativo, evitando que decisões arbitrárias e desprovidas de imparcialidade afetassem a sociedade como um todo. Caberia ao juiz apenas aplicar aquilo que a lei determinava, aquilo que o povo havia determinado como sendo o correto e justo. Tanto isso é verdade que o art. 5º do Código de Napoleão determinava que os juízes estariam proibidos, ao julgar os casos que são a eles submetidos, de aplicar regras gerais de conduta ou decidir o caso com base em decisões anteriores, em clara oposição às práticas do *common law*, mas também demonstrando que os juízes da pós-revolução francesa teriam um campo extremamente reduzido de atuação, para não dizer inexistente[160].

Evidentemente que a codificação das leis não foi criada na época da revolução francesa, mas remonta aos tempos do direito romano. No entanto, foi nesse período que o *civil law* ganhou força, influenciou diversos outros sistemas e dali foi se desenvolvendo[161]. Do mesmo modo,

[159] MARINONI, Luiz Guilherme. **Precedentes obrigatórios**. 5. ed. São Paulo: RT, 2016, p. 46.

[160] Segundo Rômulo Greff Mariani, "por conta da influência da revolução francesa e sua estrita aplicação do princípio da separação dos poderes desenvolvida por Montesquieu, a proliferação de códigos e legislações especiais que são reconhecidas como a única fonte primária do Direito é característica marcante. Essas raízes históricas apontam para a existência de uma grande desconfiança com relação ao trabalho dos juízes, a demandar fosse a sua atuação controlada, eliminando a margem de discricionariedade dos magistrados a proferir decisões". MARIANI, Rômulo Greff. **Precedentes na arbitragem**. Belo Horizonte: Fórum, 2018, p. 51.

[161] "O direito que existe nos países de *civil law*, no entanto, é fruto de dois momentos históricos cujas consequências são nitidamente perceptíveis hoje. O primeiro deles foi quando, no século XI, descobriram-se textos jurídicos romanos, que haviam sido conservados durante a Idade Média, e começaram a ser reestruturados no norte da Itália, principalmente em Bologna. [...] O curioso é que esta grande coleção de textos romanos, elaborados sob Justiniano no século XI, não consistia num código. Havia textos de leis, comentários de juristas e, naturalmente, inexistia absoluta harmonia. Esse foi o trabalho dos estudiosos: compreender e imprimir harmonia a textos que tinham sido produzidos em função de casos. Assim, como se sabe, decidia o juiz romano: caso a caso, procurando resolver do mesmo modo, casos iguais. [...] Compreende-se que, desde este momento, a doutrina tenha ganhado, para os sistemas de *civil law*, uma importância que jamais perdeu, pois o direito dos países de *civil law* nasceu como um fruto de refinado trabalho intelectual e não do pensamento do homem comum. Imprimir-se

ganhou força a perspectiva de não se seguir decisões anteriores como fundamento para a prolação de novas decisões, afastando-se de maneira substancial das práticas do *common law*.

Para o *civil law*, os juízes deveriam atuar quase de forma mecânica, identificando a solução de problema judicializado às hipóteses e soluções criadas pelo Poder Legislativo em seus códigos ou legislações especiais. Por isso a expressão *bouche de la loi*, isto é, o juiz apenas pronuncia ao caso concreto a solução já criada e prevista na lei.

O principal ponto de distinção entre o *common law* e o *civil law* não é propriamente a existência de codificação, até mesmo porque os sistemas do *common law* também possuem códigos e legislações escritas, mas sim o valor atribuído aos códigos e às leis escritas em cada um dos sistemas, bem como às decisões judiciais pretéritas.

Para Teresa Arruda Alvim Wambier:

> usa-se a expressão *common law*, nos dias de hoje, para significar um marcante contraste que existe entre os sistemas de *civil law* e de *common law*. Este contraste significa que nos sistemas de *common law* o direito é feito pelo juiz (*judge-made law*) e, nos sistemas de *civil law*, quem cria o direito é o Poder Legislativo. No entanto, precedentes vinculam, tratando-se dos sistemas de *common law*, em ambos os casos, ou seja, nos sistemas de *common law*, os precedentes vinculam tanto no campo das decisões em que o juiz cria a regra, quanto naquelas em que o juiz aplica a lei[162].

coerência a um conjunto de textos produzidos esparsamente, já era, na verdade, um embrião do pensamento sistemático. [...] Abusos, relativos a privilégios excessivos dos nobres e do clero, somados à vulnerabilidade dos juízes, acabaram desembocando na Revolução Francesa, que, acredito, foi o segundo e principal movimento histórico responsável pelas feições que o direito tem hoje nos países de *civil law*. A teoria de Montesquieu, no sentido de que o poder não deveria estar todo na mão de um só homem, somada à visão de Rousseau, no sentido de que a lei é capaz de expressar a vontade geral de uma Nação, resultaram num sistema fortemente alicerçado em bases racionais lógico-sistemáticas, cujo objetivo era conter abusos. Assim, a lei passou a ser vista como expressão legítima da vontade do povo e o juiz devia decidir com base nos textos do direito positivo e nada mais [...] WAMBIER, Teresa Arruda Alvim. Interpretação da lei e de precedentes: *civil law* e *common law*. **Revista dos Tribunais** n. 893, São Paulo: RT, mar. 2010, p. 33-45.

[162] WAMBIER, Teresa Arruda Alvim. Estabilidade e adaptabilidade como objetivos do direito: *civil law* e *common law*. **Revista de Processo** n. 172, São Paulo: RT, 2009, p. 121-174.

Como vimos, no *civil law*, a fonte primária do direito é a criação legislativa e os juízes devem seguir os seus termos, enquanto no *common law* o precedente possui uma função primordial, é a fonte normativa primária, e os códigos existentes não têm a pretensão de exaurir todas as possibilidades e soluções jurídicas, mantendo aberta a possibilidade de o juiz interpretar e preencher as lacunas legais, de forma harmônica e natural.

Segundo Paulo Magalhães Nasser, no sistema continental os códigos precedem os julgamentos; ao passo que no *Common Law* os julgamentos é que são seguidos nos casos subsequentes, na medida em que consistem na lei propriamente dita, de modo que o processo de criação judicial do Direito parte de um embrião composto de premissas atreladas à moralidade e aos costumes, que vão se desenvolvendo lentamente ao longo dos tempos[163].

Contudo, a realidade e o passar dos tempos foi demonstrando que seria impossível ao Poder Legislativo prever todas as hipóteses e soluções jurídicas para todas as questões que seriam judicializadas. Ainda que no começo houvesse a expectativa de que os juízes iriam cumprir a ordem de notificar o Poder Legislativo para criar a norma que trouxesse a solução ao caso sem respaldo jurídico, a realidade mostrou que tal desejo seria impossível de ser cumprido e inviável com a necessidade de se solucionar, dentro de um prazo adequado, os conflitos que surgiam e que a sociedade demandava uma solução. Desse modo, mesmo que a natureza do *civil law* não permitisse interpretações, tanto o Poder Judiciário como o Poder Legislativo passaram a prever conceitos jurídicos indeterminados e amplos, como o da boa-fé e da função social da propriedade, que ainda são utilizados para preencher as lacunas da lei e permitem que o juiz tenha alguma flexibilidade no momento de apreciar as demandas.

A utilização de conceitos vagos e indeterminados, como o da boa-fé, criam circunstâncias de grande amplitude e abstração no momento da aplicação do direito, permitindo a criação e a adoção de entendimentos e de teorias relacionados à argumentação jurídica e à interpretação das normas jurídicas, permitindo ajustes e correções na interpretação da lei

[163] NASSER, Paulo Magalhães. **Vinculações arbitrais**. Rio de Janeiro: Lumen Juris, 2019, p. 89.

frente àquilo idealizado pelo legislador. Evidentemente que o positivismo jurídico tinha como norte a noção de completude sistêmica para solucionar todos os problemas de aplicação e de interpretação, que acabou se mostrando ineficiente frente aos problemas de um mundo globalizado. O pós-positivismo, por outro lado, pretende, por meio de métodos interpretativos, criar cenários e possibilidades interpretativas nas normas vagas e indeterminadas e, ainda assim, conferir previsibilidade à interpretação do direito, sem que se discuta eventual violação ao princípio da separação dos poderes.

Na mesma medida, foi bastante natural que as decisões judiciais também passassem a exercer efeitos sobre as futuras decisões judiciais, sem que isso afetasse a ideia de que a segurança jurídica estaria concentrada na edição de leis e na sua estrita observância pelo Poder Judiciário[164]. A observância dessas decisões judiciais anteriores, especialmente aquelas proferidas pelas instâncias superiores, superava as rígidas pretensões idealistas da revolução francesa, mas ainda assim mantinha o seu espírito, diante das dificuldades de se manter códigos e legislações sempre atuais à evolução da sociedade.

Surge então o conceito de jurisprudência que, nas palavras de Daniel Mitidiero, "consubstancia-se na atividade de interpretação da lei desempenhada pelas cortes para a solução de casos, cuja múltipla reiteração gera a uniformidade capaz de servir de parâmetro para esse fim, não gozando de autoridade formalmente vinculante"[165]. A jurisprudência, diversamente do precedente do *common law*, possui apenas o poder de persuasão, de modo que não afronta as origens do *civil law*, mantendo ainda a característica de fonte secundária de lei e servindo de interpretação e de guia para

[164] "Sociedades mais complexas e a acessibilidade do Judiciário acabaram por tornar a 'segurança', gerada por este método, impossível de ser mantida. A interpretação tornou-se imprescindível, como pressuposto da atividade de aplicação da lei. Some-se a isto a circunstância de que, tendo os juízes liberdade de interpretar a lei, os objetivos dos sistemas de *civil law*, não sendo os precedentes vinculantes, acaba por frustrar-se, pelo menos parcialmente". WAMBIER, Teresa Arruda Alvim. Interpretação da lei e de precedentes: *civil law* e *common law*. **Revista dos Tribunais** n. 893, São Paulo: RT, mar. 2010, p. 33-45.

[165] MITIDIERO, Daniel. **Cortes superiores e cortes supremas**: do controle à interpretação, da jurisprudência ao precedente. São Paulo: RT, 2013, p. 44.

os casos futuros[166], conferindo a necessária segurança jurídica sistêmica esperada do Poder Judiciário[167].

Enquanto o precedente do *common law* considera os aspectos essenciais de um caso concreto para definir a sua *ratio*, dispensando-se os elementos desnecessários no momento da fixação da tese central, a jurisprudência cria uma regra geral e abstrata, tal como um novo artigo de lei, dispensando as características dos casos que formaram esse conjunto de decisões.

D. Neil MacCormick define com precisão de que maneira os sistemas do *common law* e do *civil law* se diferenciam:

> One way to differentiate the statute law and the case law styles through the contrast between 'constructivist' and 'critical' rationalism (See Hayek, 1975).

[166] Para René David: "Qualquer que seja a contribuição trazida pela jurisprudência à evolução do direito, esta contribuição, nos países de família romano-germânica, é diferente da do legislador [...] A jurisprudência abstém-se de criar regras de direito, porque esta é, segundo os juízes, tarefa reservada ao legislador e às autoridades governamentais ou administrativas chamadas a completar a sua obra". DAVID, René. **Os grandes sistemas do direito contemporâneo**. 4. ed. São Paulo: Martins Fontes, 2002, p. 150.

[167] "The situation is in principle very different in civil law countries, where the judge occupies a different role. In principle, the judge does not create law. For example, in France, Article 5 of the Civil Code forbids judges to proceed by way of arrêt de règlement, that is to establish a general rule in a specific proceeding. The courts nevertheless inspire themselves in each case by solutions offered in previous instances. This is particularly true in case of jurisprudence constante or ständige Rechtsprechung. To ensure this, jurisprudence obviously needs a sufficient degree of clarity, continuity and permanence. However, some judgments on questions of principle rendered by high courts can quickly acquire such authority, while others will find it harder to obtain. This concept is clearly more flexible than the rule of stare decisis". GUILLAUME, Gilbert. The use of precedent by international judges and arbitrators. **Journal of International Dispute Settlement**, v. 2, n. 1, 2011, p. 6.

Tradução livre: A situação é, em princípio, muito diferente em países de direito civil, onde o juiz ocupa uma função diferente. Em princípio, o juiz não cria a lei. Por exemplo, na França, o artigo 5º do Código Civil proíbe os juízes de proceder por meio de *arrêt de règlement*, ou seja, estabelecer uma regra geral em um processo específico. No entanto, os tribunais inspiram-se em cada caso com as soluções apresentadas em instâncias anteriores. Isso é particularmente verdadeiro no caso de *jurisprudence constante* ou *ständige Rechtsprechung*. Para garantir isso, a jurisprudência obviamente precisa de um grau suficiente de clareza, continuidade e estabilidade. No entanto, alguns julgamentos sobre questões de princípio proferidos por tribunais superiores podem rapidamente adquirir tal autoridade, enquanto outros acharão mais difícil obter. Este conceito é claramente mais flexível do que a regra de *stare decisis*.

> Statute law requires, of course, a legislature to enact it; there must be carefully planned project for enactment, followed by debate, and decision laying down all at once a whole scheme of legal norms. For this work well, the promoters and drafters of a statute have to have foreseen well all manner of possibilities that will arise and be covered by this statute, and have to worked out how to fit its provisions alongside the existing law so far as not repealed and superseded by the present enactment. The elaboration of the law through precedent is usually slower, more evolutionary business, in which by an incremental process small adjustments are made case by case, usually never more than necessary for solving the problem in each case, always correctable in the light of experience through overruling of discovered mistakes by highest-level appeal courts, nowadays universally empowered to correct also their own prior errors. The method of statute requires the use of reason to work out a marge plan in advance; the method of statute requires the reason to work out a marge plan in advance; the method of precedent applies critical intelligence to reasoning out the best new decision in light of the prior ones, in light of what is special about the case at hand, and in light of the need to maintain a coherently principled body of law[168].

[168] MACCORMICK, D. Neil; SUMMERS, Robert S. **Interpreting precedents**: a comparative study. London/New York: Routhledge, 2016, p. 5. Tradução livre: "Uma maneira de diferenciar os estilos das leis codificadas e da jurisprudencial se dá através do contraste entre o racionalismo "construtivista" e "crítico" (ver Hayek, 1975). A lei codificada requer, é claro, um legislativo para promulgá-la; deve haver um projeto cuidadosamente planejado para a promulgação, seguido de debate e decisão estabelecendo um esquema de normas legais. Para que isso funcione bem, os legisladores e redatores de uma lei devem ter previsto bem todos os tipos de possibilidades que surgirão e serão cobertos por esta lei, e devem trabalhar como ajustar suas disposições ao lado das leis existentes, na medida em que não sejam revogadas e substituídos pela presente promulgação. A elaboração da lei por meio de precedentes é geralmente mais lenta, mais evolutiva, em que por um processo incremental pequenos ajustes são feitos caso a caso, geralmente nunca mais do que o necessário para resolver o problema em cada caso, sempre corrigível à luz da experiência por meio da superação de erros descobertos pelos tribunais de última instância, hoje em dia, universalmente habilitados para corrigir também seus próprios erros anteriores. O método de promulgação de uma lei requer o uso da razão para elaborar um plano de margem com antecedência; o método do precedente aplica inteligência crítica para raciocinar a melhor nova decisão à luz dos anteriores, à luz do que há de especial sobre o caso em questão e à luz da necessidade de manter um corpo jurídico coerente com princípios legais".

Independentemente de suas diferenças, o fato é que a jurisprudência, por seu caráter persuasivo, quando estável e de boa qualidade, contribui enormemente para a segurança jurídica em regimes que adotam o *civil law*, preenchendo as lacunas deixadas pelas leis e conferindo uma interpretação mais atualizada para normas ultrapassadas que não foram expurgadas do sistema pelo Poder Legislativo com a edição de novas leis ou pelo Poder Judiciário, quando não se trata de um caso de inconstitucionalidade.

Essa tendência de se admitir a jurisprudência como uma forma compatível ao *civil law* vem ganhando bastante força nos últimos tempos em diversos sistemas jurídicos e é uma realidade que vem sendo construída no Brasil desde o CPC de 1973 até os dias atuais, especialmente com a promulgação do CPC de 2015, que tem como uma de suas marcas a proposta de vinculatividade e de respeito aos precedentes.

3.2.1. Precedente e jurisprudência

Uma vez estabelecidos os conceitos do *common law* e do *civil law*, e suas respectivas relações com as decisões judiciais pretéritas, passemos a uma análise mais detalhada e distintiva dos conceitos de precedentes e de jurisprudência, tanto sob o aspecto quantitativo como sob o aspecto qualitativo. Michele Taruffo esclarece, de forma precisa, a diferença entre os conceitos, sob o aspecto quantitativo:

> Há, antes de tudo, uma distinção de caráter – por assim dizer – quantitativo. Quando se fala do precedente, faz-se geralmente referência a uma decisão relativa a um caso particular, enquanto quando se fala da jurisprudência faz-se, normalmente, referência a uma pluralidade frequentemente muito ampla de decisões relativas a vários e diversos casos concretos. A diferença não é apenas de tipo semântico. O fato é que, nos sistemas fundados tradicional e tipicamente no precedente, geralmente, a decisão que se assume como precedente é uma só; no mais, poucas decisões sucessivas vêm citadas em apoio ao precedente. Deste modo, é fácil identificar qual decisão realmente "faz precedente". Em vez disso, nos sistemas – como o nosso – em que se evoca a jurisprudência, faz-se referência geralmente a muitas decisões: às vezes, são dezenas ou até mesmo centenas, embora nem todas venham expressamente citadas. Isto implica várias consequências, entre elas a dificuldade – frequentemente de árdua superação – de se

> estabelecer qual decisão é verdadeiramente relevante (se é que existe uma) ou de decidir quantas decisões são necessárias para que se possa dizer que existe uma jurisprudência relativa a uma determinada interpretação de uma norma[169].

O precedente[170], como vimos, é o reflexo de uma decisão, ou parte dela, proferida em caráter isolado em um processo. Por conta de sua relevância e importância, aquela decisão, ou parte dela, é capaz de produzir uma norma legal e, por vezes, revestida de vinculatividade (stare decisis). Essa dúplice característica não é encontrada na jurisprudência do *civil law*, tal como conhecida no nosso sistema, pois a jurisprudência se concretiza por meio de uma multiplicidade de decisões, em evidente contraponto ao precedente, sem deter o mesmo efeito vinculativo, mas meramente persuasivo ou exemplificativo.

Segundo René David, a jurisprudência move-se dentro de quadros estabelecidos para o direito pelo legislador, enquanto a atividade do legislador visa precisamente estabelecer estes quadros, de modo que o alcance do direito jurisprudencial é, por isto, limitado, sendo a situação nos países da família romano-germânica, neste aspecto, exatamente o inverso da que é admitida nos países de *common law*[171].

Consequência natural decorrente da distinção entre o precedente e a jurisprudência é a capacidade de vinculação gerada[172], eis que no caso do

[169] TARUFFO, Michele. Precedente e jurisprudência. Tradução de Chiara de Teffé. **Civilistica.com**. Rio de Janeiro, ano 3, n. 2, jul.-dez. 2014. Disponível em: http://civilistica.com/precedente-ejurisprudencia/. Acesso em: 11 abr. 2017.

[170] De acordo com Ada Pellegrini Grinover, "o termo jurisprudência indica uma pluralidade de decisões (julgados) relativas a vários casos concretos, acerca de um determinado assunto, mas não necessariamente sobre uma idêntica questão jurídica". GRINOVER, Ada Pellegrini. **Ensaios sobre a processualidade**: fundamentos para uma nova teoria geral do processo. Brasília: Gazeta Jurídica, 2016, p. 91.

[171] DAVID, René. **Os grandes sistemas do direito contemporâneo**. 4. ed. São Paulo: Martins Fontes, 2002, p. 150.

[172] "judicial systems normally guarantee such predictability through reliance on precedent, whether in the form of formal binding precedent (stare decisis), as in many common-law jurisdictions, or through a de facto case law, as practiced in many so-called civil-law traditions. In almost all (domestic) legal systems the practice of following earlier decisions is reinforced by appellate control which equally ensures the coherent and uniform application of the

precedente a sua *ratio decidendi* poderá ser utilizada com força vinculante em decorrência de sua fundamentação, ao passo em que a jurisprudência, enquanto um coletivo de decisões judiciais, não está fundamentada e lastreada em uma situação fática delimitada, logo, não possui a capacidade de vincular casos futuros, ainda que indique a posição de um órgão jurisdicional sobre um assunto jurídico[173]. Conforme bem anota Hermes Zaneti Junior, nos países de tradição de *civil law*, a jurisprudência é vista como fonte indireta, secundária, usualmente ligada aos costumes, não tendo a força vinculante de uma fonte formal e primária, fazendo com que a jurisprudência não seja, sob o ponto de vista dogmático, considerada como norma válida e obrigatória. A força vinculante, em geral, é atribuída apenas às normas legais, as quais, têm sua origem de órgãos com atribuição de produção normativa, são reconhecidas como vigentes, válidas e vinculantes[174].

law. REINISCH, August. Chapter VI: Investment Arbitration - The Role of Precedent. *In*: KLAUSEGGER, Christian; KLEIN, Peter *et al.* (ed.). ICSID Arbitration. **Austrian Arbitration Yearbook 2008**, C.H. Beck, Stämpfli & Manz, 2008, p. 495-510. Tradução livre: os sistemas judiciais normalmente garantem essa previsibilidade através da confiança em precedente, seja na forma de precedente vinculativo formal (*stare decisis*), como em muitas jurisdições de direito consuetudinário, ou por meio de uma jurisprudência de *facto*, como praticada em muitos dos chamados direitos civis tradições. Em quase todos os sistemas jurídicos (domésticos), a prática de seguir decisões anteriores é reforçada pelo controle de apelação, que igualmente garante a aplicação coerente e uniforme da lei.

173 Nos sistemas de *common law*, um precedente (um só) pode vincular, como é o que ocorre na Inglaterra, que adota o *stare decisis* na sua versão mais rígida, em que há extrema aversão à ideia de que precedentes devam ser modificados. Outra distinção que me pareceu curiosa é a de que, como dissemos na introdução, os casos que, no Brasil, se transforam em precedentes vinculantes, em maior ou menor grau, demandam, via de regra, um processo menos complexo de formulação. Não se trata propriamente de compreender a regra, mas de eleger, como "oficial", uma opção possível. Compreender a regra é um processo mais ligado à interpretação da lei, nos nossos sistemas. E compreender a regra liga-se ao processo por meio do qual se fixa a *ratio decidendi* ou a *rule*, estabelecendo-se a medida de sua vinculatividade. WAMBIER, Teresa Arruda Alvim. Interpretação da lei e de precedentes: *civil law* e *common law*. **Revista dos Tribunais** n. 893, São Paulo: RT, mar. 2010, p. 33-45.

174 ZANETI JUNIOR, Hermes. Precedentes (*treat like cases alike*) e o novo Código de Processo Civil. **Revista de Processo**, v. 235, São Paulo: RT, set. 2014, p. 298-299.

Isso coloca a jurisprudência no sistema *civil law*[175] em dupla situação[176]: (i) seu papel criativo e vinculante estará sempre limitado pela legislação, eis que apenas dentro do quadro desenhado pelas leis é que o julgador poderá exercer sua função; (ii) o entendimento do tribunal, independentemente de sua hierarquia, não terá o imediato efeito vinculante. Conforme explica Nicolas Leroux:

> On the one hand, in Common Law jurisdictions, the rule of stare decisis forces the courts to respect the ratio decidendi of precedent judgments while allowing them to distinguish each case from previous cases. On the other hand, in countries where the civilest tradition applies, the courts only take inspiration from the solutions previously taken if the jurisprudence is clear, constant, and permanent[177].

[175] De acordo com Eva Steiner, o *status* concedido à jurisprudência francesa pode ser considerado o resultado de uma combinação de longa tradição histórica, teoria jurídica e disposições legislativa, de modo que a posição do Judiciário a esse respeito e a autoridade de suas decisões podem ser resumidas em três proposições inter-relacionadas: "(a) Following the French doctrine of separation of powers, judges are not allowed to interfere with the legislature in its law making function. (b) From this it follows that judges are forbidden to make law intended to govern future cases, or to use previous decisions when adjudicating legal disputes. This is encapsulated in the prohibition of arrêts de reglement set out in art. 5 of the Civil Code. (c) This has consequently resulted in the absence from French law of the doctrine of stare decisis, with the effect that court decisions do not constitute binding precedents". STEINER, Eva. Theory and practice of judicial precedent in France. *In*: (coord.) DIDIER JUNIOR, Fredie. **Precedentes**. Salvador: Juspodivm, 2015, p. 22. Tradução livre: "(a) Seguindo a doutrina francesa de separação de poderes, os juízes não estão autorizados a interferir com a legislatura em sua função legislativa. (b) Disto se segue que os juízes estão proibidos de fazer leis destinadas a regulamentar casos futuros, ou de usar decisões anteriores ao julgar disputas legais. Isso se resume na proibição de *arrêts de reglement* prevista no art. 5º do Código Civil. (c) Isso resultou, consequentemente, na ausência do direito francês da doutrina de *stare decisis*, pelo que as decisões do tribunal não constituem precedentes vinculativos.

[176] BERMAN, José Guilherme. (Juris)prudência e sistemas jurídicos: um breve estudo sobre a modéstia judicial na *common law* e no sistema romano-germânico. **Revista de Direito Administrativo**, Rio de Janeiro, v. 269, p. 165-196, maio-ago. 2015.

[177] LEROUX, Nicolas. Lalive lecture 2010. J. Gilbert Guillaume – The precedent before International Courts and Tribunals, **ASA Bulletin**, v. 28, Issue 3, 2010, p. 681-684. Tradução livre: Por um lado, nas jurisdições de *common law*, a regra de *stare decisis* força os tribunais a respeitar a *ratio decidendi* de julgamentos anteriores, ao mesmo tempo que lhes permite distinguir cada caso de casos anteriores. Por outro lado, em países onde se aplica a tradição

De todo modo, a jurisprudência possui grande valor para os países de *civil law*, em especial o Brasil, pois representa uma forma de resposta à rápida e crescente necessidade de resposta da sociedade aos imediatos conflitos, servindo como forma de interpretação[178] do direito à luz da lei e dos princípios gerais de direito[179].

Dito isso, concluímos que o precedente do *common law* se distingue da jurisprudência no *civil law* por independer da multiplicidade de decisões sobre um mesmo tema para que seja configurado como precedente, como ocorre no caso da jurisprudência do *civil law*, inclusive para caracterizar sua força vinculante e obrigatória, característica que não é alcançada pela jurisprudência. O precedente nasce de um caso concreto, de maneira que a tese jurídica é lastreada em um cenário fático preciso e determinado para vincular os próximos casos; a jurisprudência, por sua vez, cria uma temática jurídica em função da repetição de casos parecidos[180], sem que

civilista, os tribunais só se inspiram nas soluções anteriormente tomadas se a jurisprudência for clara, constante e permanente.

[178] "Se o processo analógico deixa subsistir as falhas da legislação, se nem a lei nem o costume providenciam para a hipótese, que se apresenta ao aplicador da lei, cumpre recorrer aos princípios gerais do direito, com os quais o jurista penetra em um campo mais dilatado, procura apanhar as correntes diretoras do pensamento jurídico e canalizá-las para onde a necessidade social mostra a insuficiência do direito positivo. É, então, que o direito melhor se lhe deve afigurar como a *ars boni et aequi*". BEVILÁQUA, Clóvis. **Teoria geral do direito civil**. 2. ed. Rio de Janeiro: Livraria Francisco Alves, 1929, p. 45-46.

[179] "Os princípios gerais do direito devem ter eficácia em uma legislação sistemática. Constituem a síntese da própria legislação, iluminam seus preceitos e assim é necessário que os completem e expliquem [...] Os princípios gerais do direito deduzem-se de um lado – das leis e dos costumes, do sistema jurídico adotado no direito positivo, mas de outro lado dependem das construções teóricas dos sábios e das circunstâncias históricas que influíram sobre a legislação. [...] Não se deve hesitar na afirmação de que em matéria de fonte do direito, tanto a obra científica dos juristas como a jurisprudência dos tribunais têm sua maior importância na fixação dos princípios gerais do direito: a primeira como o estudo histórico e filosófico das instituições sociais e a elaboração sintética das regras teóricas que dominam certos e determinados campos jurídicos; a segunda com a análise dos textos legislativos e das normas consuetudinárias, para a compreensão do sistema jurídico adotado e sua correspondência aos princípios científicos". ESPÍNOLA, Eduardo. **Sistema do direito civil brasileiro**. 2. ed. Rio de Janeiro: Livraria Francisco Alves, 1917, p. 137-138.

[180] Ao tratar da jurisprudência em países de *civil law*, René David registra a função organizacional da jurisprudência: apesar das regras técnicas que neste ou naquele pormenor podem divergir, esta concepção geral da função da jurisprudência assegura a unidade da família de

isso importe no reconhecimento de sua vinculatividade, tanto perante os jurisdicionados, como perante os tribunais, ainda que ambos tenham a pretensão de gerar previsibilidade e respeitar a isonomia, reforçando a noção de sistema jurídico[181].

3.2.2. Precedente e súmula vinculante

Se o precedente e a jurisprudência são conceitos que podem ser tidos como similares apenas em uma análise extremamente superficial, podemos então dizer que a súmula vinculante é o equivalente ao precedente no nosso sistema de direito? A resposta é negativa e as diferenças não são poucas.

A súmula vinculante possui previsão na Constituição Federal[182] e surgiu com a Emenda Constitucional 45/2004, como uma forma de otimizar o trabalho desenvolvido pelo STF, conferindo eficácia vinculante e obrigatória às decisões proferidas pela STF perante o Poder Judiciário e a administração pública direta e indireta. A súmula vinculante nasceu em decorrência de questões e temas que se repetem, obrigando o STF a

direito romano-germânica. Esta não procede apenas da tradição, mas está ligada ao modo como os juízes são formados e recrutados. DAVID, René. **Os grandes sistemas do direito contemporâneo**. 4. ed. São Paulo: Martins Fontes, 2002, p. 151.

[181] WAMBIER, Teresa Arruda Alvim. Interpretação da lei e de precedentes: *civil law* e *common law*. **Revista dos Tribunais** n. 893, São Paulo: RT, mar. 2010, p. 33-45.

[182] Art. 103-A. O Supremo Tribunal Federal poderá, de ofício ou por provocação, mediante decisão de dois terços dos seus membros, após reiteradas decisões sobre matéria constitucional, aprovar súmula que, a partir de sua publicação na imprensa oficial, terá efeito vinculante em relação aos demais órgãos do Poder Judiciário e à administração pública direta e indireta, nas esferas federal, estadual e municipal, bem como proceder à sua revisão ou cancelamento, na forma estabelecida em lei.
§ 1º A súmula terá por objetivo a validade, a interpretação e a eficácia de normas determinadas, acerca das quais haja controvérsia atual entre órgãos judiciários ou entre esses e a administração pública que acarrete grave insegurança jurídica e relevante multiplicação de processos sobre questão idêntica. § 2º Sem prejuízo do que vier a ser estabelecido em lei, a aprovação, revisão ou cancelamento de súmula poderá ser provocada por aqueles que podem propor a ação direta de inconstitucionalidade. § 3º Do ato administrativo ou decisão judicial que contrariar a súmula aplicável ou que indevidamente a aplicar, caberá reclamação ao Supremo Tribunal Federal que, julgando-a procedente, anulará o ato administrativo ou cassará a decisão judicial reclamada, e determinará que outra seja proferida com ou sem a aplicação da súmula, conforme o caso.

decidir uma questão jurídica por diversas vezes, mas alcançando sempre o mesmo resultado. Uma vez constatado esse fato, ou provocados a verificar essa situação, os ministros do STF propõem a edição de uma súmula de caráter vinculativo, cujo enunciado refletirá a posição jurídica do STF, sem haver, no momento da sua edição e promulgação, vinculação às situações fáticas dos casos que provocaram o debate e o nascimento daquela súmula vinculante. Segundo Ana Beatriz Ferreira Rebello Presgrave:

> A súmula, assim, foi idealizada para resolver um problema de falta de memória e de pouca experiência no STF, o que tornava impossível ao Ministro recém-chegado fazer referência aos assuntos já abordados no Tribunal. A ideia era que os resultados alcançados fossem, a *contrario sensu*, similares aos da Suprema Corte americana. É claro que o excessivo número de demandas pendentes no STF também justificou a criação do "método de trabalho" da súmula, de modo a viabilizar que os Ministros mantivessem o entendimento já consolidado na Corte para os demais casos similares (o que permitiria, ao mesmo tempo, a otimização do trabalho do STF e a isonomia nos julgamentos: casos iguais, resultados iguais). Percebe-se, portanto, que a súmula não foi elaborada com a pretensão de normatizar nada, mas pura e simplesmente, facilitar a remissão aos julgamentos anteriores realizados pela Corte, para que os julgamentos fossem mais isonômicos e eficientes[183].

Dessa forma, a súmula vinculante pode ser interpretada como o reflexo do posicionamento do STF sobre um determinado tema, de forma completamente desvinculada do caso que suscitou a questão jurídica. Com isso, o STF comunica a todos os órgãos jurisdicionais e da administração pública direta e indireta, sobre como eles devem se comportar à luz do enunciado da súmula vinculante. E, mais importante, soluciona, de antemão, questões jurídicas que continuariam a ser remetidas ao STF e que agora, em função do caráter vinculativo e *erga omnes* da súmula vinculante, poderão ser de plano rejeitadas pelos juízes de primeiro grau ou servirão como forma de controle aos recursos dirigidos ao STF por parte dos tribunais de segundo instância.

183 PRESGRAVE, Ana Beatriz Ferreira Rebello. A natureza jurídica da súmula. *In*: NUNES, Dierle; JAYME, Fernando Gonzaga; MENDES, Aluisio (coord.) **A nova aplicação da jurisprudência e precedentes no Código de Processo Civil/2015** – Estudos em homenagem à Professora Teresa Arruda Alvim (e-book). São Paulo: RT, 2017.

Assim, percebe-se que a súmula vinculante no *civil law* brasileiro surge, em grande parte, como uma necessidade de regulação do excesso de litigiosidade na sociedade e da necessidade de se garantir que os órgãos jurisdicionais e administrativos sigam esse entendimento e encerrem suas interpretações conflitantes[184], demonstrando que, na origem, o precedente e a súmula vinculante são absolutamente distintos.

Não por menos, Luiz Guilherme Marinoni afirma sobre as súmulas:

> foram pensadas a partir de uma compreensão muito superficial do sistema em que as decisões têm efeito obrigatório ou a partir das máximas, uma lamentável e ineficaz tentativa de alguns sistemas de *civil law* para o encontro da uniformidade da interpretação. As súmulas foram concebidas como enunciados da interpretação das Cortes de correção e destinadas a facilitar os julgamentos dos recursos. Note-se, porém, que a súmula é o enunciado da tese de direito e não pode, como é óbvio, explicar os motivos da adoção da tese de uma determinada situação concreta[185].

Portanto, ainda que indiretamente, as súmulas vinculantes auxiliem na estabilidade de um sistema jurisdicional que necessita, urgentemente, de maior segurança e previsibilidade[186], é inegável que o seu propósito em nada se assemelha com o precedente do *common law*, ainda que essa aproximação de sistemas tenha sido desejada pelo legislador brasileiro.

[184] "Numa visão mais aproximada, enxergam-se algumas divergências interessantes. Usualmente, em sistemas de *civil law*, um precedente não vincula, vincula, isto sim, um entendimento que tenha sido adotado por uma quantidade expressiva de acórdão, durante um certo espaço de tempo. Esta circunstância pode (ou não) gerar a edição de súmula. Em ambos os casos, a vinculatividade é relativa, ou seja, tem uma força razoável de persuasão. Mas é comum que, antes de se chegar a este nível de estabilidade, haja consideráveis discordâncias entre os tribunais. WAMBIER, Teresa Arruda Alvim. Interpretação da lei e de precedentes: *civil law* e *common law*. **Revista dos Tribunais** n. 893, mar. 2010, p. 33-45.

[185] MARINONI, Luiz Guilherme. **Precedentes obrigatórios**. 5. ed. São Paulo: RT, 2016, p. 287.

[186] Eduardo Parente, ao tratar das súmulas vinculantes, observa que não se pode esquecer da segurança jurídica advinda da redução de expectativas e da implementação de situações qualitativamente isonômicas. Para ele, "todos falam de agilidade, de *eficácia processual*, mas poucos tratam do que se entende aqui como ponto principal da súmula vinculante: a segurança jurídica". PARENTE, Eduardo de Albuquerque. **Jurisprudência**: da divergência à uniformização. São Paulo: Atlas, 2006, p. 91.

Afinal, enquanto no *common law* é o precedente, como decisão individualizada, que tem o efeito vinculativo e a qualidade de fonte normativa primária, como vimos no capítulo anterior, a súmula vinculante depende de um conflito entre órgãos do Poder Judiciário e/ou da administração pública, além de reiteradas decisões sobre o tema em questão para que, em seguida, por meio de um procedimento específico do STF, seja editada uma súmula, ou um breve texto, por meio de votação, sem qualquer ligação com um caso concreto – como ocorre no precedente do *common law* – que terá por objetivo final vincular apenas os órgãos do Poder Judiciário e da administração pública, sem alcançar o Poder Legislativo, atuando como fonte normativa secundária ou complementar.

Ainda que inspirada na doutrina do *stare decisis*, as distinções entre súmula vinculante e o precedente do *common law* são claras e de fácil percepção, tanto na sua origem como no seu alcance. A origem, como vimos, é distinta, posto que enquanto a súmula vinculante depende de uma série de fatores para ser criada e, em seguida, aplicada, o precedente do *common law* nasce de uma decisão individual, que terá o reconhecido valor apenas em momento posterior. Além disso, a vinculação da súmula vinculante é restrita e foge das origens do sistema do *civil law*, enquanto o respeito e a vinculação às decisões pretéritas representam o que é o *common law* em sua mais pura concepção.

Esse espírito é bem retratado por Marcos Serra Neto Fioravanti que, apoiando-se nas considerações de Júlia Dinamarco, pondera:

> É como se o tribunal colhesse a jurisprudência igualitária sobre diversos casos repetitivos para que deles pudesse extrair o sumo, um enunciado comum, um enunciado abstrato que teria o condão de definir resumidamente o entendimento do Judiciário a respeito daquela questão controvertida. Os julgados que embasam a edição do enunciado da súmula por vezes não contêm exatamente as mesmas palavras que dela constarão, até porque, como se viu acima, trata-se de um trabalho de extração do sentido dos julgados para a criação de uma hipótese normativa abstrata editada com o emprego da metalinguagem[187].

[187] FIORAVANTI, Marcos Serra Netto. **A arbitragem e os precedentes judiciais**: observância, respeito ou vinculação? São Paulo: Lumen Juris, 2018, p. 33.

Prova dessa relevante distinção se extrai da análise comparativa de Lenio Luiz Streck, para quem, nos Estados Unidos, a força dos precedentes reside na tradição, não estando estabelecida em qualquer regra escrita, quer na Constituição e tampouco em regra de ofício, de modo que gera estranhamento o estabelecimento, no Brasil, da obrigatoriedade da obediência ao 'precedente sumular' por intermédio da emenda constitucional em um sistema jurídico filiado à família romano-germânica[188].

Deste modo, apesar da tentativa de aproximação pelo legislador brasileiro, a súmula vinculante e o precedente do *common law* possuem um único ponto de convergência que é a sua capacidade vinculativa, ainda que a extensão de ambos possa ser distinta. As suas características e origem muito se diferem, posto que o precedente do *common law* nasce de um caso concreto e ditará como a sociedade irá reagir àquela regra jurídica e poderá auxiliar no julgamento futuro de casos similares, enquanto a súmula vinculante nasce como resultado da multiplicação de casos idênticos ou de conflito entre órgãos do Poder Judiciário ou entre esses e a administração pública, visando contribuir e melhorar a organização judiciária e administrativa, para em seguida servir como uma norma a regular a atividade do Poder Judiciário e da administração pública direta e indireta, sem conexão direta com os casos que justificam a sua promulgação.

3.3. Considerações sobre a realidade brasileira

O grande legado de Montesquieu no âmbito da doutrina da separação dos poderes reside em alocar três diferentes funções, Legislativa, Executiva e Judiciária, para titulares diferentes, de forma que sejam independentes e ao mesmo tempo harmônicas entre si, que possuam mecanismos de controle recíproco e que permitam evitar poderes absolutos ou abusivos. O núcleo de seu pensamento, mesmo transcorridos aproximadamente três séculos, mantém-se atual, na medida em que, embora tenham ocorrido transformações diversas em sua estrutura, persiste a ideia de um sistema de freios e contrapesos, com roupagens sofisticadas pelo implemento de diversas ferramentas de controle desenvolvidas nos últimos séculos.

O Poder Judiciário, na visão de Montesquieu, deveria ter uma função mais restrita, posto que: "os juízes de uma nação são, como dissemos,

[188] STRECK, Lenio Luiz; ABBOUD, Georges. **O que é isto** – o precedente judicial e as súmulas vinculantes? Porto Alegre: Livraria do Advogado, 2013.

apenas a boca que pronuncia as palavras da lei, seres inanimados que não podem moderar sua força, nem seu rigor"[189]. Embora haja em Montesquieu uma preocupação com a formulação do Poder Judiciário, seu papel em face dos demais poderes mostrava-se diminuto, primeiro porque ao Poder Legislativo cabia a expressão da vontade geral do povo, por meio de um sistema representativo, e ao poder executivo, a execução desta vontade geral, estampada na produção legislativa do órgão deliberativo. A formulação consagrada por Montesquieu serviu aos ideais de uma classe emergente que se tornou dominante e que até então era vítima de um sistema que favorecia apenas as classes mais ricas e tal favorecimento se dava, justamente, por meio das decisões proferidas pelo Poder Judiciário.

Os séculos seguintes cuidaram de revelar a crise do modelo liberal e, com o acesso das massas ao exercício do poder político, ainda que por meio da mesma democracia representativa já concebida nas revoluções liberais, com a devida expansão de seus participantes, a supremacia do Poder Legislativo diminuiu na medida em que não se mostrou capaz de atender à demanda desta nova fatia ativa da sociedade.

Essa mudança implicou, de um lado, um alargamento das funções do chefe do Poder Executivo, o que na experiência brasileira se expressa, sobretudo, nas inúmeras medidas provisórias, e por outro lado, em uma atuação de qualidade reduzida por parte do Poder Legislativo. As funções vinculadas a cada um dos poderes na concepção dos pensadores das revoluções da modernidade deslocam-se de forma drástica para o campo dos outros poderes. Diante de um quadro em que a função executiva passou a legislar de forma ativa e massiva, agindo sobretudo em coordenação ou com a conivência passiva do Poder Legislativo, o Poder Judiciário assume certamente posição destacada, em especial no controle da atividade destes órgãos com relação à Constituição e às leis. Sua função de controle e convalidação dos atos dos demais poderes torna-se fundamental.

O caráter preponderante alcançado pelo Poder Judiciário o colocou como ente fundamental na atividade de controle dos demais poderes. Por isso que questões complexas, as quais, segundo considerável parte da crítica, deveriam ser objeto do debate legislativo, ou mesmo no âmbito da articulação entre os Poderes Executivo e Legislativo, têm sido postas em

[189] MONTESQUIEU, Charles de Secondat, Baron de. **O Espírito das Leis**. Tradução de Cristina Murachco. São Paulo: Martins Fontes, 2005, Livro XI, Capítulo VI, p. 175.

debate perante o Poder Judiciário, resultando em decisões, sobretudo no âmbito do controle de constitucionalidade, que não raro têm feito as vezes de decisões políticas fundamentais.

O princípio da separação dos Poderes continua sendo importante ao desenvolvimento das democracias no século XXI. Contudo, é certo que não podemos fechar os olhos à sua nova forma, dando-lhe o valor necessário sem ficarmos presos a conceitos erigidos sob uma sociedade que não mais espelha a complexa realidade político-social contemporânea. O núcleo essencial das funções estatais, em que pesem os influxos dos tempos atuais, parece manter-se vigente, sob pena de um desmoronamento de pilares fundamentais do Estado Moderno, o qual não parece viver em uma ruptura completa com seus primórdios históricos, mas sim em evolução.

Não por menos a CF trouxe significativas conquistas sociais, intensificando as formas coletivas de tutela e de proteção aos interesses metaindividuais, como as ações de mandado de segurança coletivo, a ação civil pública e a ação popular. O Poder Judiciário assumiu seu papel de poder político, de agente transformador da sociedade, influenciando nas decisões do governo e no destino da nação.

Marca da CF atual foi o aprimoramento do controle de constitucionalidade, por meio da ação direta de inconstitucionalidade por omissão, cuja procedência acarreta a comunicação ao poder competente para adotar as medidas cabíveis e da figura do mandado de injunção. Surgiu também, em seu art. 102, parágrafo único, a arguição de descumprimento de preceito fundamental (ADPF). Em seguida, a Emenda Constitucional 45/2004 trouxe relevantes alterações ao sistema: (i) súmulas vinculantes; (ii) novas regras de ingresso na magistratura; (iii) ampliação dos legitimados para propor Ação de Controle de Constitucionalidade; (iv) criação do Conselho Nacional de Justiça; (v) alteração da regra de competência entre justiça do trabalho e justiça comum; (vi) hierarquia constitucional das normas de tratados internacionais de direitos humanos.

Desse modo, mesmo integrando um dos três poderes, com a incumbência de exercer a atividade jurisdicional, o Poder Judiciário tem seu papel engrandecido, especialmente em função da superação do estrito positivismo, ao qual se denomina neoconstitucionalismo. Deste modo, o Poder Judiciário alavancou sua posição e forma de atuar, eis que ficou responsável pela defesa da CF e de qualquer violação de direito, nos termos do art. 5º, XXXV, da CF, segundo o qual "a lei não excluirá da apreciação do Poder Judiciário lesão ou ameaça de direito".

A partir do momento em que cada norma possui caráter abstrato e, para tanto, requer uma cisão do caso concreto para com a norma abstrata, o processo de conexão do fato ao texto legal é incumbência do juiz que promoverá a subsunção e o enquadrará ao sistema jurídico. Logo, essa prática e tendência do Poder Judiciário de, por vias indiretas, adentrar as funções legislativas ou executivas, provoca debates e conflitos entre os estudiosos do direito e entre os membros dos demais poderes, que defendem que o Poder Judiciário deve exercer sua função de órgão técnico. Esses críticos sustentam que a função primordial do Poder Judiciário é técnica e que seus membros não foram eleitos por voto popular, gerando uma sensação de insegurança jurídica perante a sociedade.

De qualquer modo, fato é que o Poder Judiciário se tornou o local em que se decidem as questões de compatibilidade dos atos do governo e atos legislativos, em especial em sede de controle concentrado. Com isso, o STF é alçado a uma posição muito além de um órgão superior dentro do Poder Judiciário. O STF tornou-se verdadeiro foro de discussão de princípios, espaço deliberativo de questões fundamentais, ainda que sobre ele pairem fundadas objeções sobre seu caráter supostamente antidemocrático[190].

Segundo Bruce Ackerman, "a Suprema Corte, no seu exercício interpretativo, torna-se um aspecto fundamental de empreendimento da soberania popular voltada para o futuro"[191]. Ou seja, ao lidar com assuntos que, em tese, seriam de competência político-legislativa, o Poder Judiciário busca preencher uma lacuna de representatividade, de modo que não haveria qualquer violação democrática, mas apenas uma atuação necessária e demandada pela sociedade, ainda que tal visão seja altamente contestada atualmente. O protagonismo conferido ao Poder Judiciário pela CF, aliado ao protagonismo da sociedade, transformou o

[190] O avanço do Poder Judiciário às fronteiras do chamado ativismo judicial é constante e podemos citar os seguintes exemplos: (i) (des)criminalização do aborto até o terceiro mês; (ii) Prisão em segunda instância; (iii) Reconhecimento da União homoafetiva; (iii) Rol do agravo de instrumento no novo CPC; (iv) Prazo prescricional da reparação contratual e extracontratual. O mesmo avanço se deu com relação à judicialização de políticas públicas, como, por exemplo, no direito à saúde.

[191] ACKERMAN, Bruce. **Nós, o povo soberano**: fundamentos do direito constitucional. Tradução de Mauro Raposo de Mello. Belo Horizonte: Del Rey, 2006, p. 369.

Poder Judiciário não apenas no palco das principais decisões do país, mas também num grande palco de lamentações e de socorros, pois ao mesmo tempo em que direitos são garantidos, as prerrogativas para a proteção desses mesmos direitos também são postas para discussão e apreciação[192].

Helena Delgado Ramos Fialho Moreira alerta que a situação de crise do Poder Judiciário, com a CF, se alterou e se agravou drasticamente:

> Mais precisamente no que respeita ao Poder Judiciário, ao contrário, pode-se inclusive afirmar que a nova ordem constitucional acabou colaborando, em certa medida, com o agravamento de uma situação de crise – compreendida enquanto atuação deficitária – que, de alguma forma, já vinha mesmo sendo desenhada há algum tempo e que ainda encontra-se pendente de um devido equacionamento tanto no que respeita à sua função instrumental, na composição formal dos conflitos, como no tocante a sua relevância político-institucional, enquanto poder do Estado[193].

Independentemente do papel exercido pelo STF, a realidade enfrentada hoje é de um sistema judiciário incapaz de lidar com as demandas da sociedade. Há uma grande e grave cultura de litigiosidade na sociedade, assim como há um grande desconhecimento dos métodos adequados de resolução de conflitos, com baixo estímulo à conciliação ou à mediação. Por outro lado, a sociedade é indiretamente estimulada a ingressar com ações judiciais em decorrência da insegurança e da instabilidade das decisões judiciais. Os juízes e tribunais não possuem o necessário respeito aos tribunais superiores[194], que por sua vez também não respeitam suas

[192] Luís Roberto Barroso afirma: "uma das instigantes novidades do Brasil dos últimos anos foi a virtuosa ascensão institucional do Poder Judiciário. Recuperadas as liberdades democráticas e as garantias da magistratura, juízes e tribunais deixaram de ser um departamento técnico e especializado e passaram a desempenhar um papel político, dividindo espaço com o Legislativo e o Executivo. Tal circunstância acarretou uma modificação substantiva na relação da sociedade com as instituições, impondo reformar estruturas e suscitando questões complexas acerca da extensão de seus poderes". BARROSO, Luís Roberto. **Curso de direito constitucional**: os conceitos fundamentais e a construção de um novo modelo. 2. ed. São Paulo: Saraiva, 2010, p. 384.

[193] MOREIRA, Helena Delgado Ramos Fialho. **Poder Judiciário no Brasil**: crise de eficiência. Curitiba: Juruá, 2004, p. 65.

[194] Segundo Pedro Miranda de Oliveira e Rene José Anderle: "Os juízes brasileiros não se sentem moralmente obrigados a respeitar as decisões dos Tribunais Superiores. Entretanto, a jurisprudência das cortes precisa ser estável para possibilitar um norte às instâncias inferiores.

próprias decisões pretéritas, cumulando em uma grave crise de insegurança jurídica. Os processos levam muitos anos para serem concluídos e muitas decisões judiciais não primam pela tecnicidade. Para se ter uma ideia da magnitude da situação, o Poder Judiciário finalizou o ano de 2017 com 80,1 milhões de processos em tramitação. Durante o ano de 2017, ingressaram 29,1 milhões de processos e foram baixados 31 milhões. A demanda pelos serviços de justiça registrou crescimento acumulado na ordem de 18,3%, desde 2009[195].

O número de demandas pendentes de julgamento é crescente e assustador, ao passo que o Poder Judiciário é instado cada vez mais a servir de contrapeso a atos administrativos da administração pública, visando trazer o necessário equilíbrio sistêmico. O resultado imediato desses fatos é que muitos juízes e tribunais devem se manifestar sobre questões idênticas e nem sempre os resultados obtidos são os mesmos. Com isso cresce perante os operadores do direito e a sociedade a sensação de insegurança jurídica, posto que demandas idênticas podem ser decididas de formas distintas e que, portanto, os julgadores não seguem um mesmo padrão.

Tal fato fica escancarado por meio da pesquisa divulgada pela Associação dos Magistrados Brasileiros (AMB), ao destacar que a maioria dos juízes, de primeira e de segunda instância, entende que o sistema de precedentes prejudica sua independência profissional. De acordo com a pesquisa, 52% dos juízes de primeiro grau entendem que não devem se pautar pelo entendimento jurisprudencial. Até mesmo os ministros dos tribunais superiores, responsáveis por criar os precedentes e as súmulas, são ressabiados com o sistema, eis que 55% dos entrevistados concordam que o magistrado deveria poder decidir sem se pautar necessariamente pelo sistema de súmulas e de precedentes vinculantes.

O resultado prático dessa mentalidade é uma grave insegurança jurídica e constantes mudanças de posicionamento da jurisprudência, o

Quando os tribunais se conscientizarem de sua função nomofilácica e conseguirem manter, internamente, o respeito a seus precedentes, a consequência inevitável será a conscientização dos membros dos tribunais inferiores de também respeitarem o entendimento firmado". OLIVEIRA, Pedro Miranda; ANDERLE, Rene José. O sistema de precedentes no CPC projetado: engessamento do direito? **Revista de Processo**, São Paulo, v. 232, p. 307-324, jun. 2014.

[195] Conforme pesquisa conduzida pelo Conselho Nacional de Justiça. Disponível em: https://www.cnj.jus.br/pesquisas-judiciarias/justicaemnumeros/2016-10-21-13-13-04/pj-justica-em-numeros. Acesso em: 03 set. 2020.

que vem sendo duramente criticado pela doutrina[196]. Os termos "direito gasoso" e "Jurisprudência Zigue-Zague" (*Zick-Zack-Rechtsprechung*) são elucidados pelo jurista Humberto Ávila, nos seguintes termos:

> A mudança de jurisprudência, além de tornar-se cada vez mais recorrente, também assume contornos ainda mais intensos, chegando-se, em alguns casos, ao ponto de se falar em jurisprudência "ziguezague". Ainda, em "direito gasoso", em razão do fato de que ele desaparece antes mesmo de ser entendido pelos destinatários[197].

O termo "Jurisprudência *Banana Boat*" constou em voto-vista do Ministro Humberto Gomes do Superior Tribunal de Justiça, sob a mesma conjectura:

> Nas praias de turismo, pelo mundo afora, existe um brinquedo em que uma enorme bóia, cheia de pessoas é arrastada por uma lancha. A função do piloto dessa lancha é fazer derrubar as pessoas montadas no dorso da bóia. Para tanto, a lancha desloca-se em linha reta e, de repente, descreve curvas de quase noventa graus. O jogo só termina quando todos os passageiros da bóia estão dentro do mar. Pois bem, o STJ parece ter assumido o papel do piloto dessa lancha. Nosso papel tem sido derrubar os jurisdicionados[198].

[196] "A constante alteração de posicionamento levada a efeito pelo STJ e pelo STF, por exemplo, testifica a falta de observância aos precedentes da própria Corte por seus integrantes. Mais grave, por vezes as decisões emanadas dos Tribunais Estaduais e Federais afrontam jurisprudência consolidada da(s) Corte(s) Superiores sem a devida fundamentação, que exigiria, logicamente, a demonstração, pela utilização da técnica do *distinguishing*, de que o precedente não deve ser aplicado ao caso concreto. Cria-se, pois, uma situação paradoxal, na medida em que o ordenamento jurídico pátrio, ao mesmo tempo em que confere progressiva eficácia aos precedentes judiciais, convive com a desconsideração desmotivada de precedentes emanados de Cortes às quais a Constituição Federal conferiu os papéis de uniformização da interpretação das normas constitucionais (STF) e infraconstitucionais (STJ, em particular). A teoria do *stare decisis* (vinculatividade horizontal e vertical dos precedentes), arraigado na tradição da *common law*, não encontra no Brasil similar projeção". BARREIROS, Lorena Miranda Santos. Estruturação de um sistema de precedentes no Brasil e concretização da igualdade: desafios no contexto de uma sociedade multicultural. *In:* (coord.) DIDIER JUNIOR, Fredie. *et al.* **Precedentes**. Salvador: Juspodivm, 2015, p. 199.

[197] ÁVILA, Humberto. **Segurança jurídica**. São Paulo: Malheiros, 2011, p. 53.

[198] Voto-Vista Min. Humberto Gomes de Barros. AgRg no Recurso Especial 382736-SC.

A verdade é que o retrato trazido não é isolado e esse individualismo judicial pode ser encontrado em muitos julgados, especialmente nos tribunais superiores. Cite-se, como exemplo, o seguinte pronunciamento do Ministro Eros Grau:

> Sucede que estamos aqui não para caminhar seguindo os passos da doutrina, mas para produzir o direito e reproduzir o ordenamento. Ela nos acompanhará, a doutrina. Prontamente ou com alguma relutância. Mas sempre nos acompanhará, se nos mantivermos fiéis ao compromisso de que se nutre a nossa legitimidade, o compromisso de guardarmos a Constituição. O discurso da doutrina [= discurso sobre o direito] é caudatário do nosso discurso, o discurso do direito. Ele nos seguirá; não o inverso[199].

De forma ainda mais cristalina foi a posição do Ministro Humberto Gomes de Barros, que confirma a tendência dos tribunais superiores de atuarem de forma isolada e sem compromisso de criar uma jurisprudência firme e estável:

> Não me importa o que pensam os doutrinadores. Enquanto for Ministro do Superior Tribunal de Justiça, assumo a autoridade da minha jurisdição. O pensamento daqueles que não são Ministros deste Tribunal importa como orientação. A eles, porém, não me submeto. Interessa conhecer a doutrina de Barbosa Moreira ou Athos Carneiro. Decido, porém, conforme minha consciência. Precisamos estabelecer nossa autonomia intelectual, para que este Tribunal seja respeitado. É preciso consolidar o entendimento de que os Srs. Ministros Francisco Peçanha Martins e Humberto Gomes de Barros decidem assim, porque pensam assim. E o STJ decide assim, porque a maioria de seus integrantes pensa como esses Ministros. Esse é o pensamento do Superior Tribunal de Justiça, e a doutrina que se amolde a ele. É fundamental expressarmos o que somos. Ninguém nos dá lições. Não somos aprendizes de ninguém. Quando viemos para este Tribunal, corajosamente assumimos a declaração de que temos notável saber jurídico – uma imposição da Constituição Federal. Pode não ser verdade. Em relação a mim, certamente,

[199] BRASIL. Supremo Tribunal Federal. Voto Vista. Min. Eros Grau na Reclamação 4.335/AC. Disponível em: www.stf.jus.br/imprensa/pdf/rcl4335eg.pdf. Acesso em: 5 set. 2020.

não é, mas, para efeitos constitucionais, minha investidura obriga-me a pensar que assim seja[200].

Esse talvez seja um reflexo do neoconstitucionalismo que, segundo Ives Gandra da Silva Martins, faz com que[201] "nenhum advogado, nenhum jurista poderá dizer o que é legal e o que não é, pois, não obstante o que a lei estabeleça, não se sabe o que o magistrado dirá, no seu poder de ser legislador positivo". Essa alternância de posições atrai o que podemos chamar de "Loteria Judiciária" porque o resultado de demandas idênticas poderia sofrer alternância pelo momento de julgamento ou de composição momentânea dos órgãos julgadores.

Virgílio Afonso da Silva aponta três críticas ao STF, que também poderiam se estender ao STJ, que bem retratam os problemas da instabilidade jurisprudencial:

(i) quase total ausência de trocas de argumentos entre os ministros: nos casos importantes, os ministros levam seus votos prontos para a sessão de julgamento e não estão ali para ouvir os argumentos de seus colegas de tribunal;
(ii) inexistência de unidade institucional e decisória: o Supremo Tribunal Federal não decide como instituição, mas como a soma dos votos individuais de seus ministros;
(iii) carência de decisões claras, objetivas e que veiculem a opinião do tribunal: como reflexo da inexistência de unidade decisória, as decisões do Supremo Tribunal Federal são publicadas como uma soma, uma "colagem", de decisões individuais; muitas vezes é extremamente difícil, a partir dessa colagem, desvendar qual foi a real razão de decidir do tribunal em determinados casos, já que, mesmo os ministros que votaram em um mesmo sentido podem tê-lo feito por razões distintas[202].

[200] BRASIL. Superior Tribunal de Justiça. Voto Vista. Min. Humberto Gomes de Barros. AgRg nos EREsp 279.889/AL.

[201] MARTINS, Ives Gandra da Silva. O protagonismo judicial no contexto do neoconstitucionalismo. Segurança jurídica e protagonismo judicial – desafios em tempos de incertezas. *In*: (coord.) RÊGO, Werson. **Estudos jurídicos em homenagem ao Ministro Carlos Mario da Silva Velloso**. Rio de Janeiro: GZ, 2017, p. 435.

[202] SILVA, Virgílio Afonso da. O STF e o controle de constitucionalidade: deliberação, diálogo e razão pública. **Revista de Direito Administrativo**, Rio de Janeiro, v. 250, p. 197-227, jan.

O excesso de individualismo dos tribunais superiores pode estar no centro da falta de segurança jurídica. Ao analisar a questão sob a ótica do *common law*, Peter Cane já destacava os malefícios do individualismo em um sistema em que o respeito ao precedente, além de ser uma prática, está no cerne desse sistema:

> The more diverse, individualistic and uncoordinated those reasons are, the less contribution they make to coherent development of the common law. At the margin, adjudication of a dispute by a multi-member appeal court may produce only a decision and no ratio decidendi. A certain degree of collegiality and coordination is not inimical to but, on the contrary, essential for adequate performance of the constitutionally-important function of adjudicative legalization of norms; and the larger the court, the greater the need. Excessive individuality on the part of appellate judges poses a threat to the legitimacy of appellate courts and to rule of-law values[203].

Surge, portanto, a necessidade de lidar com essa insegurança jurídica e com a pretensão dos magistrados de não observar as decisões judiciais pretéritas e proferidas pelos tribunais superiores, como forma de trazer maior estabilidade e previsibilidade às decisões judiciais, visando mitigar a noção de que o Poder Judiciário é uma loteria de decisões judiciais.

2009. Disponível em: http://bibliotecadigital.fgv.br/ojs/index.php/rda/article/view/4144. Acesso em: 5 set. 2020.

[203] CANE, Peter. Taking disagreement seriously: courts, legislatures and the reform of tort law. **Oxford Journal of Legal Studies**, p. 404. Tradução livre: O individualismo judicial pode ter um efeito extremamente deletério sobre o processo de criação de normas através da jurisprudência. O *common law* encontra-se não nas decisões e ordens dos tribunais, mas nas fundamentações dessas decisões e ordens. Quanto mais diversas, individualistas e descoordenadas forem as fundamentações, menor será sua contribuição para o desenvolvimento coerente do *common law*. No limite, a resolução de uma disputa por um tribunal colegiado pode produzir apenas uma decisão, mas nenhuma *ratio decidendi*. Certo grau de colegialidade e coordenação não é inimigo, ao contrário, é algo essencial ao desempenho adequado da função constitucionalmente relevante de criar normas através da jurisprudência; e, quanto maior a corte, maior essa necessidade. Individualismo excessivo por parte de juízes integrantes desses tribunais representa uma ameaça à sua própria legitimidade e aos valores do Estado de Direito.

3.4. O sistema de precedentes do Código de Processo Civil de 2015

3.4.1. Características

Conforme abordamos em tópicos anteriores, o *civil law* se transformou ao longo dos séculos e se distanciou daquele conceito rígido idealizado no período pós-revolução francesa. Normas abertas e conceitos amplos foram adotados nos Códigos e legislações já que o Poder Legislativo não era, e continua não sendo, capaz de acompanhar a evolução da sociedade e tampouco de prever todas as soluções possíveis para todos os problemas. Com isso, decisões judiciais em sentidos opostos e contraditórias foram se proliferando em todos os níveis hierárquicos, fazendo com que importantes princípios como o da segurança jurídica e o da isonomia fossem duramente afetados.

Uma das formas de se garantir alguma estabilidade às decisões judiciais e, por tabela, conferir maior previsibilidade aos jurisdicionados, foi a criação de mecanismos de respeito às decisões pretéritas, o que vem sendo feito pelo legislador pátrio desde a Constituição Federal de 1891[204], ainda que de forma mais tímida e apenas como função informativa. Mais de 40 anos depois da promulgação da Constituição Federal de 1891 surgiu o Decreto n. 23.055/1933 que, por sua vez, determinou que as instâncias judiciais inferiores ao STF deveriam interpretar a legislação pátria nos moldes da jurisprudência do STF. Outros exemplos de tentativas de se criar um vínculo de respeito e observância às decisões pretéritas no sistema brasileiro podem ser citados, como o CPC de 1973[205] e a Emenda Constitucional 45/2004, que criou a súmula vinculante, que passou a ter

[204] Conforme artigo 59 da Constituição Federal de 1891, "nos casos em que houver de aplicar leis dos Estados, a Justiça Federal consultará a jurisprudência dos Tribunais locais, e vice-versa, as Justiças dos Estados consultarão a jurisprudência dos Tribunais Federais, quando houverem de interpretar leis da União".

[205] "Posteriormente, com as suas Reformas, o Código de 1973 buscou estimular ainda mais a adesão à jurisprudência outorgando poderes aos relatores dos recursos para realizarem julgamento monocráticos fundados em jurisprudência dominante e em súmulas (art. 557, CPC). Com esse mesmo objetivo, permitiu julgamentos liminares de improcedência (art. 285-A) e o não recebimento de recursos de apelação quando a sentença recorrida estivesse fundada em súmulas – que então passaram a ser chamadas de súmulas impeditivas de recursos (art. 518, parágrafo 1º). Em todos esses casos o Código procurou estimular o órgão jurisdicional a aderir à jurisprudência dominante e à jurisprudência sumulada a fim de evitar julgamentos não uniformes". MITIDIERO, Daniel. **Precedentes**. Da persuasão à vinculação. 3. ed. São Paulo: RT, 2016, p. 76.

uma função de determinar o conteúdo das decisões judiciais e não apenas de facilitar o controle e a admissão de recursos judiciais[206].

Com isso, o legislador pátrio começou a retirar um pouco do individualismo da prestação jurisdicional, passando para uma visão mais coletiva, visando garantir maior isonomia no tratamento dos jurisdicionados, mas também pensando na maior previsibilidade e segurança jurídica das decisões judiciais. Contudo, conforme vimos em capítulos anteriores, mesmo com a presença de alguns instrumentos que tinham como objetivo garantir maior estabilidade e previsibilidade às decisões judiciais, a crescente litigiosidade da sociedade e a incapacidade do legislativo de atender às demandas sociais impedem que o Poder Judiciário consiga atender aos conflitos judicializados em tempo adequado e de maneira uniforme.

Diante desse cenário é que o CPC busca implementar um sistema de precedentes, trazendo diversos conceitos e ideias do *common law* para o *civil law*, sem que isso signifique dizer que o nosso sistema deixou de ser o do *civil law*, afinal, o direito brasileiro continua sendo legislado[207].

Evidentemente que o CPC é fruto de muitos anos de debates, audiências públicas, idas e vindas entre Câmara dos Deputados e Senado Federal, até que em 18 de março de 2015 foi promulgado, entrando em vigor apenas em 18 de março de 2016, com o propósito de tornar a prestação jurisdicional mais célere, eficiente e simplificada. Foram trazidas da arbitragem as ideias do negócio jurídico processual, a calendarização, além de outras novidades, como a uniformização dos prazos, a limitação de recursos, a reformulação dos pedidos de urgência, dentre muitos outros pontos.

Contudo, uma inovação em especial tinha a expectativa de causar importantes efeitos ao sistema judiciário e potencializar a força dos precedentes, que se concretizaria mediante a atribuição de alguma *força* a determinadas decisões judiciais. Essa pretensão se deu muito em razão da crise do Poder Judiciário, completamente assolado e assoberbado de

[206] MITIDIERO, Daniel. **Precedentes**. Da persuasão à vinculação. 3. ed. São Paulo: RT, 2016, p. 76.

[207] Segundo Ronaldo Cramer, "nosso sistema jamais deixará de ser de direito legislado, mas será conjugado com um sistema de precedentes, que, por sua vez, criará as normas tão somente a partir das leis". CRAMER, Ronaldo. **Precedentes judiciais**. Teoria e dinâmica. Rio de Janeiro: Forense, 2016, p. 33.

ações, de maneira que, a despeito de seus esforços em alguns setores, não é capaz de solucionar o grave problema social da litigiosidade. É complexo indicar a razão do alto grau de litigiosidade da sociedade brasileira, porém, é incontestável que a insegurança jurídica é um dos fatores responsáveis por esse importante obstáculo à correta e apropriada prestação jurisdicional.

De um lado, o alto volume de ações propostas exige uma resposta padronizada e vinculativa do Poder Judiciário, não apenas para garantir a efetividade do direito e da isonomia, garantindo uma prestação jurisdicional idêntica para questões idênticas, mas também para, em razão da estabilidade das decisões judiciais, desestimular a propositura de ações e estimular a autocomposição, através da conciliação e da mediação.

De outro lado, há uma evidente instabilidade e falta de coesão das decisões proferidas pelas Cortes Superiores. Não raras vezes o jurisdicionado se depara com decisões conflitantes entre as turmas do STJ sobre um mesmo tema jurídico ou, ainda, decisões que se alteram em um curto espaço de tempo. Essa falta de coesão e a instabilidade causam um nefasto efeito à sociedade, trazendo impactos jurídicos, sociais, econômicos e políticos. Nesse sentido, vale registrar o voto do Ministro Humberto Gomes de Barros:

> Dissemos sempre que sociedade de prestação de serviço não paga a contribuição. Essas sociedades, confiando na Súmula n. 276 do Superior Tribunal de Justiça, programaram-se para não pagar esse tributo. Crentes na súmula elas fizeram gastos maiores, e planejaram suas vidas de determinada forma. Fizeram seu projeto de viabilidade econômica com base nessa decisão. De repente, vem o STJ e diz o contrário: esqueçam o que eu disse; agora vão pagar com multa, correção monetária etc., porque nós, o Superior Tribunal de Justiça, tomamos a lição de um mestre e esse mestre nos disse que estávamos errados. Por isso, voltamos atrás. Nós somos os condutores, e eu – Ministro de um Tribunal cujas decisões os próprios Ministros não respeitam – sinto-me, triste. Como contribuinte, que também sou, mergulho em insegurança, como um passageiro daquele vôo trágico em que o piloto se perdeu no meio da noite em cima da Selva Amazônica: ele virava para a esquerda, dobrava para a direita e os passageiros sem nada saber, até que eles de repente descobriram que estavam perdidos: o avião com o Superior Tribunal de Justiça está extremamente perdido. Agora estamos a rever uma Súmula que fixamos há menos

de um trimestre. Agora dizemos que está errada, porque alguém nos deu uma lição dizendo que essa Súmula não devia ter sido feita assim[208].

A leitura do trecho acima destacado é rica e explica, precisamente, a razão pela qual o legislador destacou e valorizou o precedente no CPC. Os jurisdicionados e a sociedade como um todo não podem ser vítimas de inconsistências jurídicas, de insegurança jurídica criada pela falta de coesão, de respeito à hierarquia e à jurisprudência.

Nessa toada, a interpretação de Daniel Mitidiero acerca do escopo e objetivo do CPC é precisa:

> O Código de 2015 aparece em outro quadro teórico. É claro que o Código conta com técnicas repressivas para outorgar unidade ao direito (recurso extraordinário, recurso especial, arts. 102, III, 105, III, CF e 1.029, e embargos de divergência, art. 1.043) e uniformizar a sua aplicação (apelação, art. 1.009, agravo de instrumento, art. 1.015, e agravo interno, art. 1.021). Nada obstante, o que se sobressai da sua leitura é o dever de as Cortes Supremas outorgarem unidade ao direito a fim de que a ordem jurídica passa a ser segura e capaz de prover liberdade e igualdade de todos perante o direito (art. 926), sendo instrumento para tanto o precedente (art. 927). Avulta da sua leitura ainda o dever de as Cortes uniformizarem a interpretação de questões relevantes (art. 947) e repetidas (arts. 976 a 987) sendo instrumento para tanto a jurisprudência em ambos os casos precedentes jurisprudenciais que poderão ser objeto de súmulas (art. 926, parágrafos 1º e 2º). Além disso manteve e ampliou os poderes do relator para estimular a adesão aos precedentes e à jurisprudência (art. 932). A proeminência de técnicas preventivas em detrimento de repressivas para outorgar unidade ao direito no Código de 2015 decorre da percepção de que a interpretação do direito não é simples declaração de uma norma preexistente ou mesmo extração do seu conteúdo normativo. Trata-se de preponderância oriunda da adoção de uma perspectiva adscritivista da interpretação: se a norma é resultado da interpretação, dada a dupla indeterminação do direito, então é imprescindível que a jurisdição colabore com a legislação a fim de que o significado do direito seja densificado, precisado e devidamente comunicado aos seus destinatários[209].

[208] Voto-Vista Min. Humberto Gomes de Barros. AgRg Recurso Especial 382736-SC.

[209] MITIDIERO, Daniel. **Precedentes**. Da persuasão à vinculação. 3. ed. São Paulo: RT, 2016, p. 78.

E é com esse espírito que o CPC trouxe, no seu art. 926, a seguinte disposição: "Os tribunais devem uniformizar sua jurisprudência e mantê-la estável, íntegra e coerente". O comando, apesar de imperativo, não prevê uma sanção em caso de descumprimento pelos tribunais pátrios, mas a iniciativa, em si, é válida e salutar, especialmente considerando que esse é o primeiro artigo do Livro III, que trata, justamente, dos processos nos tribunais e dos meios de impugnação das decisões judiciais. De todo modo, o art. 926 do CPC reflete as duas principais preocupações do legislador. A primeira delas é garantir que as decisões judiciais sejam proferidas dentro de um prazo razoável. A segunda, por sua vez, é de construir, ou ao menos estimular, uma unidade de direito estável, íntegra e coesa.

Ainda que isso não esteja claro no art. 926 do CPC, pressupõe-se que cada órgão jurisdicional terá uma atividade distinta, isto é, os tribunais superiores terão a competência e a habilidade de proferir as decisões mais importantes e que ditam o rumo da interpretação do direito, enquanto as instâncias inferiores serão responsáveis por aplicar estas interpretações ao caso concreto, sem prejuízo da utilização das técnicas de *distinguishing* e *overruling*.

Logo em seguida, o art. 927 do CPC traz o rol de decisões que deverão ser observadas por juízes e tribunais. São elas: (i) as decisões do STF em controle concentrado de constitucionalidade; (ii) os enunciados de súmula vinculante; (iii) os acórdãos em incidente de assunção de competência ou de resolução de demandas repetitivas e em julgamento de recursos extraordinário e especial repetitivos; (iv) os enunciados das súmulas do STF em matéria constitucional e do STJ em matéria infraconstitucional; (v) a orientação do plenário ou do órgão especial aos quais estiverem vinculados.

Antes de seguirmos à análise dessas hipóteses, é fundamental frisar que a leitura desses primeiros artigos já nos indica muito mais uma tentativa do legislador de *forçar* o respeito vertical e horizontal das decisões das cortes superiores, visando efetivar princípios extremamente relevantes, como o da isonomia, da segurança jurídica e da razoável duração do processo, do que prever uma efetiva fonte primária de direito.

A primeira hipótese do art. 927 do CPC diz respeito à necessidade de observância das decisões do STF em controle concentrado de constitucionalidade, que produzem, por definição, eficácia *erga omnes*. Portanto, o resultado de seu julgamento é oponível a todos e possui força obrigatória e vinculante para o Poder Judiciário e para a administração pública. O eventual descumprimento dessas decisões pode ensejar a apresentação de reclamação, nos termos do art. 988 do CPC e a sua decretação de nulidade. Digno registrar que a força vinculante das decisões do STF proferidas em sede de controle concentrado seria dispensável de registro, eis que possui previsão *erga omnes* no art. 102, § 2º da CF. E, novamente, o que forma o precedente são as razões determinantes constantes da fundamentação, algo que não seria exclusivo das decisões proferidas em sede de controle concentrado de constitucionalidade, mas também presente nas decisões proferidas em sede de controle difuso.

Em seguida, o inciso II traz a hipótese de vinculação ao enunciado de súmulas vinculantes do STF. Ainda que essa hipótese seja, por simples definição, vinculativa, não representa ou pode ser conceituado como precedente, tal como se conhece no *common law*. Segundo Luiz Guilherme Marinoni, "uma súmula não tem condições de refletir a racionalidade da argumentação própria a um precedente"[210]. Apesar de sua importância enquanto fonte normativa e de consecução dos princípios da segurança jurídica e isonomia, as súmulas vinculantes não se encaixam na concepção de precedente, mas à concepção de uniformização de interpretação dos tribunais inferiores, bem como da administração pública, direta ou indireta. A bem da verdade, as súmulas nada mais são do que o *resumo* ou o *extrato* dos precedentes.

Os incisos III e IV do art. 927 do CPC tratam de acórdãos em incidente de assunção de competência ou de resolução de demandas repetitivas e em julgamento de recurso extraordinário e especial repetitivos, como também de enunciados das súmulas do STF em matéria constitucional e do Superior Tribunal de Justiça, em matéria infraconstitucional.

Nesse ponto, vale apontar que o legislador confere poder vinculativo para decisões individuais, porém proferidas para solucionar casos plurais, reduzindo a relevância da jurisprudência. Enquanto esta última é o reflexo de um conjunto de decisões repetidas sobre um determinado tema, um único julgado proferido em incidente de assunção de competência ou de resolução de demandas repetitivas e em julgamento de recurso extraordinário e especial repetitivo não se encaixaria no conceito tradicional de

[210] MARINONI, Luiz Guilherme. **Precedentes obrigatórios**. 5. ed. São Paulo: RT, 2016, p. 287.

jurisprudência, mas por decisão do legislador acaba por ter mais força que a jurisprudência. Como se vê, para o referido inciso, a *quantidade* é irrelevante, sendo relevante apenas a qualidade do órgão que proferiu a decisão.

Por fim, o art. 927, V, do CPC traz a hipótese de seguimento à orientação do plenário, ou do órgão especial aos quais os juízes estiverem vinculados. Essa última hipótese, se comparada à obrigatoriedade das hipóteses anteriores, deve ser analisada com uma *fraca* atribuição de vinculatividade, pois a autoridade do plenário ou órgão especial dos tribunais está circunscrita às suas áreas de competência e regionalidade desses tribunais.

Deste modo, verificamos que nem todas as hipóteses definidas no art. 927 do CPC apresentam o mesmo peso ou vinculação. Daí, fala-se que o Brasil se vinculou à teoria do *stare decisis* em termos é algo bastante generoso, de modo que podemos chamar tal tentativa de *common law à brasileira*. A distinção entre as hipóteses previstas no art. 927 do CPC e o conceito de precedente do *common law* são evidentes[211], para não dizer gritantes[212].

Além disso, diversamente do *common law*, em que o precedente surge em um momento posterior, por meio do reconhecimento do valor daquela decisão no caso futuro, para o sistema brasileiro já se sabe quais decisões terão a eficácia vinculante no exato momento em que é proferida[213].

[211] Segundo Luiz Guilherme Marinoni, os 'precedentes brasileiros' representam uma "mistura (de) decisão do Supremo Tribunal Federal proferida em controle concentrado de constitucionalidade, súmulas, decisões tomadas em vias de solução de casos ou questões repetitivas e orientação do plenário ou do órgão especial, mas, surpreendentemente, nada diz sobre precedente, *ratio decidendi* ou fundamentos determinantes da decisão". MARINONI, Luiz Guilherme. **Precedentes obrigatórios**. 5. ed. São Paulo: RT, 2016, p. 285.

[212] No mesmo sentido aponta Márcio Belocchi: "Após o desenvolvimento supra, e ao retomarmos a leitura do art. 927 NCPC, podemos concluir que esse dispositivo trata, de forma promíscua, de tipos de precedentes diversos e, inclusive, de hipóteses que não versam sobre precedentes. Daí a inadequação técnica, a nosso ver, da utilização, em seu *caput*, do verbo: observarão, como se devessem, os institutos ali listados, receber, do Poder Judiciário, o mesmo tipo de tratamento ou reverência". BELLOCCHI, Márcio. **Precedentes vinculantes e a extensão da expressão "Aplicação do Direito Brasileiro" na Convenção de Arbitragem**. São Paulo: RT, 2017, p. 61.

[213] Para Alexandre Câmara, no direito processual civil brasileiro a situação é diferente. "É que a lei já estipula, com antecedência, quais são as decisões judiciais que terão eficácia de precedente vinculante (assim como diz quais são os enunciados de súmula dotados de

Portanto, verificamos que apesar dos esforços de aproximação, aquilo que o legislador brasileiro chamou de precedente em nada se assemelha com o conceito de precedente do *common law*. O precedente no sistema do *common law* é a norma em si, o direito que se criou e que se desenvolveu de maneira paulatina ao longo do tempo[214].

Ainda assim, essa vinculação pretendida pelo CPC se mostra necessária considerando o atual cenário do Poder Judiciário, visando garantir uma maior previsibilidade das decisões judiciais. Deste modo, não podemos afirmar, com nenhum grau de tranquilidade[215], que o CPC seja definitivamente um espelho do regime de precedentes do *common law*. Cassio Scarpinella Bueno, sobre essa comparação, afirma:

> Nada que o CPC de 2015 traz a respeito do assunto, contudo, autoriza afirmativas genéricas, que vêm se mostrando comuns, no sentido de que o direito brasileiro migra em direção ao *common law* ou algo do gênero. É importante, por isso mesmo, compreender estes dispositivos (como, de resto, todos os que, ao longo do CPC de 2015, direta ou indiretamente com eles se relacionam – e não são poucos) como normas diretivas de maior otimização das decisões paradigmáticas no âmbito dos Tribunais e dos efeitos

eficácia vinculante). Dessa maneira, quando um tribunal vai exercer controle concentrado de constitucionalidade, vai decidir um incidente de assunção de competência ou vai julgar casos repetitivos, por exemplo, já se sabe, de antemão, que a decisão que ali será proferida será um precedente vinculante. Pode-se, assim, dizer que no Direito brasileiro, diferentemente do que acontece em outros ordenamentos, o precedente é criado "para ser precedente vinculante". Pode-se mesmo dizer que tais pronunciamentos são "precedentes de propósito" (ou, como já tive oportunidade de dizer, em tom de brincadeira, em conferências que proferi sobre o ponto, "precedentes vinculantes dolosos", já que formados "com a intenção de serem precedentes vinculantes"). CÂMARA, Alexandre Freitas. **O novo processo civil brasileiro**. 5. ed. São Paulo: Atlas, 2019, p. 428.

214 NASSER, Paulo Magalhães. **Vinculações arbitrais**. Rio de Janeiro: Lumen Juris, 2019, p. 87.

215 "Mas existe uma grande distância entre a postura de juízes brasileiros no manuseio de precedentes – notadamente por parte dos integrantes de cortes superiores – e aquela adotada por juízes da *common law*. Esse ponto é especialmente importante quando se reconhece a elaboração de normas gerais e abstratas por juízes, e não por legisladores eleitos pelo povo". BERMAN, José Guilherme. (Juris)prudência e sistemas jurídicos: um breve estudo sobre a modéstia judicial na *common law* e no sistema romano-germânico. **Revista de Direito Administrativo**, Rio de Janeiro, v. 269, p. 165-196, maio-ago. 2015.

que o CPC de 2015 quer que estas decisões, as paradigmáticas – por ele chamadas de "precedentes" – devem surtir nos demais casos em todos os graus de jurisdição, a começar pelo Supremo Tribunal Federal[216].

Ocorre que, diversamente do que se verificou em relação ao art. 926 do CPC, há uma previsão específica de sanção caso o juiz ou o tribunal deixe de observar um precedente obrigatório. É o que se extrai do art. 489, § 1º, do CPC, segundo o qual não se considera fundamentada qualquer decisão judicial, seja ela interlocutória, sentença ou acórdão, entre outras hipóteses, que: (i) se limitar a invocar precedente ou enunciado de súmula, sem identificar seus fundamentos determinantes nem demonstrar que o caso sob julgamento se ajusta àqueles fundamentos; e (ii) deixar de seguir enunciado de súmula, jurisprudência ou precedente invocado pela parte, sem demonstrar a existência de distinção no caso em julgamento ou a superação do entendimento.

Em outras palavras, o CPC não apenas trouxe o dever de respeito e (parcial) observância obrigatória aos precedentes, mas também previu que a decisão judicial jamais poderá desconsiderar a existência do precedente, tal como definido no art. 927 do CPC. A decisão judicial deverá considerar a existência do precedente, mesmo que não tenha sido alegado pelas partes, no mesmo passo em que deverá, obrigatoriamente, justificar a sua aplicação, distinção ou superação, caso o precedente tenha sido invocado por alguma das partes.

Se o juiz ou tribunal não se atentar às exigências dos arts. 489 e 927 do CPC, a decisão judicial estará em desacordo com as novas regras de fundamentação da decisão judicial e do sistema vinculativo de decisões judiciais, sendo passível de decretação de nulidade. Portanto, ainda que existam respeitáveis posições em sentido contrário, é inegável que essas novas disposições possuem o objetivo de trazer maior segurança jurídica e estabilidade a um sistema em crise em todas as suas dimensões e que, por tabela, pode proporcionar uma resposta mais eficiente e rápida do Poder Judiciário, em atenção ao princípio da razoável duração do processo.

[216] BUENO, Cassio Scarpinella. **Novo Código de Processo Civil anotado**. 2. ed. São Paulo: Saraiva, 2016, p. 733.

3.4.2. Um sistema constitucional?

Como vimos no capítulo anterior, o CPC teve como um de seus objetivos revolucionar a forma como os jurisdicionados e o próprio Poder Judiciário lidam com as decisões pretéritas, em especial aquelas que forem proferidas nas circunstâncias elencadas no art. 927 do CPC. Sob esse pretexto, surge uma importante questão: esse sistema vinculante de decisões pretéritas é constitucional? Isto é, teria o legislador a capacidade de, por meio de lei ordinária, prever que determinadas decisões teriam força vinculante, a ponto de seu descumprimento gerar a declaração de nulidade dessa insubordinada decisão?

Com exceção das hipóteses previstas nos incisos I e II do art. 927 do CPC, que possuem expressa previsão constitucional, nos termos do art. 103-A e art. 102, § 2º da Constituição Federal, os demais incisos não possuem amparo constitucional e têm origem somente na norma infraconstitucional. Sobre essa questão, José Rogério Cruz e Tucci[217] afirma "que a Constituição Federal [...] reserva efeito vinculante apenas e tão somente às súmulas fixadas pelo Supremo, mediante devido processo e, ainda, aos julgamentos originados de controle direto de constitucionalidade".

Essa constatação vem há tempos sendo também apontada por Nelson Nery Junior, que alerta sobre essa possibilidade afrontar a raiz e a origem do sistema *civil law*, que é justamente a tripartição de poderes:

> A vinculação obrigatória às súmulas do Superior Tribunal de Justiça e do Supremo Tribunal Federal, bem como aos precedentes criados no julgamento de casos repetitivos e no incidente de assunção de competência invade a seara legislativa, por outorgar ao Poder Judiciário o estabelecimento de normas, criando uma vinculação inconstitucional a preceitos abstratos e gerais fixados pelo Poder Judiciário, ou seja, com características de lei[218].

Prosseguem Nelson Nery Junior e Rosa Maria de Andrade Nery sobre o tema, destacando que: "O Poder Judiciário não está autorizado a "legislar" – salvo quando permitido pela Constituição Federal, como no caso

[217] TUCCI, José Rogério Cruz e. O regime do precedente judicial no novo CPC. O novo Código de Processo Civil. **Revista do Advogado AASP** n. 126, p. 454.

[218] NERY JUNIOR, Nelson; NERY, Rosa Maria Andrade. **Comentários ao Código de Processo Civil**. São Paulo: RT, 2015, p. 1.836.

das súmulas vinculantes. O rol do art. 927 do CPC/2015, então, seria manifestamente inconstitucional"[219].

A análise de Hugo Nigro Mazzilli sobre os precedentes do CPC também merece destaque:

> O CPC voluntariosamente quis mudar o sistema brasileiro. Nossa Constituição já confere ao Supremo Tribunal Federal o poder normativo nas ações declaratórias de constitucionalidade ou inconstitucionalidade, e nas súmulas vinculantes. O CPC acreditou-se no mesmo nível da Constituição, e acrescentou outras hipóteses. Afirmou que os acórdãos proferidos em incidentes de assunção de competência, em resolução de demandas repetitivas, em recursos extraordinários ou em recursos especiais repetitivos também têm força vinculante abstrata. Repicando a ousadia, afirmou que passam a valer como normas todas as súmulas do STF (não apenas as vinculantes). E mais: não só as súmulas e enunciados do STF e do Superior Tribunal de Justiça, mas também a orientação do plenário ou do órgão especial aos quais os juízes estejam vinculados. Todas essas decisões criam normas obrigatórias para os casos atuais e até para casos futuros [...] O juiz só se desobriga de seguir o precedente se demonstrar a distinção do caso ou a superação do entendimento [...] Mesmo nas poucas hipóteses em que o poder legiferante dos tribunais é admitido pela Constituição, ainda assim é anomalia em nosso sistema, pois quebra o princípio da separação de poderes e impede o funcionamento adequado do sistema de freios e contrapesos. [...] Por isso, ressalvadas as hipóteses em que o próprio poder constituinte já outorgou ao STF o excepcional poder de fazer leis materiais dotadas de generalidade e abstração, no mais nem mesmo esta Corte pode criar lei material. O CPC de 2015 já começa por dar o mau exemplo de quebra do princípio da segurança jurídica, ao concentrar os poderes de fazer a lei e julgar os conflitos decorrentes da aplicação da lei nas mãos do mesmo órgão judicial, que, de resto, ainda é o mesmo que decide sobre a constitucionalidade da mesma lei. Ora, a necessidade de prevenir o arbítrio é o fundamento último da divisão ou da separação de poderes à guarda da Constituição. Daí porque preponderantemente quem faz a lei não é quem a executa nem julga se essa lei é ou não constitucional, e vice-versa — e temos aí a base das democracias ocidentais. Ainda que se admita que haja antes uma

[219] NERY JUNIOR, Nelson; NERY, Rosa Maria Andrade. **Comentários ao Código de Processo Civil**. São Paulo: RT, 2015, p. 1.837.

combinação de poderes, a maneira pela qual a Constituição faz a combinação deve ser estritamente observada. Se abandonarmos o sistema em que o STF só pode legislar excepcionalmente – é o que diz a Constituição – e, por via da lei ordinária, se inaugurarmos um sistema em que o Judiciário poderá legislar por todos os seus órgãos colegiados em qualquer matéria quando bem o queira – é o que diz o novo CPC –, violaremos a Constituição. O sistema constitucional nega ao Poder Judiciário fazer leis fora das hipóteses constitucionais. Mas o CPC de 2015 achou que podia ir além: deu poder legiferante a todos os tribunais[220].

As críticas dos doutrinadores citados e de muitos outros são absolutamente pertinentes e precisas[221]. Não há dúvidas de que não há previsão constitucional[222] que permita a criação ou alteração normativa por meio de julgamentos fora das hipóteses das ações de inconstitucionalidade[223]

[220] Disponível em: https://www.conjur.com.br/2015-out-03/hugo-mazzilli-poder-tribunais-legislarem-viola-constituicao#author. Acesso em: 04 set. 2020.

[221] Na visão de Lenio Luiz Streck: "[...] o inciso III do artigo 927 é inconstitucional, devendo, em controle difuso ou concentrado, ser expungido do ordenamento; somente podem ser vinculantes as súmulas vinculantes editadas segundo a EC 45, com quorum de oito ministros e obedecidos os requisitos legais para a emissão do provimento; portanto, é inconstitucional o inciso IV do artigo 927; O inciso V do artigo 927, que diz ser vinculante a orientação do plenário ou do órgão especial aos quais estiverem vinculados, deve sofrer uma *verfassugnskonforme Auslegung* (interpretação conforme a Constituição), ou seja, somente é constitucional se a orientação do plenário ou órgão especial não se confrontar com orientação tomada pelo Supremo Tribunal Federal". STRECK, Lenio Luiz. A febre dos enunciados e a constitucionalidade do ofurô! Onde está o furo? **Conjur**, em 10/09/2015. Disponível em: https://www.conjur.com.br/2015-set-10/senso-incomumfebre-enunciados-ncpc-inconstitucionalidade-ofuro#sdfootnote3sym. Acesso em: 13 set. 2020.

[222] Fernando Fonseca Gajardoni assevera: "Não que não haja na Lei 13.105/2015 espaço interpretativo para negar aplicabilidade de uma série de seus dispositivos. De fato, é bastante duvidosa a constitucionalidade de disposição infraconstitucional que torne vinculantes precedentes dos Tribunais Superiores e dos Tribunais de 2º grau, sem que haja comando expresso na Carta Constitucional (cf. Art. 927 do NCPC)". GAJARDONI, Fernando da Fonseca. **O novo CPC não é o que queremos que ele seja**. Disponível em: https://www.jota.info/paywall?redirect_to=//www.jota.info/stf/do-supremo/o-novo-cpc-nao-e-o-que-queremos-que-ele-seja-20072015. Acesso em: 13 set. 2020.

[223] Segundo Pedro Lenza: "Em nosso entender, essas regras de vinculação não poderiam ter sido introduzidas por legislação infraconstitucional, mas, necessariamente, por emenda constitucional a prever outras hipóteses de decisões com efeito vinculante, além daquelas

ou que imponha vinculação das instâncias inferiores fora das hipóteses constitucionais.

A realidade já vem nos mostrando o acerto dessa crítica e, prova disso, foi o julgamento dos Recursos Especiais 1.696.396 e 1.704.520, nos quais o STJ, sem qualquer discussão acerca de constitucionalidade ou ilegalidade do art. 1.015 do CPC, decidiu por desconsiderar a vontade do legislador, seja ela acertada ou não, e passou a admitir a interposição de agravo de instrumento em situações de probabilidade do direito e risco de dano grave ou de difícil reparação, ignorando por completo a intenção do legislador de criar um rol fechado de situações em que seria possível interpor o referido recurso. Em outras palavras, tivemos uma recente e relevante experiência em que o Poder Judiciário "legislou" e usou dessa força para vincular as instâncias inferiores.

Para Cassio Scarpinella Bueno, esse tipo de situação talvez se torne recorrente, ainda que se desconsidere o caráter vinculante das decisões que não possuem amparo constitucional:

> Saber se o CPC de 2015 pode querer que os efeitos das decisões paradigmáticas devam ser acatados pelos órgãos jurisdicionais em geral, criando-se, com isto, verdadeira hierarquia no Judiciário Federal e Estadual, é questão que não pode ser mais evitada. Sim, porque sou daqueles que entendem que a decisão jurisdicional com caráter vinculante no sistema brasileiro depende de prévia autorização constitucional – tal qual a feita pela EC n. 45/2004 – e, portanto, está fora da esfera de disponibilidade do legislador infraconstitucional. Ademais, não parece haver nenhuma obviedade ou imanência em negar genericamente o caráter vinculante às decisões jurisdicionais, mesmo àquelas emitidas pelos Tribunais Superiores. Isso porque a tradição do direito brasileiro não é de *common law*. É analisar criticamente, dentre tantos outros fatores, o real alcance das mais que cinquentenárias Súmulas (não vinculantes) do STF e sua cotidiana aplicação totalmente alheia a uma ou qualquer teoria sobre precedentes, sejam os do *common law* ou não, para chegar a essa conclusão. Não é diversa a experiência, embora mais recente,

já previstas na Constituição". LENZA, Pedro. Reclamação constitucional: inconstitucionalidades no Novo CPC/2015. **Conjur**, em 13/03/2015. Disponível em: http://www.conjur.com.br/2015-mar-13/pedro-lenza-inconstitucionalidades-reclamacao-cpc. Acesso em: 13 set. 2020.

> das próprias Súmulas vinculantes daquele tribunal e, desde sua instalação, em 1989, das Súmulas do STJ. [...] não vejo como deixar de analisar o potencial desses dois dispositivos e dos demais que com eles se relacionam. Até porque, mesmo que descarte, como descarto, o seu efeito vinculante fora dos casos previstos na CF, isto é, para além das decisões proferidas pelo STF no controle concentrado de constitucionalidade (art. 102, § 2º, da CF) e de suas súmulas vinculantes (art. 103-A da CF), não vejo razão para desconsiderar a sua força persuasiva e a necessidade de ser estabelecida verdadeira política pública para implementar maior racionalização nas decisões e na observância das decisões dos Tribunais brasileiros. [...] Não obstante, aquele elemento, de vinculação, parece ser insinuado com o uso de afirmativos imperativos toda vez que a temática da "jurisprudência" vem à tona. Prevê-se, até mesmo – e de forma contundente –, o uso da reclamação para afirmar e reafirmar a "observância" do que for decidido no incidente de resolução de demandas repetitivas e no incidente de assunção de competência (art. 988, IV, na redação da Lei n. 13.256/2016). É o que basta para confirmar o acerto do que escrevi até agora. Independentemente da necessária discussão sobre haver ou não haver (legítimo) efeito vinculante a todas as decisões referidas nos incisos do art. 927, cabe à doutrina interpretar e sistematizar a disciplina daquelas decisões no próprio CPC de 2015 e, desculpe-me a insistência, prezado leitor, sempre levando em conta o que o modelo constitucional tem a dizer a seu respeito[224].

O caminho traçado por Cassio Scarpinella Bueno, sem qualquer prejuízo à interpretação dos demais doutrinadores, pode nos levar para uma visão de legalidade dos precedentes, admitindo que uma determinada vinculação e obrigatoriedade das decisões judiciais pretéritas pode ser vista com bons olhos à luz dos princípios da segurança jurídica e isonomia, ainda que nem todos os precedentes tenham caráter obrigatório.

Além disso, ao admitirmos que os tribunais não estariam legislando, mas apenas conferindo uma interpretação uniforme e estável, não estaríamos, em tese, em conflito com a CF, conforme apontado por Hermes Zaneti Junior[225]: "Não se deve confundir a atividade de dar um sentido

[224] BUENO, Cassio Scarpinella. **Manual de direito processual civil**: volume único. 4. ed. São Paulo: Saraiva Educação, 2018, p. 693-695.

[225] ZANETI JUNIOR, Hermes. **Comentários ao Novo Código de Processo Civil**. Rio de Janeiro: Forense, 2015, p. 1.312.

unívoco à norma que foi criada pela via legislativa, com a tarefa de criação da norma".

Essa posição também é defendida por Humberto Theodoro Júnior:

> A função jurisdicional ultrapassa, modernamente, o objetivo clássico de aplicar a lei na solução do conflito jurídico, para compreender também a tarefa de definir paradigmas de interpretação e aplicação do direito positivo, atuando assim, como fonte complementar de direito, capaz, no acesso à justiça, de proporcionar efetividade aos princípios da isonomia, da segurança jurídica e de celeridade na prestação jurisdicional[226].

A realidade é que, ainda que esse tema mereça todo debate doutrinário, nos parece improvável uma declaração pelo STF de que essas normas seriam inconstitucionais, especialmente quando a sua observância estrita pelos tribunais inferiores puder implicar na redução de novas ações decorrentes da maior previsibilidade das decisões judiciais e na redução de recursos especiais e extraordinários submetidos aos tribunais superiores.

De todo modo, entendemos que qualquer interpretação que caminhe para a declaração de que todas as decisões judiciais previstas no art. 927 do CPC são vinculantes está em absoluto descompasso com a CF[227]. Por outro

[226] THEODORO JÚNIOR, Humberto. **A arbitragem como meio de solução de controvérsias**. Disponível em: http://www.mpsp.mp.br/portal/page/portal/documentacao_e_divulgacao/doc_biblioteca/bibli_servicos_produtos/bibli_boletim/bibli_bol_2006/RDC_02_05.pdf. Acesso em: 05 jul. 2020, p. 148.

[227] Em sentido contrário: "Autorizadas vozes apresentam críticas severas à adoção de um sistema de precedentes vinculantes. As principais são duas: (a) lesão ao princípio da separação dos Poderes, porque o Judiciário se arvoraria em atividade típica do Legislativo e (b) lesão ao princípio da persuasão racional, passando o juiz a ser mero repetidor das decisões dos Tribunais. Com o devido respeito de que são merecedoras as opiniões em contrário, ousamos discordar dessas objeções. O importante princípio da separação dos Poderes, veiculado pelo art. 2º da Constituição, constitui cláusula pétrea, nos termos do inciso III do § 4º do art. 60 da Lei Maior. Por eles, os Poderes Legislativo, Executivo e Judiciário devem conviver de forma independente e harmônica. A divisão implica que cada um deles detenha uma função típica: legislar, administrar e julgar, respectivamente. Entretanto, não significa, por óbvio, que eles não possam exercer funções atípicas". FILIPPO, Thiago Baldani Gomes de. A necessidade de um sistema brasileiro de precedentes vinculantes: um estudo comparado entre Brasil e Estados Unidos. **Revista Síntese de Direito Civil e Processual Civil**, São Paulo, v. 12, n. 75, p. 210-240, jan.-fev. 2012.

lado, não nos parece razoável concluir que todo o sistema de precedentes do CPC seja inconstitucional, desde que se admita uma variação entre a capacidade de vinculação de cada uma das hipóteses do art. 927 do CPC, sendo vinculantes aquelas com amparo constitucional e persuasivas as decisões sem amparo constitucional.

Por isso, para o enfoque pretendido, trabalharemos com o cenário de constitucionalidade do regime de precedentes, o que demanda ainda uma análise complementar sobre os precedentes judiciais, o que nos leva à próxima discussão, qual seja, se os precedentes judiciais do CPC devem ser analisados como fonte normativa primária ou complementar.

3.4.3. Fonte primária ou secundária de lei?

Como vimos, ainda que exista uma discussão pertinente sobre a constitucionalidade do regime de precedentes do CPC, devemos partir do pressuposto de que o regime de precedentes é constitucional, especialmente se compreendido na sua origem e destinação, para em seguida avaliarmos se os precedentes devem ser entendidos como fonte primária ou complementar normativa.

Em sistemas jurídicos que adotam o *civil law*, as leis são fontes primárias do direito, eis que provenientes e produzidas pelo poder competente, no caso do Brasil, o Poder Legislativo, e com respaldo constitucional para tanto.

Os precedentes brasileiros devem ser interpretados, como regra geral, não como fonte primária normativa, ao menos não enquanto criadores de normas, posto que esses precedentes nada criam, mas apenas orientam ou ajustam a interpretação a ser dada para uma norma já existente e colocada em vigor pelo Poder Legislativo. Ou seja, trata-se de fonte complementar e de esclarecimento acerca da correta interpretação da norma. A exceção a essa interpretação se dá por conta do art. 927, I, do CPC, que trata de decisões do STF em sede de decisões de controle concentrado de constitucionalidade que, a depender do resultado do julgamento, podem implicar na releitura de um determinado artigo de lei.

Eduardo José da Fonseca Costa[228] entende que o art. 927 do CPC faz referência a precedentes obrigatórios de distintas naturezas. Dois deles

[228] COSTA, Eduardo José da Fonseca. **Código de Processo Civil comentado** (coord.) Helder Maroni Câmara. São Paulo: Almedina, 2016, p. 1126.

são fontes primárias de direito (CPC/2015, art. 927, I e II) porque a sua qualidade vinculativa apresenta origem constitucional, enquanto os demais traduzem-se em fontes de segundo grau (CPC/2015, art. 927, III, IV e V), pois a força obrigatória que os caracteriza tem origem no CPC. Aqui vale ressalva, com a devida vênia, de que as primeiras vinculam a todos indistintamente, Judiciário, administração pública e cidadãos; enquanto as súmulas vinculantes possuem potencial vinculativo capaz de obrigar apenas e tão-somente juízes e tribunais.

Essa posição não é pacífica na doutrina. Para Daniel Mitidiero, o precedente "uma vez formado, integra a ordem jurídica como fonte primária do direito e deve ser levado em consideração no momento de identificação da norma aplicável a determinado caso concreto".

E complementa:

> A vinculação ao precedente resulta, pois, da consideração do ordenamento jurídico como um todo e, especialmente, do valor que deve ser dado à liberdade, à igualdade e à segurança jurídica. Isso quer dizer que a vinculação ao precedente não existe apenas nos casos em que determinada regra de direito positivo reconhece eficácia normativa geral às razões que se encontram à base de certas decisões judiciais – como ocorre com o art. 927 do CPC. O precedente, uma vez formado, integra a ordem jurídica como fonte primária do Direito e deve ser levado em consideração no momento de identificação da norma aplicável a determinado caso concreto. Vale dizer: integra o âmbito protegido pela segurança jurídica objetivamente considerada, como elemento indissociável da cognoscibilidade[229].

No mesmo sentido, Hermes Zaneti Junior:

> o CPC/2015 rompeu definitivamente com a tradição brasileira do direito jurisprudencial e da jurisprudência persuasiva, elencando no art. 927 e incisos os casos em que os precedentes no Brasil obrigam, portanto, são normativos e vinculantes, e não meros exemplos de boas decisões. Daí falarmos, nestes casos, de precedentes normativos formalmente vinculantes, uma vez que são normas primárias, estabelecidas como tal pela legislação processual

[229] MITIDIERO, Daniel. **Precedentes.** Da persuasão à vinculação. 3. ed. São Paulo: RT, 2016, p. 99.

formal, que determina a sua vinculação independentemente de suas boas razões[230].

O autor ainda sustenta que: "o Direito brasileiro adotou, com a edição do novo Código de Processo Civil, um modelo normativo de precedentes formalmente vinculantes que passarão a constituir fonte primária no nosso ordenamento jurídico"[231].

Entretanto, como antecipamos, há quem descarte a definição dos precedentes obrigatórios como fonte primária normativa[232]. Sob essa tese, entende-se que embora seja possível notar uma aproximação entre os sistemas *civil law* e *common law*, permanecem sendo modelos muito distintos. Nessa linha, o papel dos precedentes no *common law* não deriva de uma simples atribuição de especial eficácia a eles, mas é fruto de tradição. Contudo, o *civil law*, embora caracterizado pela primazia da lei positivada, não restringiria as decisões judiciais à simples declaração ou descobrimento do sentido da lei. Dessa forma, o CPC não teria inaugurado um novo modelo de fontes do direito. As regras que atribuem força vinculante a determinados precedentes não alterariam as balizas do direito material, mas são mecanismos eminentemente processuais.

230 ZANETI JUNIOR, Hermes. Precedentes normativos formalmente vinculantes. *In*: DIDIER JÚNIOR, Fredie *et al.* (coord.). **Precedentes**. Salvador: Juspodivm, 2015, p. 420-421.

231 ZANETI JÚNIOR, Hermes. *In*: CABRAL, Antonio do Passo; CRAMER, Ronaldo (coord.). **Comentários ao novo Código de Processo Civil**. Rio de Janeiro: Forense, 2015, p. 1.305.

232 Segundo Leonardo Greco: "a jurisprudência e os precedentes não são fontes principais de direito, no sentido de geradores de normas e, portanto, de direitos que antes deles não existiam. São fontes complementares, métodos de revelação de direito preexistente decorrente de outra fonte formal. [...] Não vou discutir aqui se a jurisprudência ou os precedentes passaram a ter no Brasil com o novo CPC força vinculante. Acho que não, porque essa força vinculante tem óbices constitucionais, de modo que somente é admissível nos casos expressos na própria Constituição. Mas me parece que isso é irrelevante para análise da sua aplicação à arbitragem. No nosso sistema jurídico, a fonte formal de direito é a lei ou são os costumes ou são os princípios gerais de direito. Muitos dos princípios gerais de direito estão positivados ou se inferem do conjunto de normas legais e costumeiras, o que também se dá com a analogia. A jurisprudência e os precedentes são meios de revelação da norma contida na lei, nos costumes ou nos princípios gerais de direito, no momento da sua aplicação ou da sua interpretação em face do caso concreto. GRECO, Leonardo. Controle jurisdicional da arbitragem. *In*: LEE, João Bosco; LEVY, Daniel de Andrade (ed.). **Revista Brasileira de Arbitragem**. Comitê Brasileiro de Arbitragem CBAr & IOB; Kluwer Law International, v. XV Issue 57, 2018, p. 7-22.

Francesco Carnelutti defende a importância de haver uma fonte normativa suprema, que guiará a sociedade:

> É manifesta a necessidade de que, das três ordens de fontes jurídicas, uma só tenha a posição de supremacia. Essa é a legislação. Dir-se-à que ao legislador cabe a direção suprema do formidável estabelecimento industrial constituído para a produção do direito. Todos os outros produtores, juízes e partes estão sob as suas ordens. Tal supremacia traduz-se, primeiro que tudo, em que só fonte legislativa produz direitos sem limites. As outras, pelo contrário, são fontes limitadas, e os seus limites são lhes estabelecidos pela lei. Também a jurisdição está sujeita a legislação, no sentido de que mediante o processo jurisdicional não se produz direito, dispositiva ou declarativamente, se não nos limites consentidos pela lei. Esta sujeição da fonte judiciária confere a sua soberania um valor diferente e inferior ao que pertence à fonte legislativa. Esta é soberana não só porque produz direitos superpartes, mas também porque produz ilimitadamente, enquanto a soberania da jurisdição se deve entender apenas no primeiro desses sentidos[233].

Leonardo Greco, ao analisar o cenário nacional, destaca que as decisões judiciais, em especial a jurisprudência, são complementares à fonte primária, que é justamente a lei:

> Quando um tribunal, nos vazios ou nas obscuridades da lei, ou diante das suas flagrantes imperfeições, em um ímpeto de decisionismo e de fazer justiça a qualquer preço, abandona a lei e os seus conhecidos critérios hermenêuticos, para criar a sua própria norma, ele se afasta integralmente do princípio da legalidade, que é um dos postulados fundantes do Estado de Direito, que lhe dão legitimidade. Se a jurisprudência é pacífica, constante, ela adere à norma da lei ou do costume para representar o próprio significado dessa norma e a sua inobservância constituirá ofensa à própria norma, enquanto não for revista. Se não dotada dessa estabilidade, contribui para a definição do conteúdo da norma, confrontado com a sua incidência em situações concretas específicas, propiciando, assim, a sua melhor compreensão e o seu aperfeiçoamento.

[233] CARNELUTTI, Francesco. **Teoria geral do direito**. Milão: Lejus, 1999, p. 173-174.

> Na vinculação da sua origem aos casos concretos, ela testa as consequências da norma abstrata sobre a realidade da vida, propiciando os ajustes necessários que esta realidade impõe[234].

Por isso, e sempre com o devido respeito às posições contrárias, admitir qualquer interpretação em sentido contrário é flertar com a inconstitucionalidade do sistema de precedentes, posto que a CF não autoriza a criação de decisões vinculantes que não sejam aquelas já previstas na CF, tal como vimos e conforme impõe o art. 5º, II, da CF ("ninguém será obrigado a fazer ou deixar de fazer alguma coisa senão em virtude de lei").

Contudo, uma vez analisados sob o prisma de fonte complementar da lei, então os precedentes previstos no CPC são meramente persuasivos, salvo aqueles com amparo constitucional, e por essa mesma razão constitucionais. Por isso mesmo, podemos admitir que os precedentes servem para dar materialidade às leis, contribuindo de forma generosa para o desenvolvimento do direito e garantindo a interpretação e a aplicação uniforme da lei, em atenção aos princípios da segurança jurídica e da isonomia[235].

Essa interpretação é defendida por Frederick Schauer: "If the standard for materiality comes from outside the precedent case – a statute, for example, then the structure is doing the work and we do not have an example of precedential constraint at all"[236].

Portanto, se o nascimento do precedente tem como origem e base uma norma escrita, então o precedente em questão não está criando uma nova norma, mas conferindo uma interpretação mais adequada, dentro daquele contexto jurídico, político, social e econômico. Prova disso é que

[234] GRECO, Leonardo. Controle jurisdicional da arbitragem. *In*: LEE, João Bosco; LEVY, Daniel de Andrade (ed.). **Revista Brasileira de Arbitragem**. Comitê Brasileiro de Arbitragem CBAr & IOB. Kluwer Law International 2018, v. XV, Issue 57, p. 9.

[235] PUGLIESE, William. **Precedentes e a *civil law* brasileira**. Interpretação e aplicação do novo Código de Processo Civil. São Paulo: RT, 2016, p. 87.

[236] SCHAUER, Frederick. **Thinking like a lawyer**. Harvard University Press; Cambridge, Massachusetts, London, England, 2009, p. 52. Tradução livre: Se o padrão de materialidade vem de fora do caso precedente – um código, por exemplo –, então a estrutura está fazendo o trabalho e não temos nenhum exemplo de restrição precedente.

a Súmula n. 343 do STF[237] já previa o descabimento da ação rescisória em face da variação da jurisprudência, confirmando a complementaridade da jurisprudência como fonte de direito, em um sistema de *civil law* como o brasileiro[238].

Como apontam Lenio Luiz Streck e Georges Abboud:

> [...] a forte influência da história na consolidação do *common law*, aliada à filosofia embasada no método de análise e síntese que exigia um exame casuístico para se alcançar as soluções legais, bem como a inexistência de um direito dogmatizado e científico ministrado em suas universidades, fez com que o *common law* se estruturasse com base na prática cotidiana do direito, e não a partir de doutrina ou da ciência do direito como ocorreu com o *civil law*. Ou seja, o *common law*, ao contrário do *civil law*, não se originou cientificamente (do ponto de vista professoral), mas, sim, judicialmente, como prática judiciária[239].

Justamente por isso, pela possibilidade de se criar uma norma pela prática jurídica por meio do destaque que se atribuirá no futuro a uma determinada decisão é que o *common law* admite o precedente como fonte primária normativa, ao passo que nos sistemas puros de *civil law*, isto é, que possuem expressa previsão de que a norma é criada apenas por meio da lei escrita, os precedentes judiciais não podem ser interpretados como algo além de uma fonte secundária ou complementar.

[237] Não cabe ação rescisória por ofensa à literal dispositivo de lei, quando a decisão rescindenda se tiver baseado em texto legal de interpretação controvertida nos tribunais.

[238] Segundo Leonardo Greco: "Por outro lado, entendo que essa questão não é diversa da relativa à da obrigatoriedade da observância da própria lei formal pelos tribunais arbitrais. Se a jurisprudência e os precedentes integram formalmente o ordenamento jurídico, o seu desrespeito viola o ordenamento jurídico. Se não integram, o seu desrespeito viola a fonte formal que aplicam ou interpretam e a que estão vinculados. A Súmula n. 343 do STF, quando se refere ao descabimento da ação rescisória em face da variação da jurisprudência, é um retrato dessa sua complementaridade como fonte de direito, em um sistema de direito escrito como o nosso. GRECO, Leonardo. Controle jurisdicional da arbitragem. *In*: LEE, João Bosco; LEVY, Daniel de Andrade (ed.). **Revista Brasileira de Arbitragem**. Comitê Brasileiro de Arbitragem CBAr & IOB. Kluwer Law International, v. XV Issue 57, 2018, p. 7-22.

[239] STRECK, Lenio Luiz; ABBOUD, Georges. **O que é isto** – o precedente judicial e as súmulas vinculantes? Porto Alegre: Livraria do Advogado, 2013, p. 42.

No caso brasileiro, mais especificamente, a CF delimita em casos taxativos quais serão as decisões que terão o condão de se equivalerem à fonte normativa primária e, nesse rol, não estão todas as hipóteses previstas no art. 927 do CPC. Logo, com exceção das hipóteses com respaldo constitucional, com a ressalva de que as súmulas vinculantes são de observância obrigatória apenas pelo Poder Judiciário e administração pública, as demais hipóteses não podem ser admitidas como fonte primária da lei[240].

Nesse ponto é pertinente a conclusão de Rodolfo de Camargo Mancuso, para quem a jurisprudência sequer consta formalmente como uma fonte complementar da norma:

> O Direito brasileiro, filiado à família romano-germânica dos direitos codicísticos (*civil law*), tem a lei como paradigma das condutas comissivas e omissivas (CF vigente, art. 5º e II, replicando, no essencial, dispositivos das Cartas anteriores), donde terem sido escarças, durante muito tempo, as referências à jurisprudência enquanto forma de expressão ou mesmo fonte do Direito. Um instigante dado, um tanto negligenciado, mas nem por isso menos importante, reside nisso que, dentre os meios de integração, credenciados para colmatar as lacunas da lei – costumes, analogia, equidade, princípios gerais, regras da experiência comum – não veio prevista a jurisprudência, assim na Lei de Introdução ao Código Civil (Dec.-lei 4.657 de 1942, art. 4º), como em sua versão atual, redenominada Lei de Introdução às normas do

[240] Além disso, não nos parece razoável que, enquanto a norma escrita e promulgada pelo Poder Legislador seja passível de interpretação extensiva pelos aplicadores de direito, os precedentes judiciais devem ser aplicados indistintamente e sem maiores reflexões, salvo caso de *distinguinshing* ou *overruling*, casos em que o precedente já não seria de fato aplicável. Nessa toada, teríamos um cenário em que os juízes e tribunais seriam, em alguma medida, meros repetidores das decisões proferidas pelos tribunais superiores, situação essa que mereceu a crítica de Alexandre Bahia: "Hoje, em pleno século XXI, no âmbito teórico, querem instituir não mais um juiz 'boca da lei', mas um juiz boca da jurisprudência, na medida em que deveria obedecer teologicamente aos conteúdos de decisões ou súmulas dos tribunais superiores. Em plano técnico, a instituição de mecanismo de vinculação decisória (súmula e decisões vinculantes) tende à centralização da jurisdição nos tribunais superiores, mediante a imposição vertical de dado entendimento judicial, de sorte que 'nenhum outro juízo poderá mais ser rebelde". BAHIA, Alexandre *apud* PINHEIRO, Guilherme César. **A vinculação decisória no Estado Democrático de Direito**. Rio de Janeiro: Lumen Juris, 2016, p. 53.

Direito Brasileiro (Lei 12.376/2010, art. 4.º); análoga omissão se nota no novo CPC: art. 140 e parágrafo único[241].

Não se discute que não podemos ficar engessados na interpretação da separação dos poderes e que a doutrina mais recente caminha para uma flexibilização das fontes primárias normativas[242]. Mas, ao mesmo tempo, não há como realizar essa equiparação sem o necessário amparo constitucional, de modo que, a despeito da valorização dos precedentes, talvez alçado em posição de grande destaque com relação às demais fontes complementares[243], a lei, enquanto fonte primária normativa, deverá sempre se sobrepor aos precedentes judiciais, especialmente em caso de conflito entre eles, a despeito de respeitáveis posições em sentido contrário[244].

E se prosseguirmos na interpretação da intenção do legislador na criação de um sistema de precedentes, veremos que sua intenção nunca foi de autorizar o Poder Judiciário a criar hipóteses normativas ou de impedir qualquer exercício interpretativo pelos juízes, mas apenas de conferir estabilidade e coesão às decisões do Poder Judiciário e reduzir a insegurança jurídica.

Conforme observado por Eduardo Talamini,

> o CPC/15 não inaugura um novo modelo de fontes do direito. [...] O Código, portanto, não é causador de nenhuma alteração de paradigmas. Antes, ele

[241] MANCUSO, Rodolfo de. **Sistema brasileiro de precedentes – natureza – eficácia – operacionalidade**. São Paulo: RT, 2016.

[242] ROSSI, Júlio César. **Precedente à brasileira**: a jurisprudência vinculante no CPC e o Novo CPC. São Paulo: Atlas, 2015. Disponível em: https://www.migalhas.com.br/depeso/236392/o-que-sao-os-precedentes-vinculantes-no-cpc-15. Acesso em: 02 set. 2020, p. 42.

[243] Miguel Reale defende que a jurisprudência deve ser aceita como fonte de direito: "Se uma regra é, no fundo, a sua interpretação, isto é, aquilo que se diz ser o seu significado, não há como negar à jurisprudência a categoria de fonte do direito, visto como ao juiz é dado armar de obrigatoriedade aquilo que se declara ser de direito no caso concreto". REALE, Miguel. **Lições preliminares de direito**. 27. ed. São Paulo: Saraiva, 2002, p. 160.

[244] Na visão de José Rogério Cruz e Tucci: Na realidade jurídica, os precedentes gozam, para os juízes do sistema de tradição romanística, da mesma importância que ostentam os juízes da *common law*. É, pois, nessa seara que se insere a questão da eficácia do precedente judicial no quadro das fontes de expressão do direito no âmbito dos ordenamentos de países que adotam a legislação escrita e codificada". TUCCI, José Rogério Cruz e. **Precedente judicial como fonte de direito**. São Paulo: RT, 2004, p. 25.

> é o reflexo de paradigmas que foram gradativamente se alterando nos últimos cinquenta ou sessenta anos. As regras que atribuem força vinculante a determinados precedentes não alteram as balizas do direito material. São mecanismos eminentemente processuais – ainda que engendrados tendo-se em vista as necessidades e peculiaridades do atual sistema jurídico[245].

Nesse sentido, a exposição de motivos do CPC[246] nos mostra que a intenção do legislador era de combater a "dispersão excessiva da jurisprudência (que) produz intranquilidade social e descrédito do Poder Judiciário" e não de tornar concorrente a competência para legislar entre o Poder Judiciário e o Poder Legislativo.

Por isso que o sistema de precedentes, aliado a medidas voltadas à pacificação social, como incidentes de resolução de demandas repetitivas, deve ser visto apenas como um mecanismo processual que pode combater os problemas de gestão dos processos judiciais sem comprometer a qualidade da prestação jurisdicional, o que levaria "à diminuição do número de recursos que devem ser apreciados pelos Tribunais de segundo grau e superiores é resultado inexorável da jurisprudência mais uniforme e estável"[247].

Por isso, entendemos que os precedentes, em regra, devem ser entendidos como fonte complementar de direito, salvo aqueles que possuam amparo constitucional para figurar enquanto fonte primária. Logo, mesmo com as alterações normativas e transformação da sociedade, o *civil law* brasileiro ainda possui suas raízes no sistema romano-germânico, a despeito dos esforços de aproximação com o sistema *common law*. Não se

245 Disponível em: https://www.migalhas.com.br/depeso/236392/o-que-sao-os-precedentes-vinculantes-no-cpc-15. Acesso em: 04 set. 2020.

246 Disponível em: https://www2.senado.leg.br/bdsf/bitstream/handle/id/512422/001041135.pdf. Acesso em: 04 set. 2020.

247 Essa visão também é compartilhada por Ruy Rosado de Aguiar: "Nesse ponto, devo lembrar que o sistema de precedentes obrigatórios foi instituído no Brasil com diferentes propósitos: uniformizar a jurisprudência, dar segurança jurídica, possibilitar maior celeridade nos julgamentos. O sistema recebeu assento constitucional, quanto às súmulas e ao controle da constitucionalidade pelo STF, e está regulado na lei para os demais casos. Tem sido amplamente aplicado pelos tribunais superiores e já é significativo o número de julgamentos em processos repetitivos". AGUIAR, Ruy Rosado de. **Arbitragem, os precedentes e a ordem pública**. Texto básico de palestra realizada na I Conferência Nacional de Arbitragem, promovida pela OAB Federal, em São Paulo, em 9.11.2018.

revela possível no presente momento defender que os precedentes judiciais podem ser genericamente admitidos como fonte primária normativa, devendo ser enquadrados como fonte secundária, ao lado da doutrina, dos costumes, dos princípios gerais de direito e da jurisprudência, ainda que com maior relevo dentre eles.

4.
A APLICABILIDADE DOS PRECEDENTES NA ARBITRAGEM

4.1. Arbitragem: sistema integrado ou independente?

Analisamos os precedentes no *common law* e no *civil law*, além do sistema de precedentes trazido pelo CPC, oportunidade em que ainda investigamos sua constitucionalidade e se os precedentes poderiam ser enquadrados como fonte primária ou complementar de lei. Nesse próximo capítulo, avaliaremos em que circunstâncias um precedente judicial, tal como elencado pelo art. 927 do CPC pode influenciar a arbitragem e, no caso de inobservância, em quais hipóteses o precedente judicial pode levar à desconstituição de uma sentença arbitral pelo Poder Judiciário.

Entender o papel e a posição da arbitragem em nosso sistema processual se mostra fundamental para alcançarmos as conclusões desse trabalho acerca da vinculação ou não dos precedentes judiciais na arbitragem. Afinal, é importante termos bastante claro onde se posiciona o sistema arbitral frente ao nosso sistema de justiça, que possui diversos subsistemas, como o processo civil, administrativo, fiscal e penal, e de que forma eles se relacionam.

Para Eduardo Parente, o nosso sistema processual possui uma abertura cognitiva, fazendo com que o sistema de justiça opere e se concretize com o auxílio de outros sistemas:

> Em verdade, o sistema processual, no tocante à função, vai além. Além de trocar mútuas influências com os vários ramos do direito material, também o

faz com a sociedade, em movimento que ficou conhecido como escopo social do processo, pacificando com justiça e com caráter educativo[248].

Isso significa dizer que dentro do sistema de justiça brasileiro temos diversos outros subsistemas, que se comunicam e se complementam, sem necessariamente perderem as suas individualidades e características, tais como o processo civil e o processo administrativo, sem qualquer subordinação entre eles, mas que seguem orientações constitucionais, aplicáveis a cada um desses subsistemas. Podemos dizer que além desses subsistemas, temos o sistema arbitral, que assim como os demais subsistemas, também deve se atentar a determinados princípios constitucionais, como o do contraditório e o da imparcialidade do julgador, e que também possui como finalidade a resolução de conflitos[249]. Contudo, ainda que o processo civil e o procedimento arbitral estejam sob um mesmo sistema de justiça, não significa dizer que existe uma submissão entre eles e, ao mesmo tempo, que tais sistemas sejam incomunicáveis.

Em primeiro lugar, já vimos que o sistema arbitral possui todos os elementos necessários para ser considerado um sistema independente, eis que possui as condições fundamentais para se iniciar, se desenvolver e se encerrar. As partes interessadas em resolver o seu conflito pela via arbitral poderão estipular todas as condições necessárias para o seu início, meio e fim, desde que respeitados os princípios constitucionais aplicáveis e que não ofendam a ordem pública[250], o que nos mostra ser um sistema

[248] PARENTE, Eduardo de Albuquerque. **Processo arbitral e sistema**. São Paulo: Atlas, 2012, p. 38.

[249] Sobre o procedimento arbitral, Eduardo de Albuquerque Parente adiciona: "ao mesmo tempo em que é diferente no modo de ser e de se comportar inclusive para a sociedade como forma de resolução de conflitos, a arbitragem e o processo judicial apresentam a mesma raiz que, de maneira geral, preza por um procedimento hígido, com respeito às garantias constitucionais de ampla defesa e contraditório. Diferentes no modo de ser, ambos legitimam-se mediante sua aplicação (pelo procedimento) com amparo em princípios constitucionais que lhes pautam e que basicamente trazem uma ideia de devido processo. Esta é, portanto, *grosso modo*, a relação entre a arbitragem, a teoria geral do processo e o devido processo legal". PARENTE, Eduardo de Albuquerque. **Processo arbitral e sistema**. São Paulo: Atlas, 2012, p. 38.

[250] Conforme aponta Francisco José Cahali: Ainda, pode-se apontar a flexibilidade do procedimento na arbitragem como um dos pontos positivos deste método. O procedimento arbitral, realmente, é pragmático. Com efeito, pela sua abrangência a toda e qualquer situação, as regras estabelecidas no Código de Processo Civil, e procedimentos cartorários no Judiciário, geram

completo, capaz de atender à sua finalidade máxima, que é a resolução de conflitos. Essa é e sempre foi a intenção do legislador, que expressamente previu que não caberá a revisão do mérito da sentença arbitral pelo Poder Judiciário ou a homologação da sentença arbitral pelo Poder Judiciário. A influência sobre o mérito da sentença arbitral terá lugar apenas nas pontuais exceções previstas no art. 32 da Lei de Arbitragem ou quando a sentença arbitral ofender a ordem pública, conforme veremos mais adiante.

Todavia, ainda que a arbitragem seja um sistema completo em si, existe uma interação com os demais sistemas, em especial o sistema processual civil, como se vê com as tutelas de urgência, com a carta arbitral e a execução de sentença arbitral e, ainda, com a adoção de critérios que possam inspirar o sistema arbitral, como as regras de impedimento e a suspeição dos árbitros.

Portanto, vemos que a arbitragem é um subsistema independente, mas apto a interagir com os outros subsistemas que integram o nosso sistema de justiça, de modo a permitir a sua mais completa execução. A arbitragem não pode ser vista como inferior ou subordinada ao processo estatal[251], mas deve ser entendida como um meio de resolução de conflitos equiparável à jurisdição estatal. Não há qualquer hierarquia entre os sistemas[252].

a necessidade da prática de uma série de atos, protocolos, providências, cumprindo inúmeras formalidades, até para a segurança do jurisdicionado. Já na arbitragem, o foco maior é a solução da matéria de fundo, e, assim, há maior informalidade nas providências para se alcançar o objetivo: solucionar a controvérsia. CAHALI, Francisco José. **Curso de arbitragem**: mediação, conciliação, resolução CNJ 125/2010. 6. ed. São Paulo: RT, 2017, p. 121.

[251] "Pois, se vinculação advém da existência de tribunais de sobreposição e de uma verdadeira hierarquia – institutos e conceitos somente existentes e aplicáveis na esferas judicial –, não há dúvidas de que o sistema arbitral não está sujeito a essa vinculação, pelo menos da forma que o Supremo Tribunal Federal vincula os órgãos judiciais e administrativos". MARQUES, Ricardo Dalmasso. Inexistência de vinculação às decisões e Súmulas Judiciais Vinculantes do Supremo Tribunal Federal. **Revista Brasileira de Arbitragem**, Porto Alegre, v. 10, n. 38, abr.-jun., 2013, p.130.

[252] "The statement that Codes of Civil Procedure have no application in arbitration should not come as a shock". AMARAL, Guilherme Rizzo. Judicial precedent and arbitration – are arbitrators bound by judicial precedent? A comparative study among England, Scotland, the United States and Brazil. *In*: LEE, João Bosco; LEVY, Daniel de Andrade. **Revista Brasileira de Arbitragem**. Comitê Brasileiro de Arbitragem CBAr & IOB; Kluwer Law International, v. XIV, Issue 56, 2017, p. 55. Tradução livre: A afirmação de que os Códigos de Processo Civil não têm aplicação em arbitragem não deve ser um choque.

Consequência lógica é de que o CPC não visa regular o procedimento arbitral e não pode ser aplicado indistintamente ao procedimento arbitral[253], salvo quando o legislador expressamente o desejar, tal como citamos quando tratamos das expressas previsões de comunicação e cooperação entre a arbitragem e o Poder Judiciário[254]. Conforme coloca Joel Dias Figueira Júnior, o CPC foi muito claro quando fez as referências ao mundo arbitral e que tal fato não ocorreu com o art. 927 do CPC:

> em diversas passagens do Código, de uma forma ou de outra, traz à tona o instituto da arbitragem, ao versar sobre a competência (art. 42), cooperação nacional, carta arbitral e confidencialidade dos atos (art. 69, § 1º, e arts. 189, IV, 237, IV, 260, § 3º e 267), preliminar de contestação (art. 337, X, §§ 5º e 6º), sentença que extingue o processo, sem resolução do mérito (art. 485, VII), títulos executivos judiciais (art. 515, VII), competência para o cumprimento de sentença arbitral (art. 516, III), homologação de decisão arbitral estrangeira (art. 960, § 3º), efeito devolutivo a ser conferido ao recurso de apelação interposta contra sentença que acolhe o pedido de instituição de arbitragem (art. 1.012, § 1º, IV), cabimento de agravo de instrumento contra a decisão que rejeita a alegação de convenção de arbitragem (art. 1.015, III), além de ter alterado, no art. 1.016, o art. 33, § 3º, da LA. Em nenhum momento, repita-se, o legislador estendeu aos árbitros a observância aos precedentes judiciais,

[253] Segundo Carlos Alberto Carmona, "Tenho insistido – para espanto de muitos, especialmente daqueles que não estudam o Direito Processual com a necessária profundidade – que o Código de Processo Civil não se aplica à arbitragem. Parece heresia. Não é. Se os princípios do processo civil orientam e permeiam o processo arbitral (como também permeiam o processo constitucional, o processo administrativo, o processo tributário), o Código de Processo Civil tem utilização bem mais restrita e deve ser consultado no âmbito dos tribunais estatais. Princípio é uma coisa, lei é outra, de modo que os princípios gerais do processo são aplicáveis, é claro, a todos os processos, entre eles o arbitral, sem que haja necessidade de recorrer às normas processuais codificadas que regem o processo estatal. Isto significa que o processo arbitral encontra um ambiente aberto à flexibilidade, o que não acontece em nossas abafadas cortes estatais. Esta flexibilidade procedimental, como é natural, torna os árbitros muito menos engessados que o juiz togado, permitindo-lhes experimentar novos e variados meios de descobrir fatos e aumentar sua capacidade de entender o direito que devem aplicar. CARMONA, Carlos Alberto. Em torno do árbitro. **Revista de Arbitragem e Mediação**. v. 28, 2011, p. 47-63.

[254] MARIANI, Rômulo Greff. **Precedentes na arbitragem**. Belo Horizonte: Fórum, 2018, p. 86.

pois oportunidades não lhe faltou, sobretudo no *caput* do art. 927, quando então poderia ter assentado que *os juízes, os tribunais e os árbitros observarão*[255].

Para Guilherme Rizzo Amaral, defensor da vinculatividade dos árbitros frente a determinados precedentes judiciais, não há como se defender qualquer hierarquia entre o Poder Judiciário e a arbitragem:

> The reasons seem obvious: for one, there is no hierarchy between arbitral tribunals and judicial courts. Not even the highest constitutional court has a say over what arbitrators decide to do or not to do, nor does it perform any hierarchical function in relation to arbitrators. Regardless of the exercise of true jurisdictional power, arbitrators are not part of the judicial system itself[256].

Deste modo, a não ser quando expressamente previsto tanto no CPC como na Lei de Arbitragem, não há como se sustentar a aplicação das regras processuais no procedimento arbitral, cuja aplicação foi justamente idealizada visando definir as regras do jogo do processo regulado pelo Poder Judiciário[257] [258].

[255] FIGUEIRA JUNIOR, Joel Dias. **Arbitragem e precedentes judiciais**. Disponível em: http://genjuridico.com.br/2020/08/14/arbitragem-precedentes-judiciais/. Acesso em: 23 set. 2020.

[256] AMARAL, Guilherme Rizzo. Judicial precedent and arbitration – are arbitrators bound by judicial precedent? A comparative study among England, Scotland, the United States and Brazil. *In*: LEE, João Bosco; LEVY, Daniel de Andrade. **Revista Brasileira de Arbitragem**. Comitê Brasileiro de Arbitragem CBAr & IOB. Kluwer Law International, v. XIV, Issue 56, 2017, p. 52. Tradução livre: As razões parecem óbvias: por um lado, não há hierarquia entre tribunais arbitrais e tribunais judiciais. Nem mesmo o mais alto tribunal constitucional tem palavra a dizer sobre o que os árbitros decidem fazer ou não fazer, nem desempenha qualquer função hierárquica em relação aos árbitros. Independentemente do exercício do verdadeiro poder jurisdicional, os árbitros não fazem parte do próprio sistema judicial.

[257] Para Ricardo de Carvalho Aprigliano, "em relação à discussão sobre a natureza jurisdicional e as consequentes comparações entre a atividade do juiz e a do árbitro, a preocupação atual é a de evitar a incorporação ao processo arbitral de diversos institutos e técnicas processuais que só podem ter aplicação no âmbito do processo judicial, pois é para ele que aquelas regras foram concebidas, é na estrutura de uma estrutura judiciária que certos temas podem ter aplicação". APRIGLIANO, Ricardo de Carvalho. **Ordem pública e processo**: o tratamento das questões de ordem pública no direito processual civil. São Paulo: Atlas, 2011, p. 262.

[258] Exceto, também, se as partes optarem por tal aplicação na convenção arbitral.

Não vemos como defender a possibilidade de os arts. 489, § 1º, V e VI, 926 e 927, do CPC, serem interpretados como normas de teoria geral do direito e transsetoriais, alcançando todo o ordenamento jurídico brasileiro[259]. Admitir essa intensa extensão poderia ocasionar uma grave insegurança jurídica entre sistemas, posto que se admitiria que determinadas regras de um sistema poderiam avançar e se sobrepor a outros sistemas, sem que essa intenção tenha sido manifestada pelo legislador e que surja de uma norma infraconstitucional, quando tal mudança deveria se originar de uma reforma constitucional[260].

Nesse ponto, relevantes as conclusões de Eduardo Parente sobre como as características de cada sistema devem ser respeitadas, apesar de possíveis influências entre os sistemas:

> Logo, nos parece clara a natureza processual da Lei de Arbitragem brasileira. Isso leva a concluir pela pertinência de falar em mútuas influências entre os sistemas do processo arbitral e estatal. Influência essa que deve se equilibrar sobre dois pilares, em prol da autonomia do processo arbitral: o respeito aos seus princípios e a não sujeição às sectárias formas do modelo estatal, mas que está amarrado a ele. Então, a despeito de sua natureza processual,

[259] Discordamos da posição defendida por Daniel Mitidiero: "É importante perceber que o Código, ao introduzir o conceito de precedentes e ressignificar os conceitos de jurisprudência e de súmulas, rigorosamente não está tratando de matéria atinente exclusivamente ao direito processual civil. Na verdade, está cuidando de conceitos ligados à teoria geral do direito, especificamente concernentes à teoria da norma que por essa razão são transsetoriais, servindo a todo o ordenamento jurídico brasileiro. Vale dizer: os arts. 489, 1º, V e VI, 926 e 927, do CPC, são normas gerais de direito que devem guiar a interpretação e aplicação do direito no Brasil como um todo". MITIDIERO, Daniel. **Precedentes**. Da persuasão à vinculação. 3. ed. São Paulo: RT, 2016, p. 97-98.

[260] Concordamos aqui com as conclusões de Joel Dias Figueira Júnior: Ledo engano concluir que o legislador ao se referir aos "juízes" e "tribunais" no aludido art. 927 do CPC estaria deixando subentender, por simetria, a observância aos precedentes estatais ali apontados também aos árbitros e aos tribunais arbitrais, tendo-se por base a disposição contida no art. 18 da LA. Essa conclusão, com todas as vênias, é mais do que ingênua, é jocosa, pois a norma insculpida no mencionado art. 18 tem por escopo maior firmar o poder jurisdicional do árbitro e, por conseguinte, chancelar a natureza da arbitragem, ao arrematar que a sentença por ele proferida não ficaria sujeita a recurso ou a homologação do Poder Judiciário. FIGUEIRA JUNIOR, Joel Dias. **Arbitragem e precedentes judiciais**. Disponível em: http://genjuridico.com.br/2020/08/14/arbitragem-precedentes-judiciais/. Acesso em: 23 set. 2020.

> a Lei de Arbitragem não traz regras do modelo estatal. Quando o legislador arbitral se omitiu quanto a institutos processuais específicos, o fez de forma consciente. Procurou a boa técnica legislativa, sabedor de que, no que respeita à matéria processual, o sistema do processo arbitral busca influxos naquilo que o sistema do processo estatal deve ter de bom a oferecer: seus princípios. Isso é importante porque o lado ruim, das mazelas da esfera estatal, das regras engessadas, o legislador arbitral as quis bem longe. Escolheu impedir que discussões teóricas e intermináveis sobre conceitos e institutos processuais migrassem para o ambiente arbitral da forma como tradicionalmente ocorre na esfera estatal. Que venha, em termos de princípios, apenas o que possa contribuir para o bom desenvolvimento de uma técnica de trabalho que ofereça efetiva/adequada resolução de conflitos[261].

Nesse sentido, as disposições previstas no CPC, em especial a de vinculação obrigatória dos precedentes judiciais, visam regular o processo civil e a melhor solução dos conflitos submetidos ao Poder Judiciário, e não aos demais sistemas, nos quais se incluem o penal, o trabalhista e o arbitral, por exemplo[262]. Como vimos, o Poder Judiciário sofre fortemente com o elevadíssimo número de ações judiciais, além da insegurança jurídica *vertical*, causada pela inobservância das decisões proferidas pelos tribunais superiores, e da insegurança jurídica *horizontal*, fruto da constante mudança de posicionamento dos tribunais superiores em relação aos seus próprios precedentes.

Por isso o resultado prático buscado com a adoção de um sistema de precedentes é, justamente, conferir maior estabilidade a esse sistema, fazendo com que, por meio dessa maior previsibilidade, tenhamos um menor número de novos casos, tendo em vista que em algumas situações as partes já saberão de antemão o resultado dos seus conflitos e, ainda, haverá um menor número de recursos aos tribunais superiores, posto que as partes também já terão conhecimento prévio do resultado dos recursos,

[261] PARENTE, Eduardo. **Processo arbitral e sistema**. São Paulo: Atlas, 2012, p. 71.

[262] Posição essa também defendida por Ronaldo Cramer para quem o art. 927 do CPC: "não é uma norma heterotópica, mas uma norma do processo civil, pensada para esse modelo de processo e que funciona conforme a estrutura do novo CPC", de modo que "não se pode admitir que uma norma do processual civil promova uma mudança importante no processo penal ou no processo trabalhista". CRAMER, Ronaldo. **Precedentes judiciais**. Teoria e dinâmica. Rio de Janeiro: Forense, 2016, p. 197.

fazendo com que as demandas sejam resolvidas em um menor período de tempo[263].

Todos esses elementos são completamente estranhos à realidade da arbitragem, posto que essas técnicas de julgamento e solução de conflitos são estranhas ao procedimento arbitral, que não possui um sistema de duplo grau de jurisdição, não possui jurisprudência própria e tampouco está vinculado aos tribunais superiores do Poder Judiciário. Não por menos se diz que, com a escolha da arbitragem, há a renúncia da jurisdição estatal e, por consequência, das suas regras processuais e técnicas de julgamento que não sejam expressamente adotadas pela Lei de Arbitragem ou por vontade das partes no momento da celebração do Termo de Arbitragem. Afinal, conforme se manifestou William L. Ransom no início do século XX, "business men go to arbitration to avoid legal procedure and not legal principles"[264].

[263] Apesar de defender que o sistema de precedentes deve atingir outros sistemas, ao comentar sobre os precedentes e reforma do sistema judiciário, Daniel Mitidiero aponta como o sistema de precedentes pode colaborar com o Poder Judiciário: "Uma adequada organização das cortes judiciárias em determinada organização judicial é de fundamental importância por inúmeras razões. Duas, no entanto, merecem desde logo menção. A uma, desde uma perspectiva interna, uma adequada distribuição das competências entre as cortes judiciárias promove a economia processual ao viabilizar a racionalização da própria atividade judiciária. Importa que os tribunais atuem apenas na medida em que necessário o seu trabalho para a consecução dos fins a que se encontram vinculados do ponto de vista da estrutura judiciária. É preciso que as cortes trabalhem menos para que trabalhem melhor. A duas, desde uma perspectiva externa, uma adequada distribuição das competências promove a tempestividade da tutela jurisdicional, já que a abertura de determinadas instâncias judiciárias – que obviamente consome tempo para o seu percurso – só se justifica à luz do escopo para que foram pensadas dentro da organização dos tribunais". MITIDIERO, Daniel. Precedentes. **Da persuasão à vinculação**. 3. ed. São Paulo: RT, 2016, p. 81.

[264] "I do not find men unwilling to have their disputes and controversies determined according to the principles of our substantive law. It is not a desire to avoid the application of rules of law which drives business men out of the courts, into reluctant settlement of controversies which should be litigated on their merits or into the submission of them to arbitration tribunals established by private agencies. Litigants do not submit themselves before the arbitration committees of commercial organizations in order to secure the arbitrium boni viri or to subject their property and rights to individual judgment as substituted for long-established rules of the substantive law [...]. Business men go to arbitration to avoid legal procedure and not legal principles". RANSOM, William L. The Layman's Demand for Improved Judicial Machinery. **The Annals of the American Academy of Political and Social Science**, Sep., 1917, v. 73.

Além disso, a arbitragem nunca foi idealizada como sistema de resolução de conflitos subordinado ao Poder Judiciário ou uma via de escape para o Poder Judiciário. Ela foi idealizada como um sistema alternativo, ou adequado, de resolução de conflitos, em que as partes poderiam optar por julgadores altamente especializados e que pudessem entregar um resultado final em um espaço de tempo bem menor do que o Poder Judiciário, tudo isso sob o manto do sigilo, se assim as partes desejassem.

Ao tratar da influência judicial no âmbito da arbitragem internacional, Gary Born ressalta a importância de sua não influência, o que acaba por respeitar o instituto e também a própria vontade das partes:

> The principle of judicial non-interference in international arbitral proceedings is vitally important. Judicial orders purporting to establish arbitral procedures would directly contradict the parties' objectives in agreeing to arbitrate including particularly their desire for less formal and more flexible procedures, their desire for a high degree of party control over such procedures, and their desire for "neutral" and expert arbitral procedures adopted by a tribunal of the parties' choice, rather than a national court. Interlocutory judicial review of an arbitral tribunal's procedural decisions would frustrate all of these objectives, while also imposing substantial risks of delay and appellate second-guessing on the arbitral process[265].

Justice Through Simplified Legal Procedure (Sep., 1917), Sage Publications, Inc. in association with the American Academy of Political and Social Science Stable, p. 132-169.
Tradução livre: Não vejo que os homens não querem que suas disputas e controvérsias sejam determinadas de acordo com os princípios de nossa lei substantiva. Não é o desejo de evitar a aplicação de regras de direito que afasta os homens de negócios dos tribunais, para a resolução de controvérsias que deveriam ser resolvidas por seus méritos ou para sua submissão a tribunais arbitrais estabelecidos por câmaras privadas. Os litigantes não se submetem aos comitês de arbitragem de organizações comerciais para garantir o *arbitrium boni viri* ou para sujeitar seus bens e direitos a julgamento individual em substituição a regras consagradas de direito substantivo [...]. Homens de negócios recorrem à arbitragem para evitar procedimentos legais e não princípios jurídicos.

[265] BORN, Gary. Principle of judicial non-interference in international arbitral proceedings, the anniversary contributions. **International Litigation & Arbitration**, 30 U. Pa. J. Int'l L. 999, 2009. Disponível em: https://scholarship.law.upenn.edu/jil/vol30/iss4/22. Acesso em: 13 set. 2020, p. 1032. Tradução livre: O princípio da não interferência judicial em procedimentos arbitrais internacionais é de vital importância. Ordens judiciais que pretendem estabelecer procedimentos arbitrais iriam contradizer diretamente os objetivos das partes em concordar

Por isso, as considerações de Leonardo Faria Beraldo se mostram bastante precisas ao analisar as distinções desses sistemas, que são independentes, mas que ainda se comunicam:

> Com efeito, é importante salientar que, ao pensarmos sobre certas premissas básicas do sistema judicial, à luz da arbitragem, temos sempre que nos lembrarmos de um componente elementar dela, que é a autonomia privada das partes. Senão, vejamos: (i) diz a Constituição Federal de 1988 que nenhuma lesão ou ameaça a direito será excluída da apreciação do Judiciário, porém, as partes capazes podem levar seus litígios que versem sobre direitos patrimoniais disponíveis para serem dirimidos por meio de arbitragem; (ii) também reza a Constituição Federal de 1988 que todos os processos judiciais e julgamentos, como regra, serão públicos, contudo, sabemos que o processo arbitral, em decorrência da vontade das partes (não da Lei de Arbitragem) é sigiloso; e, (iii) por fim, a Constituição Federal de 1988 exige que todas as decisões judiciais sejam motivadas, no entanto, enquanto o STF detinha competência para a homologação de sentenças arbitrais estrangeiras, homologava-se sentenças sem motivação, desde que as partes tenham concordado com isso, por escrito, na origem[266].

Portanto, concluímos que, salvo por vontade expressa das partes ou em decorrência de previsão legal, não há como sustentar a aplicação do CPC e suas técnicas de julgamento[267], que foram criadas para regular o

em se submeter a arbitragem, incluindo particularmente seu desejo de procedimentos menos formais e mais flexíveis, seu desejo de um alto grau de controle das partes sobre tais procedimentos e seu desejo de 'neutro' e procedimentos arbitrais especializados adotados por um tribunal da escolha das partes, em vez de um tribunal nacional. A revisão judicial interlocutória das decisões processuais de um tribunal arbitral frustraria todos esses objetivos, ao mesmo tempo que impunha riscos substanciais de atraso e contestação do recurso no processo arbitral.

[266] BERALDO, Leonardo Faria. O impacto do novo Código de Processo Civil na Arbitragem. Arbitragem e Novo CPC. **Revista de Arbitragem e Mediação 2016**, RARB v. 49, abr.-jun. 2016.

[267] Micaela Barros Barcelos Fernandes avalia: "Os órgãos estatais de julgamento não são, de forma alguma, superiores aos árbitros ou a ele vinculantes. As razões de estabilização da jurisprudência estatal se impõem dentro do Poder Judiciário inclusive porque ele é um órgão do poder estatal, não se admitindo contradições em seu seio". FERNANDES, Micaela Barros Barcelos. A vinculação a precedentes no processo arbitral: alterações promovidas pelo Código de Processo Civil de 2015 e sua interpretação conforme a Constituição Brasileira e a Lei de

processo civil e, em situações pontuais, para disciplinar as situações de comunicação entre os sistemas.

4.2. Influência dos precedentes judiciais não constitucionais na arbitragem

Nesse capítulo trataremos exclusivamente dos precedentes judiciais não constitucionais, isto é, excluindo os precedentes relacionados ao controle concentrado de constitucionalidade e as súmulas vinculantes, que serão tratados em capítulos próprios mais adiante.

Ainda que se rejeite qualquer tipo de subordinação entre os sistemas, não se nega que os precedentes judiciais são de fato uma fonte normativa e, tal como as demais fontes do direito, devem influenciar o julgamento de um procedimento arbitral que tenha a lei brasileira aplicável ao caso. Nessa linha, Gilbert Guillaume defende que os precedentes podem influenciar de maneira positiva a arbitragem, no caso a internacional, contribuindo para uma boa solução do caso concreto:

> At the heart of each jurisdiction and each arbitration system, precedent is certainly a guarantee of certainty and equality in treatment of litigants. It is thus indispensable to rely on it in new branches of law where the norm is yet uncertain. Furthermore, it is an instrument that is privileged in dialogues by judges and arbitrators and can, to this effect, contribute to the organization of a decentralized jurisdictional system, such as the one existing in international law. For these two reasons, recourse to precedent is a necessity. Yet there are good and bad precedents and the best are not always immediately adopted. The cult of the precedent is thus just as dangerous as the rejection of precedent[268].

Arbitragem brasileira. **Revista de Direito Civil Contemporâneo**, v. 22, p. 31-49, jan.-mar. 2020.

[268] GUILLAUME, Gilbert. The use of precedent by international judges and arbitrators. **Journal of International Dispute Settlement**, v. 2, n. 1, 2011, p. 23. Tradução livre: No cerne de cada jurisdição e de cada sistema de arbitragem, o precedente é certamente uma garantia de certeza e igualdade no tratamento dos litigantes. É, portanto, indispensável confiar nele em novos ramos do direito, onde a norma ainda é incerta. Além disso, é um instrumento privilegiado no diálogo de juízes e árbitros e pode, nesse sentido, contribuir para a organização de um sistema jurisdicional descentralizado, como o existente no direito internacional. Por estas duas razões, o recurso ao precedente é uma necessidade. No entanto, existem bons e maus

Gary Born também corrobora essa posição:

> the fact that awards have, and should have, precedential weight does not mean that they enjoy binding authority in the same fashion that a higher court judgment would bind a lower court within a single legal system. [...] As with most national courts, there is no absolute rule of binding precedent, but instead a pragmatic analysis that gives effect to the underlying values served by the doctrine of precedent, while permitting change, evolution and correction in the law[269].

Contudo, essa influência se dá enquanto fonte normativa complementar ou secundária[270]. Conforme já exposto nesse trabalho, os precedentes judiciais devem ser analisados sob duas premissas.

A primeira delas é de que não há respaldo constitucional para que os precedentes judiciais criem normas e se sobreponham ao texto legal, com exceção das hipóteses das decisões proferidas pelo STF em sede de controle de constitucionalidade.

Admitir que tribunais de segunda instância e tribunais superiores tenham a capacidade de se sobrepor ao Poder Legislativo, inclusive mediante a orientação do plenário ou do órgão especial, conforme disposto no art. 927, V, do CPC, por exemplo, implica em um rompimento absoluto com o atual regime de direito, o que não pode ser admitido. Nosso sistema ainda opera por meio da norma criada pelo Poder Legislativo, mesmo que isso importe em elevado nível interpretativo a ser exercido pelo Poder Judiciário. A função exercida pelo Poder Judiciário

precedentes e os melhores nem sempre são adotados imediatamente. O culto ao precedente é, portanto, tão perigoso quanto a rejeição do precedente.

269 BORN, Gary B. **International arbitration**: law and practice. Chapter 16: Annulment of International Arbitral Awards. Kluwer Law International, 2012, p. 303-367. Tradução livre: "o fato de que as sentenças têm, e deveriam ter, influência não significa que gozem de autoridade vinculativa da mesma forma que uma decisão de um tribunal superior vincularia um tribunal inferior dentro de um único sistema jurídico. [...] Tal como acontece com a maioria dos tribunais nacionais, não existe uma regra absoluta de precedente vinculativo, mas sim uma análise pragmática que dá efeito aos valores subjacentes servidos pela doutrina do precedente, enquanto permite a mudança, evolução e correção da lei".

270 BORN, Gary B. **International arbitration**: law and practice. 2. ed. Kluwer Law International, 2015, p. 374.

desde a promulgação da CF tem sido relevante e deve ser celebrada, afinal, importantes direitos e garantias foram preservados e potencializados em diversas oportunidades. Porém, o sistema continua e deve continuar sendo o do *civil law*, não podendo ser alterado pela legislação infraconstitucional.

Alguma forma de aproximação com o sistema do *common law* é bem-vinda, desde que compatível com o sistema constitucional brasileiro, o que não será o caso se admitirmos que o Poder Judiciário poderá criar normas por meio dos precedentes judiciais, salvo, como dissemos, na hipótese do art. 927, I, do CPC, que possui expresso respaldo constitucional para tanto. Não obstante, não podemos permitir conclusões no sentido de que os precedentes judiciais devem ser mais valorizados do que o próprio texto legal.

A segunda premissa, que reside no fato de que o sistema de precedentes foi criado não para ser um substituto do Poder Legislativo, mas para reduzir a insegurança jurídica causada por um Poder Judiciário instável e vacilante, reforça essa interpretação. Não há estabilidade e coesão jurisprudencial, posto que os tribunais superiores alteram, com grande facilidade e constância, os seus posicionamentos, fazendo com que os tribunais de segunda instância e juízes de primeiro grau não se sintam compelidos ou confortáveis em seguir as orientações dos tribunais superiores.

Nesse sentido, o retrato trazido por Humberto Gomes de Barros sobre a quantidade de casos julgados pelo STJ até 2006 é esclarecedor acerca do papel dos precedentes frente a um número avassalador de casos:

> O Superior Tribunal de Justiça (STJ) atingiu, em 4 de agosto de 2006, aos 17 anos de idade, a cifra de dois milhões de julgamentos! Dois milhões de processos! Integrante do Tribunal, contribuí com praticamente cinco por cento desse gigantesco montante. De fato, números apurados pela Assessoria de Gestão Estratégica do STJ dão conta de que, nos 15 anos em que atuo como ministro, decidi 95.789 processos. Não há engano: até a tarde do dia 30 de agosto de 2006, eu decidira 95.789 processos. Dividido esse número por 15 (número de anos em que estou no Tribunal), obtém-se a média de 6.386 em cada ano ou 532 por mês ou, ainda, 17,73 diários. Sou, então, um herói – um mártir da distribuição da Justiça? Coisa nenhuma! Esses números absurdos traduzem, em verdade, a deformação do Superior Tribunal.

Concebido para atuar em situações especiais, unificando a interpretação da lei federal, o STJ transformou-se em terceira instância ordinária, com função de alongar ainda mais a duração dos processos. A apregoada reforma do Poder Judiciário só fez substituir o Código de Processo Civil por uma colcha de retalhos, cujas complicações prometem aumentar o trabalho da Corte Superior.

Isso se fez porque interessa à chamada "Fazenda Pública" utilizar o Poder Judiciário como insólito gerente de banco, cuja maior utilidade é "alongar o perfil" da dívida interna. À semelhança daquelas gigantes vítimas de acromegalia, o STJ tende a crescer. E crescerá indefinidamente, enquanto funcionar como bancário, "rolador de dívidas", a juros irrisórios. Assim, em lugar de considerar-me herói, quebrador de recordes, merecedor de louros olímpicos, sinto-me vítima de doença crônica. O recorde bi-milionário, longe de trazer alegria, reaviva a memória do poema que escrevi, em 14/8/99, quando a Primeira Turma do STJ julgou, em uma sessão, mais de 500 processos[271].

A leitura da exposição de motivos do CPC também é capaz de refletir essa sempre atual preocupação do Poder Judiciário, indicando que o objetivo primário e final do sistema de precedentes é de combater essa instabilidade e insegurança jurídica, com a expectativa de que uma maior estabilidade e coesão sejam capazes de não apenas reduzir o número de recursos, mas também de impactar no número de novas demandas submetidas ao Poder Judiciário.

Tendo essas premissas claras e bem fixadas, podemos dizer que os precedentes judiciais têm e continuarão tendo influência na arbitragem, mas não vinculam os árbitros.

Em primeiro lugar porque é absolutamente natural se apoiar em decisões proferidas no passado para construir a solução de um novo caso. Os árbitros podem e devem se amparar em fontes secundárias para proferir suas decisões, garantindo uma prestação jurisdicional adequada e bem fundamentada. É de se esperar que os árbitros se apoiem em decisões

[271] BARROS, Humberto Gomes de. **Acromegalia**. Disponível em: https://www.migalhas.com.br/quentes/29685/no-artigo-intitulado-acromegalia-o-ministro-humberto-gomes-de--barros-aborda-o-lado-obscuro-da-marca-de-dois-milhoes-de-processos-julgados-atingid-a-pelo-stj. Acesso em: 19 jul. 2020.

anteriores, independentemente de sua origem, para dar a solução a um novo caso, normalmente de alta complexidade quando estamos falando de um procedimento arbitral. Ao fazer isso, os árbitros garantem a prestação jurisdicional completa, demonstrando uma real intenção em dar a melhor solução jurídica ao caso concreto ao explorar as mais diversas fontes do direito, não se limitando à interpretação textual da legislação pátria.

Em segundo lugar, ainda que não haja qualquer tipo de subordinação entre os sistemas, é indiscutível que o Poder Judiciário, em especial os tribunais superiores, possuem qualidade técnica e expertise para analisar e se debruçar sobre relevantes questões jurídicas, que podem apoiar os árbitros em suas decisões, sem que isso indique qualquer tipo de inferioridade dos árbitros, muito pelo contrário. Isso demonstra que os árbitros estão atentos aos precedentes e à influência que estas decisões podem gerar perante a sociedade.

Logo, mesmo que não vinculantes, os precedentes judiciais podem contribuir, e muito, na solução dos casos submetidos à arbitragem. Essa influência não se limita à forma como os árbitros irão julgar o conflito, mas repercute também na decisão das partes sobre se irão, de fato, iniciar um litígio e na forma como as partes irão estabelecer a sua estratégia ao longo do conflito.

Na visão de Rômulo Greff Mariani:

> Trata-se de algo básico a busca por experiências pretéritas para se buscar a melhor atuação no presente. Nesse sentido, a análise e aplicação dos precedentes sob a perspectiva das partes (i) ainda antes de instaurado o litígio, comumente influencia suas decisões, consciente ou inconscientemente; e (ii) dentro de um processo, é naturalmente utilizada na construção do caso posto perante o julgador. E ainda: (iii) do ponto de vista dos julgadores, a simples constatação já posta em doutrina de que o uso de decisões pretéritas domésticas ou mesmo estrangeiras "helps rescue the judge from a feeling of nakedness" dá a dimensão de um fenômeno que claramente transcende jurisdições e culturas[272].

[272] MARIANI, Rômulo Greff. **Precedentes na arbitragem**. Belo Horizonte: Fórum, 2018, p. 23.

Por isso podemos defender o inegável papel persuasivo[273] dos precedentes judiciais no procedimento arbitral enquanto fonte secundária[274],

[273] This is exactly where the precedent has influence over the arbitrator's behavior. It is reasonable to admit that the arbitrator would have a tendency to follow precedents concerning applicable law because the decision that follows a previous precedent is easier for the arbitrator to render. On the one hand, deciding in accordance with precedents reduces the costs of the decision because it lowers mental efforts and moral accountability. On the other hand, dissenting from previous precedent imposes an implicit (or formal, depending on the lex arbitri interpretation of due process) job of distinguishing and overruling, which could be very difficult and time-consuming if she wants to have her award considered acceptable and even enforceable. Finally, still within the category of mental effort is the difficulty that one arbitrator may bring upon others. Some arbitrators may be difficult to work with, and the mental effort necessary for this task must be seriously taken into consideration. The cooperation needed during all the arbitration phases requires effort from each one of the three arbitrators (124) and this is also a criterion that co-arbitrators use in order to choose and agree upon presiding arbitrators. (125). GUANDALINI, Bruno. Chapter 5: The Rational Decision-Maker Arbitrator: Unveiling the Arbitrator's Utility Function. *In*: **Economic Analysis of the Arbitrator's Function, International Arbitration Law Library**, v. 55, Kluwer Law International 2020, p. 237-238. Tradução livre: "É exatamente aqui que o precedente tem influência sobre o comportamento do árbitro. É razoável admitir que o árbitro teria uma tendência a seguir precedentes relativos à lei aplicável porque a decisão que segue um precedente anterior é mais fácil de ser proferida pelo árbitro. Por um lado, decidir de acordo com os precedentes reduz os custos da decisão porque diminui os esforços mentais e a responsabilidade moral. Por outro lado, discordar do precedente anterior impõe um trabalho implícito (ou formal, dependendo da interpretação *lex arbitri* do devido processo) de distinguir e anular, o que pode ser muito difícil e demorado se ela quiser que sua sentença seja considerada aceitável e até exequível. Finalmente, ainda dentro da categoria de esforço mental está a dificuldade que um árbitro pode trazer a outros. Pode ser difícil trabalhar com alguns árbitros, e o esforço mental necessário para essa tarefa deve ser levado seriamente em consideração. A cooperação necessária durante todas as fases da arbitragem requer esforço de cada um dos três árbitros e este é também um critério que os co-árbitros usam para escolher e acordar os árbitros presidentes".

[274] Rômulo Greff Mariani destaca: "Uma primeira forma de aparição da autoridade persuasiva faz dela também conhecida como autoridade secundária, haja vista que *expresses a view on the legal effect of primary sources*. Ao ser chamada de "secundária", não se trata de a ela conferir menos importância, mas se enfatiza o momento em que essa autoridade será constituída, também por isso chamada de fonte *derivative* ou *interpretative*. A autoridade nela contida, a propósito, é inegável, haja vista ser justamente na aplicação ou interpretação da fonte primária que muitas vezes as partes e julgadores terão certeza a propósito do Direito discutido, ou seja, decorre ao menos em grande parte da qualidade da fonte. É dizer: a fonte secundária poderá estar muito mais próxima do caso concreto do que a fonte primária, o que de início já permite aferir a sua

seja por se tratar de uma fonte confiável e respeitada acerca do direito aplicável ou ainda em razão da qualidade e expertise do precedente judicial, notadamente quando estivermos tratando de uma arbitragem que tenha a lei brasileira como a lei aplicável à solução do conflito.

Por isso, uma vez invocado um precedente judicial por uma das partes, cabe aos árbitros apreciar a sua aplicação ao caso concreto, posto que, mesmo que o árbitro não seja subordinado à decisão de algum tribunal integrante do Poder Judiciário, é subordinado ao seu dever de fundamentação, insculpido no art. 26 da Lei de Arbitragem, de maneira que os árbitros não podem se furtar de apreciá-lo. Afinal, tem-se que aquele precedente judicial possivelmente deu uma nova leitura, ou mais adequada, a um dispositivo legal e a parte que o invoca em um procedimento arbitral tem o direito de vê-lo analisado pelo tribunal arbitral enquanto um argumento relevante.

Trata-se, a bem da verdade, de uma consequência natural da eleição da lei brasileira como lei aplicável à resolução do conflito, posto que se espera que árbitros analisem o conflito sob um amplo espectro.

Nessa linha, defendem Paulo Henrique dos Santos Lucon, Rodrigo Barioni e Elias Marques de Medeiros Neto:

relevância. Poderá trazer ela não apenas um enunciado geral e abstrato (como um princípio constitucional ou um artigo de lei, naturais fontes primárias), mas a sua aplicação concreta à luz das muitas particularidades que o mundo real enseja, além de explicitar as exceções que determinadas regras podem ensejar. Assim ocorre quando, por exemplo, ao aplicar a fonte primária, um julgador da determinada interpretação há um dispositivo legal ou constitucional à luz de determinado caso concreto. Mais do que um enunciado geral e abstrato, agora temos uma regra aplicada ao caso concreto, que pode naturalmente inspirar a solução de novos casos análogos ou semelhantes. Uma segunda forma de autoridade persuasiva decorre de hipóteses em que a qualidade e/ou razões postas pela fonte, por si só, exercem poder de persuasão diante de um novo caso concreto que com ela guarde semelhança. E isso pode ocorrer mesmo que não se trate de aplicação de uma fonte primária, como antes visto. Mesmo em países do *common law*, essa noção de *persuasive authority* foi identificada e desempenha um importante papel. É assim que, por exemplo, a Suprema Corte estadunidense já reforçou suas razões com base na opinião de "respected professional organizations"; de "other nations that share our Anglo-American heritage"; da "virtual unanimity among other nations" e a "overwhelming weight of international opinion", nada obstante, flagrantemente, a elas não seja obrigada a guardar respeito e mesmo que não tenham sido formuladas à luz do direito daquele país". MARIANI, Rômulo Greff. **Precedentes na arbitragem**. Belo Horizonte: Fórum, 2018, p. 27.

> Quando as partes convencionam a aplicação da lei brasileira, por exemplo, têm em vista a interpretação corrente sobre os diversos dispositivos legais. As partes desejam, por meio da convenção arbitral, que o arcabouço normativo brasileiro seja utilizado como parâmetro para a decisão. [...] As pautas de conduta estabelecidas pelos órgãos da jurisdição estatal, assim como pela própria doutrina, evidentemente geram nas partes a legítima expectativa de que o julgamento conforme a lei adote essa orientação. [...] A existência de uma previsão infraconstitucional federal, por exemplo, cuja interpretação adequada tenha sido fixada pelo STJ em julgamento de recurso especial repetitivo – órgão constitucionalmente criado para uniformizar a interpretação da lei federal –, é forte o bastante para que o árbitro a leve em consideração em sua decisão, porque essa é a pauta de conduta que o STJ se baliza ao determinar o critério de aplicação da lei[275].

Portanto, quando as partes elegem a lei brasileira, espera-se que os árbitros considerem todas as fontes de direito para proferir sua decisão. Não é razoável imaginar que os árbitros, geralmente de grande capacidade técnica, não levarão em conta no momento de proferir a sua decisão importantes fontes complementares de interpretação da lei. A apreciação dos precedentes judiciais pelos árbitros acaba, inclusive, sendo bastante saudável à arbitragem, pois as partes podem alimentar a discussão com precedentes judiciais relevantes, proferidos por órgãos competentes na apreciação da questão jurídica em disputa, elevando o grau de tecnicidade do debate e fazendo com que os árbitros sejam ainda mais desafiados a proferir uma sentença arbitral de altíssima qualidade.

E, uma vez mais, frisemos, isso significa submissão dos árbitros aos precedentes judiciais. Apreciar os precedentes judiciais não importará na aplicação imediata desses precedentes. Os precedentes judiciais, enquanto fonte secundária normativa, servirão de orientação argumentativa às partes e aos árbitros. Se os árbitros não concordarem com um determinado precedente judicial alegado pelas partes enquanto um relevante

[275] LUCON, Paulo Henrique dos Santos; BARIONI, Rodrigo; MEDEIROS NETO, Elias Marques de. A causa de pedir das ações anulatórias de sentença arbitral. **Revista de Arbitragem e Mediação**, São Paulo, v. 46, 2015, p. 265-276.

argumento, caberá a eles justificar o seu afastamento ou acolhimento[276]. Assim, os *players* da arbitragem poderão se utilizar da experiência dos precedentes judiciais para elevar a qualidade técnica do procedimento e da sentença arbitral, sem que isso represente qualquer tipo de submissão[277].

Além disso, admitir que os precedentes judiciais não terão aplicação obrigatória não importa em violação ao princípio da universalidade do direito, à isonomia ou à segurança jurídica, posto que os precedentes judiciais não podem ser tratados como fontes primárias de direito. Se o árbitro optar por não seguir um precedente judicial ele não estará ferindo o princípio da segurança jurídica, da isonomia ou da universalidade do direito, desde que o faça de forma coerente e fundamentada. Há uma grande diferença entre ignorar a existência de um precedente judicial e dele divergir o árbitro.

Logo, podemos concluir que as hipóteses dos precedentes judiciais elencadas no art. 927, III a V do CPC não podem ser interpretadas como hipóteses vinculativas aos árbitros, posto que são evidentes fontes secundárias normativas e foram elencadas como vinculantes apenas perante o Poder Judiciário e sua estrutura organizacional como resposta a um problema interno, tanto vertical como horizontal, gerador de insegurança jurídica e estimulador de propositura de ações e recursos. Tais hipóteses estão relacionadas a técnicas de julgamento do Poder Judiciário e não

[276] In practice, arbitral tribunals have adopted nuanced approaches towards the question of precedent. Tribunals afford varying degrees of precedential authority to past awards, based on the number of decisions adopting a particular analysis, the nature of the tribunal(s), the quality of the tribunal's reasoning and similar factors. As with most national courts, there is no absolute rule of binding precedent, but instead a pragmatic analysis that gives effect to the underlying values served by the doctrine of precedent, while permitting change, evolution and correction in the law. BORN, Gary B. **International arbitration**: law and practice. 2. ed. Kluwer Law International, 2015, p. 374.

[277] Segundo Carlos Alberto Carmona: "em termos ideais de previsibilidade, o resultado da atividade de investigação de um juiz bem preparado e de um árbitro deveria ser rigorosamente igual: ambos devem aplicar a lei atendendo aos fins sociais a que se dirige; ambos devem aplicar a lei tendo em conta as exigências do bem comum; ambos estão obrigados a aplicar a lei, não podendo afastá-la para dar ao caso concreto uma solução que lhes pareça mais justa". CARMONA, Carlos Alberto. Em torno do árbitro. **Revista de Arbitragem e Mediação**. v. 28, 2011, p. 47-63.

podem alcançar qualquer outra esfera que não seja a do sistema estatal de resolução de conflitos[278].

Não podemos admitir que ao não excluir expressamente os procedimentos arbitrais, o legislador pretendeu incluir os árbitros no rol de julgadores vinculados ao sistema de precedentes. A presunção, com o devido respeito aos defensores dessa interpretação[279], é justamente a inversa, posto que a Lei de Arbitragem prevê expressamente que o CPC se aplica apenas supletivamente e em casos pontuais e desejados, e não em caso de omissão. A interpretação do texto de lei não pode ser feita de forma tão ampla, a ponto de invadir outros subsistemas de justiça de forma indesejada.

Admitir esse tipo de intervenção implicaria em um verdadeiro retrocesso para a arbitragem e colocaria o sistema arbitral em clara inferioridade frente ao sistema judicial, situação que nunca foi desejada pelo Poder Legislativo nem pelo Poder Judiciário, que nos últimos anos vem reconhecendo a jurisdição arbitral e conferindo uma interpretação restritiva no momento de analisar o cabimento e o mérito de ações anulatórias[280].

[278] Em sentido contrário: "Diante deste cenário, em nível acadêmico, pensamos que é imperativo, nas arbitragens de direito sob a égide da legislação nacional, que os árbitros observem os precedentes vinculantes, tendo em conta que os precedentes compõem o ordenamento jurídico mesmo que a lei seja interpretada em sentido formal". SALOMÃO, Luis Felipe; FUX, Rodrigo. Arbitragem e precedentes: possível vinculação do árbitro e mecanismos de controle. **Revista de Arbitragem e Mediação**, v. 66, p. 139-174, jul.-set. 2020.

[279] Para Márcio Bellocchi, "o próprio legislador não afastou a hipótese de aplicabilidade do Código de Processo Civil aos processos arbitrais, em determinadas situações, como para os casos de impedimento e suspeição dos árbitros, para que o art. 14 da LArb remete-nos ao Código de Processo Civil, seja para elencar as respectivas hipóteses de impedimento e suspeição dos árbitros – aquelas mesmas a que se sujeitam os juízes – seja para tratar dos deveres e das responsabilidades dos árbitros". BELLOCCHI, Márcio. **Precedentes vinculantes e a extensão da expressão "Aplicação do Direito Brasileiro" na Convenção de Arbitragem**. São Paulo: RT, 2017.

[280] Em sentido contrário: "Sustentar o contrário seria admitir uma verdadeira cisão no Direito brasileiro, discrepante sobre temas idênticos de mérito, a depender de quem vai julgar o caso (um árbitro ou um juiz), o que acabaria por gerar indesejável insegurança e tornar o instituto da arbitragem desacreditado. Com base, pois, na prevalência do princípio da segurança jurídica e na integridade do sistema, deve-se concluir pela vinculação dos árbitros a todas as espécies de precedentes judiciais sobre temas de direito material, aos quais o legislador atribuiu eficácia vinculativa, tal como previsto no art. 927 do novo Código de Processo Civil". BASÍLIO, Ana Tereza. **A arbitragem e a sua controversa vinculação aos precedentes do novo Código de**

Logo, os árbitros não estão vinculados a essas hipóteses de precedentes não constitucionais, apesar de deverem tratar deles quando arguidos pelas partes enquanto fundamentação relevante. A falha do árbitro em não tratar dos precedentes nestes casos, contudo, conforme veremos adiante, seria de motivação da sentença arbitral por desconsiderar um argumento relevante da parte e não a inobservância do dever de subordinação a precedentes do Poder Judiciário[281].

4.3. Relação com os pronunciamentos do STF

No capítulo anterior concluímos que os árbitros não estão vinculados aos precedentes não constitucionais, restando agora discutir as hipóteses do art. 927, I e II do CPC, isto é, se os árbitros estariam vinculados às decisões proferidas pelo STF em sede de controle concentrado de constitucionalidade e às sumulas vinculantes.

4.3.1. Súmula vinculante

Para melhor compreendermos a relação entre a arbitragem e as súmulas vinculantes, é fundamental entendermos sua origem e destinação. A súmula vinculante foi criada com a Emenda Constitucional n. 45 de 2004, o que deu ensejo à criação do art. 103-A da CF[282]: "após reiteradas

Processo Civil. Rio de Janeiro: Justiça e Cidadania, set. 2018. Disponível em: www.editorajc.com.br/arbitragem-e-sua-controversa-vinculacao-aos-precedentes-do-novo-codigo-de-p. Acesso em: 23 set. 2020.

[281] Na mesma linha: "O que não se pode exigir, salvo se estipulado pelas partes em convenção arbitral, é que os árbitros observem (caráter impositivo) os precedentes judiciais aos quais estão jungidos os juízes togados, e que eventual inobservância desta ordem agasalhe pedido de anulação de sentença arbitral, porquanto impossível juridicamente, por não integrar o rol apontado no art. 32 da LA". FIGUEIRA JUNIOR, Joel Dias. **Arbitragem e precedentes judiciais**. Disponível em: http://genjuridico.com.br/2020/08/14/arbitragem-precedentes-judiciais/. Acesso em: 23 set. 2020.

[282] Art. 103-A. O Supremo Tribunal Federal poderá, de ofício ou por provocação, mediante decisão de dois terços dos seus membros, após reiteradas decisões sobre matéria constitucional, aprovar súmula que, a partir de sua publicação na imprensa oficial, terá efeito vinculante em relação aos demais órgãos do Poder Judiciário e à administração pública direta e indireta, nas esferas federal, estadual e municipal, bem como proceder à sua revisão ou cancelamento, na forma estabelecida em lei.

§ 1º A súmula terá por objetivo a validade, a interpretação e a eficácia de normas determinadas, acerca das quais haja controvérsia atual entre órgãos judiciários ou entre esses e a

decisões sobre matéria constitucional" o STF poderá "aprovar súmula que [...] terá efeito vinculante em relação aos demais órgãos do Poder Judiciário e à administração pública direta e indireta, nas esferas federal, estadual e municipal, bem como proceder à sua revisão ou cancelamento, na forma estabelecida em lei".

O § 1º do art. 103-A da CF registra que a súmula terá por objetivo "a validade, a interpretação e a eficácia de normas determinadas, acerca das quais haja controvérsia atual entre órgãos judiciários ou entre esses e a administração pública que acarrete grave insegurança jurídica e relevante multiplicação de processos sobre questão idêntica".

Portanto, verifica-se que as súmulas vinculantes são o produto e o reflexo de uma jurisprudência dominante do STF sobre determinado tema, para o qual se busca impor uma interpretação definida para todos os órgãos do Poder Judiciário e para a administração pública direta e indireta, em todas as suas esferas. Com as súmulas vinculantes, o STF consegue sintetizar os seus julgamentos anteriores para determinadas questões constitucionais, visando otimizar o julgamento de casos similares e dar força vinculativa para casos futuros e atuais, evitando a interposição de recursos aos tribunais superiores e servindo como fator desestimulante à propositura de novas ações.

Deste modo, observamos que a súmula vinculante foi criada como uma forma de dar força definitiva a determinados posicionamentos do STF, especialmente aqueles refletidos em julgamentos de recurso extraordinário e nos julgamentos incidentais de controle de constitucionalidade em caráter difuso que, por sua natureza, não são dotados de força vinculante e expansiva, visando auxiliar a atividade administrativa do STF e reduzir o número de casos submetidos ao seu crivo. Além disso, as súmulas vinculantes são capazes de garantir estabilidade ao sistema, especialmente quando editadas por fruto de instabilidade entre órgãos judiciários ou

administração pública que acarrete grave insegurança jurídica e relevante multiplicação de processos sobre questão idêntica; § 2º Sem prejuízo do que vier a ser estabelecido em lei, a aprovação, revisão ou cancelamento de súmula poderá ser provocada por aqueles que podem propor a ação direta de inconstitucionalidade; § 3º Do ato administrativo ou decisão judicial que contrariar a súmula aplicável ou que indevidamente a aplicar, caberá reclamação ao Supremo Tribunal Federal que, julgando-a procedente, anulará o ato administrativo ou cassará a decisão judicial reclamada, e determinará que outra seja proferida com ou sem a aplicação da súmula, conforme o caso.

entre esses e a administração pública. Como apontado por Rômulo Greff Mariani, a tira da súmula vinculante mais se assemelha a uma ementa que visa a dar interpretação geral e abstrata a um ato normativo, algo que, como dito, não deixa de estar umbilicalmente ligado à nossa cultura jurídica, cujo componente predominante, reconheça-se, continua a ser a lei[283].

Nesse ponto vale relembrar, ainda que sucintamente, que a súmula vinculante e o precedente do *common law* não são conceitos similares, mas bastante díspares, a despeito de seu potencial vinculativo[284]. A súmula vinculante, para surgir, depende de decisões conflitantes entre órgãos do Poder Judiciário ou de conflito interpretativo sobre normas constitucionais entre órgãos judiciários e a administração pública, podendo em determinadas situações ser utilizada, de forma indevida, como norma abstrata e sem vinculação com os casos que lhe deram origem[285], enquanto o precedente do *common law* não depende desses requisitos para surgir e, posteriormente, vincular. Afinal, o precedente somente se tornará um precedente no futuro, quando outras decisões citarem essa decisão anterior como razão de julgamento[286].

[283] MARIANI, Rômulo Greff. **Precedentes na arbitragem**. Belo Horizonte: Fórum, 2018, p. 151.

[284] ABBOUD, Georges. Súmula Vinculante *versus* precedentes: notas para evitar alguns enganos. **Revista de Processo**, v. 165, nov. 2008, p. 218-230.

[285] Válida a crítica de Lorena Miranda Santos Barreiro: A 'ementocracia' e a excessiva abstrativização da súmula vinculante são indícios de desvirtuamento da utilização dos precedentes, impulsionados pela configuração teórico-dedutiva e racional do pensamento do jurista brasileiro (e, de uma forma geral, dos juristas de países associados à tradição da *civil law*). BARREIROS, Lorena Miranda Santos. Estruturação de um sistema de precedentes no Brasil e concretização da igualdade: desafios no contexto de uma sociedade multicultural. *In:* (coord.) DIDIER JUNIOR, Fredie. *et al.* **Precedentes**. Salvador: Juspodivm, 2015, p. 199.

[286] Para William Pugliese, "as súmulas padecem de um grave vício, se examinadas à luz da teoria dos precedentes e da regra da *ratio decidendi*. Como se demonstrou, qualquer que seja a definição de *ratio* adotada, um elemento estará sempre na discussão: fato. É a interpretação dos fatos que nutre toda a discussão a respeito do tema na *common law*. É sobre a possibilidade de constatar ou não os fatos considerados relevantes em uma decisão que os autores norte-americanos até hoje debatem se é possível ou não encontrar a *ratio decidendi* de uma decisão". PUGLIESE, William. **Precedentes e a *civil law* brasileira**. Interpretação e aplicação do novo Código de Processo Civil. São Paulo: RT, 2016, p. 97.

A norma constitucional brasileira é bastante clara no sentido de explicitar a razão de ser da súmula vinculante (pacificar entendimentos constitucionais oriundos de decisões conflitantes entre órgãos do Poder Judiciário e/ou com a administração pública direta e indireta) e também quem[287] estará sujeito ao comando que restará pacificado na súmula vinculante (novamente os órgãos judiciários e a administração pública direta e indireta[288], sem alcançar o Poder Legislativo, particulares e os árbitros)[289], conforme defende José Afonso da Silva:

[287] Em sentido oposto defende Sérgio Shimura: "Conquanto haja decisões não-jurisdicionais, portanto, exaradas por órgãos não integrantes do Poder Judiciário, devem as mesmas ser consideradas como administrativas, para fins de vinculação à súmula (ex.: justiça desportiva, cf. art. 217 da CF); e decisões proferidas por órgão não integrante do Poder Judiciário, mas de conteúdo jurisdicional (ex.: arbitragem, cf. Lei n. 9.307/1996)". SHIMURA, Sérgio Seiji. Súmula vinculante. *In*: WAMBIER, Teresa Arruda Alvim (coord.). **Reforma do Judiciário** – primeiros ensaios críticos sobre a EC 45/2004. São Paulo: RT, 2005, p. 764.

[288] Segundo Daniel Mitidiero: "Ainda no período de sua vigência, o Código de 1973 assistiu à instituição de súmulas vinculantes pela Emenda Constitucional 45, de 2004 (art. 103-A, CF). Com isso, as súmulas – que inicialmente tinham por função facilitar a tarefa de controle então exercida pelo Supremo Tribunal Federal e posteriormente evitar a admissão de recursos – passaram a ter uma função de determinação de conteúdo das decisões judiciais. As súmulas deixaram de conter orientações apenas para os Ministros do próprio Supremo Tribunal Federal e passaram a veicular normas para todo o Poder Judiciário e para toda a Administração Pública. Em outras palavras, assim como ocorreu com a jurisprudência, também as súmulas adquiriram uma feição preventiva – evitar julgamentos desconformes à jurisprudência assentada". MITIDIERO, Daniel. Precedentes. **Da persuasão à vinculação**. 3. ed. São Paulo: RT, 2016, p. 77.

[289] "O respeito à Súmula Vinculante somente é obrigação, na acepção jurídica do termo, para os destinatários indicados no art. 103-A da Constituição, entre os quais não se incluem particulares e tampouco árbitros. Esta constatação não quer dizer que o teor da Súmula Vinculante esteja totalmente desprovido de qualquer poder (não legal) sobre os árbitros, quando devam aplicar à matéria de fundo discutida, súmula aprovada pelo STF. É claro que a existência de súmula sobre a matéria será certamente valorizada pelos árbitros, e, não surpreendentemente, esses reconheceriam nela uma forte autoridade, para efeito de formação de convicção sobre a causa. Mas isso não se confunde com uma hipotética sujeição dos árbitros ao teor da súmula e com o dever de respeitá-la, acatando-a ao proferirem a sentença arbitral". DINAMARCO, Julia. O árbitro e as normas criadas judicialmente: notas sobre a sujeição do árbitro à súmula vinculante e ao precedente. *In*: LEMES, Selma F.; CARMONA, Carlos A.; MARTINS, Pedro B. (coord.). **Arbitragem** – estudos em homenagem ao Professor Guido Fernando da Silva Soares. São Paulo: Atlas, 2007, p. 69.

> A súmula vinculante não tem eficácia geral, porque só vincula os órgãos do Poder Judiciário e da Administração Pública; ou seja, não tem eficácia contra todos, não vincula diretamente os particulares, por isso não tem força de lei. Os particulares não estão sujeitos às súmulas vinculantes, não são obrigados a se conduzir na forma por eles determinada, podem desobedecer a eles sem que isso implique sanção[290].

Assim como vimos em relação aos precedentes não constitucionais, a súmula vinculante foi criada[291] visando a atender motivos de pacificação do Poder Judiciário e da administração pública direta e indireta sobre questões constitucionais. A norma constitucional é bastante clara ao delimitar quem estará sujeito à sua força vinculativa[292].

Por isso, podemos dizer que o árbitro não estará obrigado pela súmula vinculante, posto que esse *precedente* é direcionado especificamente aos juízes e à administração pública direta e indireta, posição também defendida por Eduardo Parente:

> Não nos parece que o árbitro esteja obrigado pela súmula vinculante. Ainda que cause estranheza a alguns, nada há a se fazer em caso tal. Obviamente não cabe recurso. Tampouco é possível a demanda do art. 33. Em resumo, é o mesmo que ocorre quando o árbitro julga mal o direito, quando julga contrariamente à lei. Não é possível anular a sentença, pois que, repetimos, esta demanda não visa atacar erros *in judicando*, mas apenas anulabilidades *in procedendo*. Logo, o fato é que a súmula vinculante obriga ao juiz, mas não ao

[290] SILVA, José Afonso da. **Comentário contextual à Constituição**. São Paulo: Malheiros, 2006, p. 562.

[291] Segundo Victor Nunes Leal: "A Súmula deve, pois, ser redigida tanto quanto possível com a maior clareza, sem qualquer dubilidade, para que não falhe ao seu papel de expressar a inteligência dada pelo Tribunal. Por isso mesmo, sempre que seja necessário esclarecer algum dos enunciados da Súmula, deve ele ser cancelado, como se fosse objeto de alteração, inscrevendo-se o seu novo texto na Súmula com outro número". LEAL, Victor Nunes. Passado e futuro da súmula do STF. **Revista de Direito Administrativo**, São Paulo, p. 145, jul.-set. 1981, p. 11.

[292] Conforme o entendimento de William Pugliese: "Já a súmula vinculante obriga os órgãos inferiores ao Supremo Tribunal Federal a decidir de acordo com o preceito. Claramente, trata-se da busca de um instituto que já procurava alimentar a força dos precedentes no Brasil". PUGLIESE, William. **Precedentes e a *civil law* brasileira**. Interpretação e aplicação do novo Código de Processo Civil. São Paulo: RT, 2016, p. 96.

> árbitro. O motivo é simples: o tão repetido princípio fundamental do sistema do processo arbitral, que não se encontra no judicial, da autonomia da vontade. Quando opta pelo processo arbitral, a parte se sujeita a eventualmente não ter um julgamento conforme uma súmula vinculante que poderia lhe favorecer. Assim como ocorre com a lei. A parte escolhe com liberdade, com suas vantagens, mas também com riscos quanto à liberdade de julgar o mérito pelos árbitros[293].

O árbitro não pode estar subordinado às regras organizacionais do Poder Judiciário e tampouco às técnicas de julgamento que visem dar maior estabilidade e segurança àquele sistema jurídico, do qual a arbitragem não faz parte[294]. Ainda que possa soar como algo antijurídico, não se pode obrigar os árbitros a seguirem orientações criadas por conta de conflitos de órgãos judiciários, que possuem como resultado final reduzir novas demandas e novos recursos destinados ao STF, estando essa racionalidade da súmula vinculante explícita de forma tão evidente no art. 103-A da CF[295].

293 PARENTE, Eduardo. **Processo arbitral e sistema**. São Paulo: Atlas, 2012, p. 292.

294 Para Julia Dinamarco, "a eficácia vinculante conferida às súmulas previstas no art. 103-A não é suficiente, contudo, segundo a maioria dos autores, para inseri-las entre as fontes do direito no sistema brasileiro. Embora a eficácia vinculante atribuída às súmulas possa ser vista – como é por alguns – como modificação na fórmula de equilíbrio entre os poderes do Estado, ainda vigoram inalterados o art. 2º da Constituição Federal e o princípio de que somente a lei obriga os indivíduos, consagrado no art. 5º, inciso II, da Constituição. As fontes do direito ainda são a lei escrita e, supletivamente, os institutos indicados no art. 4º da Lei de Introdução ao Código Civil". DINAMARCO, Julia. O árbitro e as normas criadas judicialmente: notas sobre a sujeição do árbitro à súmula vinculante e ao precedente. *In*: LEMES, Selma F.; CARMONA, Carlos A.; MARTINS, Pedro B. (coord.). **Arbitragem** – estudos em homenagem ao Professor Guido Fernando da Silva Soares. São Paulo: Atlas, 2007, p. 64-88.

295 Nesse sentido defende Ricardo Dalmasso Marques: "Não há vinculação, primeiramente, porque, como se estabeleceu supra, a vinculação que conferiu o legislador constitucional está relacionada às regras e aos ritos procedimentais aplicáveis estritamente à esfera judicial. A separação entre os dois sistemas é suficiente para afastar, daqueles que se submetem à arbitragem, qualquer regra ou ferramenta que advenha unicamente do arcabouço judicial – lembrando, nesse sentido, que o fundamento e o propósito das decisões e súmulas vinculantes de reduzir o número e a duração de processos no Poder Judiciário, por óbvio, não se comunicam, aplicam ou estendem ao sistema arbitral". MARQUES, Ricardo Dalmasso. Inexistência de vinculação às decisões e Súmulas Judiciais Vinculantes do Supremo Tribunal Federal. **Revista Brasileira de Arbitragem**, Porto Alegre, v. 10, n. 38, abr.-jun., 2013, p. 127.

Isso não significa dizer que os árbitros poderão simplesmente ignorar a existência da súmula vinculante. Se as partes suscitarem a incidência de determinada súmula, os árbitros deverão se debruçar sobre ela, apontando as razões para sua incidência ou não. Mas, novamente, o que pode colocar em risco a integridade da sentença arbitral não é a não aplicação da súmula vinculante, mas o fato de se ignorar a sua existência, quando suscitada, como desdobramento do dever de motivação.

Não por menos, não consta do art. 33 da Lei de Arbitragem a possibilidade de se anular a sentença arbitral por inobservância de uma súmula vinculante. A realidade é que mesmo na época da criação da súmula vinculante a arbitragem já era um subsistema. Naquela oportunidade, o legislador não pretendeu estender os efeitos ao sistema arbitral e o mesmo se verificou com a revisão da Lei de Arbitragem ocorrida em 2015[296].

Nunca é demais relembrar que o sistema de direito brasileiro autorizou a criação do sistema arbitral, permitindo que as partes elegessem um terceiro ou terceiros para solucionar um conflito fora do Poder Judiciário e sem a sua influência no julgamento do mérito da questão. Isso não significa dizer que os árbitros aplicarão um direito paralelo. Contudo, nunca foi a pretensão do legislador colocar o sistema arbitral sob o mesmo manto do Poder Judiciário por meio da aplicação das regras do processo civil. É por esse motivo que os árbitros não estarão sujeitos a técnicas de julgamentos e regras processuais próprias daquele sistema e a súmula vinculante, por sua vez, se encaixa nessa situação.

No entanto, fazemos uma ressalva: quando se tratar de arbitragem envolvendo a administração pública e que tenha a lei brasileira como sendo a lei aplicável, os árbitros deverão observar os comandos de súmulas vinculantes, posto que, para entidades que integram a administração pública direta ou indireta, os comandos refletidos em súmulas vinculantes devem ser observados por vontade expressa da CF, sob pena de tornar a sentença arbitral inexequível ou nula, por desrespeitar a convenção arbitral que elegeu a lei brasileira como a lei aplicável, além de violar o princípio da legalidade, insculpido no art. 37 da CF. A vinculação do árbitro, nessa especial situação, se dá em razão do comando expresso do art. 103-A da CF, que determina: "a súmula terá efeito vinculante em

[296] Lei n. 13.129, de 26 de maio de 2015.

relação [...] à administração pública direta e indireta, nas esferas federal, estadual e municipal".

Ainda que se possa defender que tal situação criaria uma situação de desequilíbrio, tendo em vista que os árbitros e a parte adversa, caso seja um particular, não estariam sujeitos aos efeitos da súmula vinculante[297], não nos parece razoável sustentar a não aplicação como forma de se criar alguma paridade entre as partes ou de privilegiar a autonomia do árbitro na análise do direito, em detrimento do princípio da legalidade e, na realidade, colocando em risco a própria exequibilidade da sentença arbitral, posto que, nesse tipo de situação, a ordem pública pode ser invocada para anular essa sentença arbitral. Em nossa visão, trata-se de uma situação excepcional ao entendimento de não vinculação dos árbitros às súmulas vinculantes, justamente decorrente de envolvimento da administração pública.

4.3.2. Decisões em controle difuso de constitucionalidade

Concluímos no capítulo anterior que os árbitros não estão vinculados às súmulas vinculantes, apesar do dever de observância, para justificar a sua aplicação ou não em atenção ao dever de motivação das decisões, com exceção das situações em que a administração pública for parte. Nesta situação, os árbitros estarão vinculados às súmulas vinculantes, sob pena de desrespeito à eleição das partes acerca da lei aplicável ao caso concreto. Assim, passamos à análise da eventual vinculação dos árbitros às decisões proferidas pelo STF em sede de controle difuso, antes de nos debruçarmos sobre o controle concentrado.

De plano, entendemos que esse tipo de decisão não vincula os árbitros, pois ainda que seja uma decisão de grande valor, autoridade e de ter a capacidade de servir como parâmetro aos árbitros e demais órgãos do Poder Judiciário[298], não há respaldo constitucional para estender e vincular

297 "As regras apontadas são dirigidas apenas a uma parte da relação processual (administração pública). Elas não abarcam, portanto, os outros dois polos da relação, a parte contrária (quando for particular) e, em especial, o próprio árbitro. Se, como sustentado, este não está vinculado em qualquer das hipóteses (controle concentrado ou súmula vinculante), não se vislumbra margem para que a situação particular de um dos litigantes altere essa perspectiva". MARIANI, Rômulo Greff. **Precedentes na arbitragem**. Belo Horizonte: Fórum, 2018, p. 158.

298 Para Maristela Seixas Dourado, "Nesse sentido, o Supremo Tribunal Federal em sede de Recurso Extraordinário (art. 103, III, a, b, c, d, da Constituição da República) julga "as causas

os seus efeitos, conforme ocorre na hipótese de controle concentrado de constitucionalidade.

A discussão acerca da atribuição de efeitos vinculantes às decisões proferidas pelo STF em sede de controle difuso foi motivo de intenso debate no julgamento da Reclamação n. 4.335/AC, em razão da anterior decisão do STF pela inconstitucionalidade da vedação à progressão de regime nos crimes hediondos. Ocorre que essa decisão havia sido proferida em controle difuso de constitucionalidade, o que impediria a vinculação aos demais órgãos do Poder Judiciário e à administração pública direta e indireta. Diante disso, o então Min. Rel. Gilmar Mendes passou a defender a tese de que mesmo em controle difuso de constitucionalidade a decisão a ser proferida pelo STF naquele caso deveria ser vinculante, tendo em vista que a regra contida no art. 52, X, da CF, que por sua vez determina ser competência privativa do Senado Federal "suspender a execução, no todo ou em parte, de lei declarada inconstitucional por decisão definitiva do STF", estaria em desuso, de modo que a decisão de inconstitucionalidade proferida pelo STF deveria ter efeitos *erga omnes* e ser vinculante.

Essa posição foi acompanhada pelo Ministro Eros Grau[299], mas em seguida rejeitada pelos Ministros Sepúlveda Pertence, Joaquim Barbosa,

decididas em única ou última instância", ou seja, julga a aplicação dada à Constituição em situações jurídicas concretas, e não meras teses sobre a constitucionalidade ou inconstitucionalidade de leis e de atos normativos. O Supremo Tribunal, aqui, não funciona nem mesmo como mera corte de cassação, mas como corte de apelação, cabendo-lhe julgar tanto o *error in procedendo* quanto o *error in iudicando*. Assim, o resultado da atuação do Supremo Tribunal Federal no controle difuso de constitucionalidade nunca é o julgamento de uma tese, e dessa atuação não resulta uma teoria, mas uma decisão; e essa decisão trata da inconstitucionalidade como preliminar de mérito para tratar do caso concreto, devolvido a ele por meio de recurso, sob pena de se estar negando jurisdição (art. 5º, XXXV e LV, da Constituição da República)". DOURADO, Maristela Seixas. **O papel do Senado Federal no controle de constitucionalidade**. Monografia para conclusão do Curso de Direito Legislativo, Universidade do Legislativo Brasileiro (Unilegis) – Especialização em Direito Legislativo/Universidade Federal de Mato Grosso do Sul (UFMS), 2008. Disponível em: http://www2.senado.leg.br/bdsf/handle/id/162780. Acesso em: 02 set. 2020.

[299] Segundo o Ministro Eros Grau: "Obsoleto o texto que afirma ser da competência privativa do Senado Federal a suspensão da execução, no todo ou em parte, de lei declarada inconstitucional por decisão definitiva do Supremo Tribunal Federal, nele se há de ler, por força da mutação constitucional, que compete ao Senado Federal dar publicidade à suspensão da

Ricardo Lewandowski[300], Teori Zavascki, Luís Roberto Barroso, Rosa Weber, Marco Aurélio e Celso de Mello. Os últimos defendem a posição de que a regra do art. 52, X, da CF, continuaria vigente e deveria ser observada pelo STF, de modo que não seria possível admitir que o Senado Federal fosse apenas um órgão publicador das decisões do STF.

Tanto isso é verdade que, por meio de estudo realizado por Frederico Martins Engel[301], apurou-se que entre 1988 e 2017 foram realizadas 176 comunicações entre o STF e o Senado Federal para dar cumprimento ao art. 52, X, da CF, "sendo que apenas 18 (dezoito) Ofícios "S", apresentados até 2017, ainda carecem de análise pela Casa, o que equivale a somente 10% (dez por cento) das comunicações remetidas pelo STF desde 1988". Essa análise estatística demonstra que tanto o Senado Federal como o STF davam cumprimento à norma constitucional, não havendo como se sustentar a ideia de que aquela norma constitucional havia caído em desuso.

Tal entendimento reforça a tese de que as decisões de constitucionalidade proferidas em sede de controle difuso não possuem efeito vinculante[302]. Fosse essa a intenção do STF, existe um remédio processual próprio para isso, que é justamente a criação de súmula vinculante,

execução, operada pelo Supremo Tribunal Federal, de lei declarada inconstitucional, no todo ou em parte, por decisão definitiva do Supremo".

300 Conforme o entendimento do Ministro do Supremo Tribunal Federal, Ricardo Lewandowski: "Não há, penso eu, com o devido respeito pelas opiniões divergentes, como cogitar-se de mutação constitucional na espécie, diante dos limites formais e materiais que a própria Lei Maior estabelece quanto ao tema, a começar pelo que se contém no art. 60, § 4º, III, o qual erige a separação dos poderes à dignidade de "cláusula pétrea", que sequer pode ser alterada por meio de emenda constitucional".

301 ENGELS, Frederico Martins. **A competência do Senado Federal para suspender a execução de normas declaradas inconstitucionais pelo Supremo Tribunal Federal**: (in)ocorrência de mutação constitucional. Acesso em: https://www2.senado.leg.br/. Disponível em: 02 set. 2020.

302 "A sentença que declarou a inconstitucionalidade da lei ou ato normativo, no controle difuso, somente tem eficácia inter partes. A norma, contudo, não é retirada do ordenamento jurídico, permanecendo válida e eficaz em relação a todas as demais pessoas, que não foram partes do processo. Para que isso possa ocorrer, é preciso que o Senado Federal, nos termos do art. 52, inciso X, da Constituição Federal de 1988, suspenda a execução daquela lei ou ato normativo, no todo ou em parte, com eficácia *erga omnes* (em face de todos) e efeitos *ex nunc* (a partir da suspensão), por meio de resolução senatorial". DANTAS, Paulo Roberto de Figueiredo. **Direito processual constitucional**. São Paulo: Saraiva, 2018, p. 232-264.

por meio da qual se consegue vincular os órgãos do Poder Judiciário e a própria administração pública, ainda que tal vinculação não alcance o árbitro. Logo, considerando que a súmula vinculante não vincula o árbitro, igualmente a decisão proferida pelo STF em sede de controle difuso tampouco poderia vinculá-lo.

No mais, importante frisar que as decisões proferidas pelo STF em sede de controle difuso produzem efeitos *intra partes* e não possuem eficácia normativa. Novamente, se arguido por alguma das partes como fundamento relevante de sua tese, caberá aos árbitros analisar esse precedente persuasivo e justificar a sua aplicação ou rejeição ao caso concreto, mas apenas em atenção ao dever de motivação e nada mais.

4.3.3. Decisões em controle concentrado de constitucionalidade

Uma vez estabelecido que as súmulas vinculantes e as decisões proferidas pelo STF em sede de controle difuso não vinculam os árbitros, passemos, então, à análise da vinculação ou não dos árbitros às decisões proferidas pelo STF em sede de controle concentrado de constitucionalidade[303].

[303] Sobre o panorama do controle de constitucionalidade, afirma Marcelo Figueiredo: "A Constituição de 1988 reduziu amplamente o controle difuso de constitucionalidade incidental ou difuso, ao ampliar, de forma marcante, a legitimação para propositura da ação direta de inconstitucionalidade (CF, art. 103), permitindo que, praticamente, todas as controvérsias e litígios constitucionais relevantes sejam submetidas ao Supremo Tribunal Federal mediante processo de controle abstrato de normas. Ao lado da ampla legitimação para a provocação do controle abstrato de normas, como veremos, o constituinte instituiu mecanismo para a tutela de direitos subjetivos lesados em decorrência da omissão normativa (art. 5º, LXXI). Do mesmo modo, instituiu ainda o processo de controle abstrato da omissão normativa inconstitucional (art. 103, § 2º). Com a Constituição de 1988, o sistema brasileiro de fiscalização da constitucionalidade foi aperfeiçoado. Destarte, a) ampliou-se a legitimação ativa para a propositura da ação direta de inconstitucionalidade; b) admitiu-se a instituição, pelos Estados-membros, de ação direta para declaração de inconstitucionalidade de ato normativo estadual ou municipal em face da Constituição Federal; c) instituiu-se a ação direta de inconstitucionalidade por omissão e o mandado de injunção; d) exigiu-se, ademais, a manifestação do Procurador-Geral da República em todas as ações de inconstitucionalidade, bem como nos demais processos de competência do Supremo Tribunal Federal; e) exigiu-se a citação do Advogado-Geral da União que, nas ações diretas, deverá defender, na qualidade de verdadeiro curador, o ato impugnado; f) não atribuiu ao STF competência para julgar representação para fins de interpretação, instrumento criado pela EC 7/1977, foi suprimido pela nova Constituição; g) previu a criação de um mecanismo de arguição de descumprimento de preceito fundamental decorrente da Constituição e, finalmente; h) alterou o recurso extraordinário, que passou a ter

Segundo o § 2º do art. 102 da CF,

> as decisões definitivas de mérito, proferidas pelo Supremo Tribunal Federal, nas ações diretas de inconstitucionalidade e nas ações declaratórias de constitucionalidade produzirão eficácia contra todos e efeito vinculante, relativamente aos demais órgãos do Poder Judiciário e à administração pública direta e indireta, nas esferas federal, estadual e municipal.

A leitura do § 2º do art. 102 da CF nos permite chegar a uma primeira conclusão, qual seja, de que a questão aqui não é discutir se essa decisão configura um precedente ou não, apesar da resposta ser positiva, mas se os árbitros estão vinculados ao resultado do julgamento e não necessariamente à *ratio* desse precedente. Ou seja, a grande questão não é se a fundamentação utilizada pelo STF nesse julgamento vincula o árbitro ou não, mas se o árbitro deve seguir o resultado desse julgamento, seja pela constitucionalidade ou inconstitucionalidade de determinada norma.

Nesse ponto, vale registrar o posicionamento de Daniel Mitidiero:

> Em primeiro lugar, o art. 927, I, não prevê propriamente a hipótese de precedente. Trata-se de caso de controle de constitucionalidade. O dispositivo confunde eficácia *erga omnes* com efeito vinculante do precedente. Daí que não são propriamente as decisões do Supremo Tribunal Federal em controle concentrado de constitucionalidade que valem como precedentes. As decisões em controle concentrado visam aplicar a Constituição a fim de aferir a constitucionalidade de lei ou ato normativo – portanto, visam à solução da questão constitucional e os respectivos dispositivos contam com eficácia *erga omnes* (art. 102, § 2º, CF). O que pode, no entanto, gerar precedente são as razões determinantes constantes da fundamentação da decisão em controle

feição unicamente constitucional. A EC 3/1993 alterou a redação dos arts. 102 e 103 da Lei Fundamental da República, para o efeito de instituir a ação declaratória de constitucionalidade de lei ou ato normativo federal, de competência do Supremo Tribunal Federal. As decisões da Suprema Corte, nesse caso e quando ao mérito, produzirão eficácia contra todos e efeito vinculante, relativamente aos demais órgãos do Poder Judiciário e ao Poder Executivo. A ação declaratória de constitucionalidade será proposta pelo Presidente da República, pela Mesa do Senado Federal, pela Mesa da Câmara dos Deputados e pelo Procurador Geral da República. Disponível em: https://enciclopediajuridica.pucsp.br/verbete/27/edicao-1/controle-concentrado-de-constitucionalidade-no-brasil. Acesso em: 04 set. 2020.

> abstrato de constitucionalidade [...] O art. 927, I, do CPC, confunde o plano da aplicação – que é plano em que se situa o controle de constitucionalidade – com o plano da interpretação – em que se situa a formação do precedente judicial[304].

Diante desse cenário, resta claro que não discutimos aqui se os árbitros devem seguir a fundamentação dos precedentes oriundos de julgamento do STF em controle concentrado de constitucionalidade, mas sim se os árbitros estão vinculados ao resultado desses julgamentos.

Podemos antecipar que a fundamentação dos precedentes oriundos destes julgamentos pode influir na decisão do árbitro, mas sem o vincular, tal como vimos quando tratamos dos precedentes não constitucionais, até mesmo porque o efeito vinculante da decisão e de suas razões está direcionado ao próprio Poder Judiciário e à administração pública.

Nesse ponto, continuamos a defender que os árbitros não são subordinados ao Poder Judiciário e que técnicas e regras de julgamento típicas do processo civil não se aplicam ao sistema arbitral, salvo quando assim estabelecido e desejado pela Lei de Arbitragem e pela CF. Por essa razão, podemos dizer que, em um primeiro momento, o efeito vinculante dessa decisão não atinge os árbitros[305], assim como foi o caso das súmulas vinculantes, eis que, de acordo com o próprio texto constitucional, a eficácia

[304] MITIDIERO, Daniel. Precedentes. **Da persuasão à vinculação**. 3. ed. São Paulo: RT, 2016, p. 102-103.

[305] Para Rômulo Greff Mariani: "Essa é a noção que se deve ter em mente quando ambos os textos (Lei n 9.868/1999 e Constituição Federal) mencionam que a eficácia da decisão se estende "a todos" (eficácia *erga omnes*) e o efeito vinculante apenas a alguns (administração pública e poder Judiciário): em verdade a eficácia *erga omnes* apenas explicita a "força declaratória" (o que não significa "força de lei"), já se tendo afirmado que a "eficácia contra todos contida nas decisões que julgam ação direta de inconstitucionalidade e que tem a aptidão de atingir particulares é proveniente do efeito vinculante do controle concentrado e não de efeito *erga omnes*. Por outro lado, quando os dispositivos avançam para estabelecer essa "vinculação", eles se dirigem "apenas aos órgãos judiciários e à administração pública". É correto afirmar que "a vinculação estabelecida pela lei brasileira, porém, não tem o condão de ultrapassar entre o sistema judicial e o sistema arbitral". [...] O árbitro ainda tem o dever de aplicar o Direito de forma fundamentada e coerente, mas isso não significa que tenha, necessariamente, que seguir o entendimento da Corte estatal, mesmo em se tratando de controle concentrado perante o Supremo Tribunal Federal". MARIANI, Rômulo Greff. **Precedentes na arbitragem**. Belo Horizonte: Fórum, 2018, p. 145.

vinculante atinge apenas o Poder Judiciário e a administração pública direta e indireta, nos níveis municipais, estaduais e federal.

Contudo, dois elementos podem relativizar essa conclusão preliminar de que os árbitros não estariam vinculados às decisões do STF em controle concentrado de constitucionalidade. São eles: (i) a (não) extensão da regra prevista no art. 52, X, da CF aos julgamentos em controle concentrado; e (ii) a natureza jurídica desse tipo de decisão. Comecemos pela primeira possibilidade.

De acordo com o art. 52, X, da CF, cabe privativamente ao Senado Federal "suspender a execução, no todo ou em parte, de lei declarada inconstitucional por decisão definitiva do STF". Esse comando implica no reconhecimento de que uma norma tida por inconstitucional, total ou parcialmente, pelo STF somente será expurgada, de forma definitiva, após a confirmação pelo Senado Federal. Contudo, a norma não faz diferenciação entre julgamento em controle concentrado e controle difuso, mas menciona apenas julgamento definitivo do STF.

Por outro lado, a interpretação doutrinária nos parece tranquila no sentido de admitir que a interpretação mais correta acerca do alcance do art. 52, X, CF, implica no reconhecimento de que nas declarações de (in)constitucionalidade em controle concentrado tal comando não se aplicaria. Prova disso é que o próprio Senado Federal, em diversas oportunidades, já recusou o recebimento de ofícios por parte do STF para adotar medidas tendentes a dar cumprimento ao art. 52, X, do STF, tendo em vista que as decisões de inconstitucionalidade haviam sido proferidas em controle concentrado de constitucionalidade[306].

Deste modo, entendemos que o art. 52, X, da CF, não deve ser aplicado aos casos de controle concentrado de constitucionalidade, tal como ocorre nas situações de controle difuso. Este reconhecimento, ainda que simplório em um primeiro momento, se mostra relevante ao

[306] Cite-se, como exemplo, os termos do Parecer n. 3/2017-CCJ, através do qual a Senadora Simone Tebet entendeu da seguinte forma: "não cabe a participação do Senado Federal, na forma do art. 52, X, da Constituição, para editar resolução com a finalidade de suspender a execução, no todo ou em parte, de lei declarada inconstitucional por decisão definitiva do Supremo Tribunal Federal, no caso de recurso extraordinário contra a decisão da Justiça Estadual em sede de ação direta de inconstitucionalidade – como ocorre no OFS n. 82, de 2015 –, uma vez que essa ação é, efetivamente, uma forma de controle concentrado de constitucionalidade, com efeito *erga omnes*".

analisarmos a eventual vinculação dos árbitros às decisões proferidas em sede de controle concentrado, especialmente nos casos de declaração de inconstitucionalidade, posto que não existe qualquer outro ato a ser realizado ou executado para retirar ou rever determinada norma tida por inconstitucional.

O raciocínio acima nos leva à análise do segundo elemento, isto é, a natureza da decisão proferida em sede de controle concentrado. Se a declaração de inconstitucionalidade em controle concentrado independe de qualquer manifestação por parte do Senado Federal[307], produzindo automaticamente efeitos *erga omnes* perante a sociedade e efeitos vinculantes perante o Poder Judiciário e a administração pública, devemos entender qual é a natureza dessa decisão, se ela possui eficácia normativa, ou não, com a capacidade de vincular os árbitros.

Para Vicente Greco Filho[308], "a declaração em caráter principal, por meio de ação direta, é uma ação de natureza declaratória negativa de validade da norma e tem eficácia *erga omnes* pela simples publicação do Acórdão do Supremo declarando a lei inconstitucional". Segundo André Ramos Tavares[309], "vale consignar que a vinculatividade sobrepõe-se à própria eficácia das leis em geral, que é a de alcançar a todos indistintamente (a eficácia *erga omnes*)".

Logo, é incontestável a eficácia normativa das decisões proferidas pelo STF em sede de controle concentrado, seja pela inconstitucionalidade ou pela constitucionalidade, tendo em vista que nesse tipo de situação não há análise de um caso concreto, como ocorre no caso do controle difuso, que por vezes pode resultar na edição de súmula vinculante, mas a análise abstrata da norma. E se a CF não exige qualquer outra formalidade para validar a decisão do STF nesse tipo de situação, nos parece

[307] "Já no controle concentrado de constitucionalidade, a decisão que reconhece a inconstitucionalidade de uma lei ou ato normativo, como regra geral, terá eficácia *erga omnes* (em face de todos) e efeitos *ex tunc* (retroativos à data da edição do diploma normativo). Inexiste aqui, portanto, a necessidade de o Senado Federal suspender a eficácia da norma, nos termos daquele art. 52, inciso X, da Constituição Federal". DANTAS, Paulo Roberto de Figueiredo. **Direito processual constitucional**. São Paulo: Saraiva, 2018, p. 232-264.

[308] GRECO FILHO, Vicente. **Direito processual civil brasileiro**. v. II. 2. ed. São Paulo: Saraiva, 1986, p. 27.

[309] TAVARES, André Ramos. **Tratado da arguição de preceito fundamental**: Lei 9.868/99. São Paulo: Saraiva, 2001, p. 384-385.

razoável concluir que, mediante o efeito *erga omnes*, a decisão proferida em sede de controle concentrado é oponível a todos, inclusive aos árbitros[310].

Aqui não se trata mais de discutirmos subordinação entre sistema processual e sistema arbitral, mas de reconhecermos que, nessa excepcional situação, a decisão proferida pelo STF em sede de controle concentrado deve vincular a todos, por vontade expressa da Constituição Federal. Admitir que o árbitro pode aplicar uma norma declarada inconstitucional pelo STF em controle concentrado traria uma grande e grave insegurança jurídica, especialmente quando a Constituição Federal expressamente desejou que naquela hipótese a vinculação seja completa, aí incluindo os Poderes Legislativo e Executivo.

Nessa toada, além da insegurança jurídica gerada, haveria a violação à convenção arbitral que elegeu a lei brasileira como sendo a lei aplicável, posto que o árbitro estaria fundamentando a sua posição e decisão com base em lei tida como inconstitucional ou com base em interpretação dissociada da forma como a norma foi tida como constitucional.

Enquanto nas demais hipóteses a vinculação era afastada, entre outros motivos, em função do reconhecimento de que aqueles precedentes foram criados para garantir maior estabilidade às decisões judicias, evitando-se,

[310] Segundo Georges Abboud: "A declaração de inconstitucionalidade da lei, em sede abstrata, promove a retirada da lei do mundo jurídico, trata-se de decisão judicial que tem o condão de atingir o plano legislativo. Daí falar-se em vinculação dos particulares a essa decisão de inconstitucionalidade, na medida em que eles ficam impossibilitados de celebrarem contratos ou ainda utilizarem a lei declarada inconstitucional como fundamento normativo de suas pretensões jurídicas. Ou seja, se o STF declarar por meio de ação direta de inconstitucionalidade que a lei "X" é inconstitucional, os particulares estarão vinculados por essa decisão, posto que ficarão impedidos de utilizarem a lei "X" como fundamento de sua ação, bem como de celebrar qualquer contrato com base nessa mesma lei. Do mesmo modo, o árbitro está impedido de fundamentar sua sentença arbitral com base na lei "X", uma vez que ela foi declarada inconstitucional pelo STF em sede abstrata, ou seja, foi retirada do ordenamento jurídico. Nesse contexto, entendemos que o árbitro, tal como qualquer outro juiz ou tribunal do Poder Judiciário, está vinculado à decisão de total rechaço proferida pelo STF. Mais precisamente, a decisão que julga procedente a ação direta de inconstitucionalidade retira a lei do ordenamento jurídico, impedindo, portanto, sua utilização, seja pelos órgãos judiciais, seja pelos próprios particulares, inclusive os particulares que exercem atividade jurisdicional (árbitro)". ABBOUD, Georges. Súmula Vinculante *versus* precedentes: notas para evitar alguns enganos. **Revista de Processo**, v. 165, nov. 2008, p. 6.

assim, a prolação de decisões conflitantes dentro de um mesmo sistema e combatendo a insegurança jurídica, na presente hipótese esse julgamento em controle concentrado de constitucionalidade é uma resposta dada pelo STF à sociedade como um todo sobre questões altamente relevantes nos mais diversos aspectos, como o social, o econômico e o político.

Assim, em relação às decisões proferidas em sede de controle concentrado, os árbitros estão vinculados ao seu resultado, de maneira que o seu desrespeito pode levar à declaração de nulidade da sentença arbitral, caso tenha sido proferida em solo nacional, ou impedir a sua homologação, caso o procedimento arbitral não tenha sede no Brasil.

4.4. Controle da decisão arbitral à luz dos precedentes judiciais

Vimos no capítulo anterior que, com exceção das decisões proferidas pelo STF em sede de controle concentrado, os árbitros não estão vinculados aos demais precedentes. Isso não significa, contudo, que os precedentes não podem gerar eventual declaração de nulidade das decisões arbitrais. É o que analisaremos nesse capítulo, a começar pela discussão acerca do cabimento de reclamação, especialmente diante da conclusão de que existe vinculação por parte dos árbitros com relação às decisões proferidas em sede de controle de constitucionalidade.

4.4.1. Reclamação

A Reclamação é um instrumento processual previsto no art. 102, I, alínea "l", da CF, para proteger e preservar a competência do STF e a autoridade de suas decisões. A Reclamação está regulamentada pelo art. 988 e seguintes do CPC[311] e pelos arts. 156 e seguintes do Regimento Interno do

[311] Segundo Pedro Miranda de Oliveira, "Assim, até o advento do Código de Processo Civil de 2015 era possível elencar as seguintes hipóteses de cabimento da reclamação: (a) ao STJ, para preservação de sua competência e garantia da autoridade de suas decisões (CF, art. 105, I, f; Lei 8.038/1990, arts. 13 a 18; RISTJ, arts. 187 a 192); (b) ao STF, também para a preservação de sua competência e garantia da autoridade de suas decisões (CF, art. 102, I, l; Lei 8.038/1990, arts. 13 a 18; RISTF, arts. 156 a 162); (c) ao STF, para garantir a observância do entendimento consolidado em súmula vinculante (CF, art. 103, § 3º, na redação decorrente da EC 45/2004). Pois bem. O legislador entendeu oportuno regulamentar expressamente a reclamação no Código de Processo Civil, indo além da disciplina que, para os tribunais superiores, lhe é dada pela Lei 8.038/1990. Dessa forma, a reclamação é regulada nos arts. 985 a 991, com ampliação significativa das hipóteses de cabimento previstas naquele diploma legal e servem para

STF[312]. De acordo com a leitura desses dispositivos, podemos sintetizar o cabimento da Reclamação quando: (i) juiz ou tribunal usurpa a competência estabelecida no art. 102 da CF e processa ou julga ações ou recursos de competência do STF; (ii) for necessário garantir a autoridade das decisões de tribunais inferiores e superiores por estarem sendo desrespeitadas por autoridades judiciárias ou administrativas; e (iii) for necessário garantir a autoridade das súmulas vinculantes em caso de descumprimento pelas autoridades judiciárias e administrativas.

Como se vê, a Reclamação é um remédio processual, ainda que tenha natureza de ação[313], que visa tutelar o desrespeito hierárquico por um órgão administrativo ou judiciário de determinadas decisões judiciais. Segundo Cândido Rangel Dinamarco, "a técnica da reclamação tem a grande vantagem de queimar etapas, permitindo que o interessado chegue desde logo ao Tribunal emissor da súmula transgredida, sem ter de passar pelos diversos graus jurisdicionais mediante sucessivos recursos"[314].

quaisquer tribunais. Por outro lado, houve detalhamento de algumas regras procedimentais. A natureza jurídica de ação de conhecimento originária dos tribunais foi mantida. Tanto é verdade, que o Código de Processo Civil de 2015, ao cuidar da reclamação, a prevê no capítulo VIII (Da reclamação) do Título I (Da ordem dos processos e dos processos de competência originária dos tribunais) do Livro III (Dos processos nos tribunais e dos meios de impugnação das decisões judiciais), e não no Título II (Dos recursos). OLIVEIRA, Pedro Miranda de. Meios de impugnação das decisões judiciais 2. Aspectos destacados da Reclamação no Novo Código de Processo Civil. **Revista de Processo**, v. 247, set. 2015.

312 Segundo dados do STF: "Atualmente, tramitam aproximadamente 3 mil Reclamações no STF, número que tem crescido nos últimos anos. A possibilidade de uso desse instrumento foi ampliada pela emenda Constitucional 45/2004 (Reforma do Judiciário), para impugnar ato administrativo ou decisão judicial que contrarie ou aplique indevidamente súmula vinculante da Corte (artigo 103-A, parágrafo 3º)".

313 Segundo o Ministro do STF Gilmar Mendes: "Tal entendimento justifica-se pelo fato de, por meio da reclamação, ser possível a provocação da jurisdição e a formulação de pedido de tutela jurisdicional, além de conter em seu bojo uma lide a ser resolvida, decorrente do conflito entre aqueles que persistem na invasão de competência ou no desrespeito das decisões do tribunal e, por outro lado, aqueles que pretendem ver preservada a competência e a eficácia das decisões da Corte". MENDES, Gilmar. A reclamação constitucional no STF. **Fórum Administrativo**, v. 100, p. 94-111, Belo Horizonte, jun. 2009, p. 96.

314 DINAMARCO, Cândido Rangel. Súmulas vinculantes. **Revista Forense**, v. 95, n. 347, jul.-set. 1999, p. 61-63.

Em outras palavras, podemos ver a Reclamação como um remédio processual, ou demanda, que visa combater a afronta ou desrespeito institucional dentro do Poder Judiciário e com relação à administração pública, quando a decisão em questão envolver decisão dotada de efeito vinculante expresso.

De se notar que o CPC deu em 2015 nova roupagem à Reclamação, quando a arbitragem já era uma realidade no Brasil, e o legislador optou para não fazer qualquer menção ao sistema arbitral e às decisões que seriam lá proferidas ao regular o procedimento e o cabimento da Reclamação, mesmo que as sentenças arbitrais sejam equiparáveis às sentenças judiciais. Optou o legislador por manter a discussão e a hipótese de cabimento de declaração de nulidade das sentenças arbitrais limitados ao art. 32 da Lei de Arbitragem.

Afinal, como vimos, o sistema arbitral não é subordinado ao sistema judicial[315] e, por consequência, não haveria como se sustentar qualquer tipo de violação à autoridade das decisões judiciais que, em sua grande maioria não vinculam os árbitros[316]. A exceção se dá com relação às decisões proferidas em sede de controle concentrado de constitucionalidade, mas para essas situações, a parte interessada deverá usar ação anulatória nos termos do art. 32, III e/ou IV da Lei de Arbitragem. Nesses casos, o árbitro terá apresentado fundamentação viciada ao desconsiderar a inconstitucionalidade, ou a sua constitucionalidade nos termos definidos pelo STF, de uma determinada norma, ou, caso julgue de forma consciente contra a decisão proferida em controle concentrado de constitucionalidade, terá

[315] José Rogério Cruz e Tucci, mesmo defendendo a vinculação dos árbitros aos precedentes, diz que não cabe a Reclamação: "É por isso que, inexistindo qualquer interdependência funcional entre tribunal estatal e árbitro, não cabe reclamação se o precedente judicial não for aplicado pelo árbitro". Disponível em: https://www.conjur.com.br/2016-nov-01/paradoxo-corte-arbitro-observancia-precedente-judicial. Acesso em: 04 set. 2020.

[316] Para Eduardo Talamini: "Não cabe usar contra as decisões arbitrais nenhum mecanismo processual judiciário de observância de força vinculante de precedentes. São inaplicáveis à arbitragem, entre outros: a reclamação por inobservância do precedente; a suspensão do processo na pendência de julgamento de caso repetitivo; a imposição de nulidade por inobservância do precedente em casos alheios ao *distinguishing* e ao *overruling*; a impugnação ao cumprimento de título judicial desconforme a decisão vinculante do STF etc." Disponível em: https://www.migalhas.com.br/depeso/286703/arbitragem-e-precedentes-cinco-premissas-cinco-conclusoes-um-epilogo-e-um-video. Acesso em: 04 set. 2020.

violado a convenção arbitral ao deixar de aplicar a lei brasileira ou a ordem pública. Como bem coloca Georges Abboud, o árbitro é um particular que exerce a função jurisdicional, razão pela qual ele não está situado dentro do Poder Judiciário, logo, não seria possível ajuizar contra suas decisões a reclamação para que o STF casse sua decisão e a reenvie para ele proferir nova sentença arbitral em conformidade com a decisão de inconstitucionalidade do STF, de modo que a utilização da reclamação nesses termos está vedada em nosso sistema jurídico, precisamente porque o árbitro é um particular, e a atividade da arbitragem não está dentro do nosso sistema judiciário estatal, o que impede qualquer ascendência hierárquica sobre o árbitro[317].

Deste modo, o legislador foi sábio ao respeitar as hipóteses de declaração de nulidade contidas no art. 32 da Lei de Arbitragem, reforçando o entendimento de que a conexão entre esses dois sistemas só deve ocorrer quando expressamente desejado e normatizado pelo legislador, o que não é caso da Reclamação[318].

4.4.2. Impugnação ao cumprimento de sentença

Antes de seguirmos com a análise do cabimento da ação anulatória e sua relação com os precedentes judiciais, teceremos algumas considerações sobre a impugnação ao cumprimento de sentença instaurado para o cumprimento definitivo da sentença que reconhece a exigibilidade de obrigação de pagar quantia certa. De acordo com o art. 525, § 1º, III, do CPC, o executado poderá alegar a inexequibilidade do título ou inexigibilidade da obrigação. Mais adiante, o art. 525, § 12, do CPC, esclarece:

> [...] considera-se também inexigível a obrigação reconhecida em título executivo judicial fundado em lei ou ato normativo considerado inconstitucional

[317] ABBOUD, Georges. Súmula Vinculante *versus* precedentes: notas para evitar alguns enganos. **Revista de Processo**, v. 165, São Paulo: RT, nov. 2008, p. 6.

[318] Essa posição é também defendida por Joel Dias Figueira Junior: "Pelas mesmas razões, inexiste possibilidade de manejo de reclamação em face de decisão proferida na jurisdição privada, assim como não haverá suspensão de processo arbitral em razão de decisão emanada do Poder Judiciário em incidente de resolução de demandas repetitivas ou repercussão geral em recurso extraordinário ou especial repetitivo". FIGUEIRA JUNIOR, Joel Dias. **Arbitragem e precedentes judiciais**. Disponível em: http://genjuridico.com.br/2020/08/14/arbitragem-precedentes-judiciais/. Acesso em: 23 set. 2020.

pelo Supremo Tribunal Federal, ou fundado em aplicação ou interpretação da lei ou do ato normativo tido pelo Supremo Tribunal Federal como incompatível com a Constituição Federal, em controle de constitucionalidade concentrado ou difuso.

O artigo em questão deve ser lido e interpretado com cuidado para evitarmos uma extensão indesejada de sua aplicação, tendo em vista que, em uma rápida leitura, podemos concluir, precipitadamente, que eventual declaração de inconstitucionalidade em controle difuso pelo STF poderia permitir que o executado arguisse tal precedente como forma de impedir a execução de uma sentença arbitral que veio a afastar o precedente do STF.

Porém, tal artigo deve ser lido de forma ampla e considerando os demais dispositivos da CF, em especial o art. 52, X, que exige a ulterior manifestação do Senado Federal para efetivamente retirar a norma do mundo jurídico.

Como anota Nelson Nery Junior ao analisar a aplicabilidade do art. 525, § 12, do CPC:

> O texto normativo, quando se refere à declaração de inconstitucionalidade pelo STF em controle concreto da constitucionalidade de lei ou de ato normativo (CPC 525 § 12 *in fine*), só faz sentido se interpretado conforme a Constituição, vale dizer, se considerar-se a incidência da CF 52 X: julgado o RE afirmando a inconstitucionalidade – controle difuso – e remetido o acórdão ao Senado Federal, a Câmara Alta expediu resolução suspendendo a execução da lei ou do ato normativo em todo o território nacional. Somente nesse caso é que o texto normativo poderá ser aplicado. Vale lembrar que o STF, quando julga RE não é tribunal de teses, mas tribunal que julga o caso concreto, subjetivo, corrigindo a decisão que aplicou incorretamente a CF ou lei que o STF considera inconstitucional. Sem autorização constitucional expressa não pode haver "objetivação" do recurso extraordinário, entendimento que só pode ser considerado *de lege ferenda*. Não se pode opor esse julgamento concreto do STF ao credor-exequente. Sem a resolução do Senado, na forma da CF 52 X, a decisão do STF em controle difuso vale apenas como precedente jurisprudencial, isto é, como entendimento do tribunal. A ela não pode ser dada eficácia de lei geral, que atinge a todos, como é o caso da declaração da inconstitucionalidade em sede de controle abstrato.

Prevalece sobre ela (declaração em concreto) a coisa julgada decorrente do título judicial que aparelha o cumprimento da sentença[319].

E realmente não poderia ser diferente, pois as decisões do STF proferidas em sede de controle difuso de constitucionalidade possuem efeitos apenas *intra partes* e não são dotadas de efeito vinculante. Tal decisão somente seria passível de arguição se o rito do art. 52, X, da CF, tivesse sido efetivamente cumprido. Nesse cenário, sem dúvida, o executado poderia arguir a decisão proferida pelo STF em sede de controle difuso para impedir a execução do título judicial.

Tal ponto é, ainda, reforçado pelo fato de que nem mesmo o CPC reconhece a decisão proferida em controle difuso de constitucionalidade como um precedente de força vinculante ao não fazer qualquer menção a esse tipo de decisão no rol do art. 927 do CPC.

No mais, a aplicação do art. 525, § 12, do CPC, às sentenças arbitrais nos parece bastante tortuosa, especialmente quando testamos a sua aplicação como fundamento para anular uma sentença arbitral, conforme veremos em dois cenários.

Em primeiro lugar, o art. 525, § 12, do CPC, é aplicável somente no procedimento que tiver por objeto o cumprimento de sentença que reconhece a exigibilidade de obrigação de pagar quantia certa, mas não seria aplicável às sentenças arbitrais declaratórias ou constitutivas, o que evidencia uma inconsistência de sua aplicação.

Em segundo lugar, o art. 33, § 1º, da Lei de Arbitragem, prevê que a ação anulatória deverá ser "proposta no prazo de até 90 (noventa) dias após o recebimento da notificação da respectiva sentença, parcial ou final, ou da decisão do pedido de esclarecimentos". Por se tratar de prazo decadencial, se a parte interessada não apresentar a competente ação anulatória dentro do prazo apontado, terá então sido formada a coisa julgada sob a sentença arbitral, ao passo que não será mais cabível a propositura de ação para desconstituir a sentença arbitral. Por consequência, se o exequente instaurar o cumprimento de sentença apenas após o transcurso do período de 90 dias depois de receber a decisão final do procedimento

[319] NERY JUNIOR, Nelson; NERY, Rosa Maria Andrade. **Comentários ao Código de Processo Civil**. São Paulo: RT, 2015, p. 1.371.

arbitral, o executado não poderá arguir a eventual existência de decisão do STF em controle concentrado ou difuso de constitucionalidade.

Portanto, entendemos que o art. 525, § 12, do CPC, deve ser analisado com cautela e só pode ser aplicado para impedir a execução de uma sentença arbitral se estivermos diante de uma decisão proferida em sede de controle concentrado de constitucionalidade e, em se tratando de decisão proferida em sede de controle difuso, apenas após o cumprimento do rito previsto no art. 52, X, da CF.

Além disso, há que se observar o prazo decadencial de 90 dias[320] previsto no art. 33, § 1º, da Lei de Arbitragem, posto que uma vez superado esse prazo, a parte prejudicada não poderia arguir eventual nulidade da sentença arbitral em sede de impugnação ao cumprimento de sentença caso não tenha manejado a competente ação anulatória[321]. A exceção fica no cenário em que a execução é instaurada antes do lapso de 90 dias e a impugnação é também apresentada antes do término do prazo de 90 dias[322], situação que seria possível ao executado suscitar a hipótese

[320] Segundo Francisco José Cahali, tal prazo "se justifica pela celeridade esperada pela jurisdição arbitral, inclusive para se alcançar a estabilização da sentença, em prestígio à segurança das relações sociais". CAHALI, Francisco José. **Curso de arbitragem**. São Paulo: RT, 2013, p. 383.

[321] Para Paulo Nasser: "diferentemente do que ocorre com a prescrição de uma dada pretensão, o prazo decadencial não nasce da violação de um direito. A decadência, em especial nas situações em análise, afeta o exercício de um direito potestativo à invalidação da sentença arbitral. Nesse ponto, é de pouco ou nenhum relevo o fato de que a Lei de Arbitragem permite a anulação da sentença por mais de um meio – ação anulatória e impugnação ao cumprimento de sentença –, pois o que importa de fato para a verificação ou não da decadência, é o exercício do direito à anulação. Se a referida anulação se dará por meio da ação própria prevista no art. 33 ou por meio de impugnação, o fato singular é que o manejo desta pretensão de invalidação deve se dar dentro do lapso temporal de 90 (noventa) dias, contados da ciência do teor da sentença pela parte interessada". NASSER, Paulo Magalhães. Apontamentos sobre o desenvolvimento da arbitragem comercial e o controle da legalidade das sentenças arbitrais por meio de ação anulatória e impugnação ao cumprimento da sentença. *In*: **Arbitragem**: estudos sobre a lei n. 13.129, de 26-5-2015 (coord.) Francisco José Cahali, Thiago Rodovalho, Alexandre Freire. São Paulo: Saraiva, 2016, p. 487.

[322] Conforme Francisco José Cahali: "Entendemos que os fundamentos previstos no art. 32 da Lei 9.307/1996 somente poderão ser utilizados na impugnação ao cumprimento de sentença se esta for apresentada dentro do referido prazo decadencial de noventa dias". CAHALI, Francisco José. **Curso de arbitragem**: mediação, conciliação, resolução CNJ 125/2010. 6. ed. São Paulo: RT, 2017, p. 373.

prevista no art. 525, § 12, do CPC[323], nos limites aqui expostos ou, claro, no caso de cumprimento de sentença simultâneo ao trâmite de uma ação anulatória ajuizada dentro do prazo decadencial em que tenha sido arguido tal argumento.

4.4.3. Considerações preliminares sobre a ação desconstitutiva

Como vimos, a arbitragem foi instituída como uma forma alternativa, ou adequada, de resolução de conflitos. Ao árbitro foi conferida a função jurisdicional e à sentença a força vinculante, tal como uma sentença judicial, o que, por consequência, implica em reconhecer que a sentença arbitral será final e independente de qualquer tipo de homologação do Poder Judiciário, tal como desejado pelas partes quando da celebração da convenção arbitral, em respeito e preservação ao princípio da autonomia da vontade das partes e da jurisdição arbitral e "these are not intended to be empty words"[324].

Contudo, o legislador previu, em situações excepcionalíssimas[325], mais precisamente no art. 32 da Lei de Arbitragem[326], a possibilidade de se

[323] "CIVIL E PROCESSUAL CIVIL. AGRAVO DE INSTRUMENTO. CUMPRIMENTO DE SENTENÇA ARBITRAL. IMPUGNAÇÃO AO CUMPRIMENTO DE SENTENÇA. ALEGAÇÃO DE NULIDADE DA SENTENÇA ARBITRAL. FUNDAMENTO NO ART. 32, VIII, DA LEI DE ARBITRAGEM. INOBSERVÂNCIA DO PRAZO DE 90 DIAS (ART. 33, § 1º DA LEI). MATÉRIA QUE SOMENTE PODE SER ALEGADA EM SEDE DE IMPUGNAÇÃO DE SENTENÇA SE RESPEITADO O PRAZO DECADENCIAL DE 90 DIAS. IMPUGNAÇÃO APRESENTADA FORA DO PRAZO DECADENCIAL.COGNIÇÃO LIMITADA ÀS MATÉRIAS ELENCADAS NO ART. 475-L DO CPC. PRECEDENTE DESTA CÂMARA. RECURSO CONHECIDO E NÃO PROVIDO TJ-PR-AI: 12110108 PR 1211010-8 (Acórdão), Rel. Marcel Guimarães Rotoli de Macedo, j. 28-01-2015, 12ª Câmara Cível, DJ 02-03-2015.

[324] NIGEL, Blackaby; PARTASIDES, Constantine *et al.* **Redfern and Hunter on International Arbitration**. 6. ed. Kluwer Law International; Oxford University Press, 2015, p. 569. Tradução livre: essas não se destinam a serem palavras vazias.

[325] PARK, William W. Por que os tribunais revisam decisões arbitrais. **Revista de Arbitragem e Mediação**, São Paulo, v. 3, p. 161-176, dez. 2004.

[326] Art. 32. É nula a sentença arbitral se: I – for nula a convenção de arbitragem; II – emanou de quem não podia ser árbitro;
III – não contiver os requisitos do art. 26 desta Lei; IV – for proferida fora dos limites da convenção de arbitragem; VI – comprovado que foi proferida por prevaricação, concussão ou corrupção passiva; VII – proferida fora do prazo, respeitado o disposto no art. 12, inciso III, desta Lei; e VIII – forem desrespeitados os princípios de que trata o art. 21, § 2º, desta Lei.

pleitear a desconstituição da sentença arbitral, conforme permite o art. 33 da Lei de Arbitragem, no prazo decadencial de 90 dias, a contar de comunicação acerca da sentença arbitral ou da decisão acerca do pedido de esclarecimentos, acompanhando uma tendência internacional de mínima interferência[327].

Nesse ponto, importante a crítica de Francisco José Cahali sobre a redação dada pela Lei n. 13.209/2015 aos arts. 32 e 33 da Lei de Arbitragem:

> Os vícios legais (art. 32 da Lei 9.307/1996) são de ordem material e processual; conforme o caso, relativos à sentença (enquanto instrumento jurídico), ao procedimento e até mesmo anterior a este (no caso da convenção). Existem, pois, elementos internos e externos à arbitragem que podem ensejar o rompimento do laudo. Desta forma, à exceção do inciso I, impróprio procurar encaixar os demais incisos do art. 32 em exame – causas de desconstituição da sentença arbitral – nas categorias dos defeitos dos atos jurídicos (arts. 166, 167 e 171 do CC/2002). Da mesma forma, afigura-se inadequado falar em vício relativo ou absoluto na forma que vem sendo em geral apresentada. A regra contém hipóteses legais para se atacar o julgamento. Por qualquer delas, cabe a ação. Pouco importa se algumas dessas causas estão contidas e outras não em categorias do direito civil[328].

Nessa mesma linha aponta Cândido Rangel Dinamarco[329]: "A demanda de sua anulação tem natureza claramente constitutiva negativa, porque a pronúncia de sua procedência tem por efeito a implantação de uma

[327] "Under these modern laws, it is accepted that the courts of law should be slow to intervene in an arbitration, if they intervene at all. (2) Nevertheless, rules need the sanction of law if they are to be effective and, in this context, the relevant law is the law of the place or seat of the arbitration. This is referred to as the lex arbitri". NIGEL, Blackaby; PARTASIDES, Constantine *et al.* **Redfern and Hunter on International Arbitration**. 6. ed. Kluwer Law International; Oxford University Press, 2015, p. 156. Tradução livre: Sob essas leis modernas, é aceito que os tribunais devem ser lentos para intervir em uma arbitragem, se é que intervêm. (2) No entanto, as regras precisam ser sancionadas por lei para serem eficazes e, neste contexto, a lei pertinente é a lei do local ou sede da arbitragem. Isso é conhecido como *lex arbitri*.

[328] CAHALI, Francisco José. **Curso de arbitragem**: mediação, conciliação, resolução CNJ 125/2010. 6. ed. São Paulo: RT, 2017, p. 386.

[329] DINAMARCO, Cândido Rangel. **A arbitragem na teoria geral do processo**. São Paulo: Malheiros, 2013, p. 236.

situação jurídica nova mediante a eliminação da sentença impugnada do mundo jurídico".

É importante registrar que a ação anulatória não pode ser interpretada como mecanismo de revisão do mérito da sentença arbitral, mas apenas como um método de verificação da legalidade do procedimento arbitral, da sentença arbitral ou da convenção arbitral[330]. Portanto, o objetivo final da ação anulatória nunca será resolver (novamente) o conflito que gerou a instauração do procedimento arbitral ou rever o mérito da sentença arbitral, mas apenas verificar a ocorrência de alguma razão para desconstituição da sentença arbitral. O mérito da sentença arbitral nunca será reformado, mas a sentença poderá ser anulada, a depender do vício a ser eventualmente verificado pelo Poder Judiciário[331].

Assim, as hipóteses no rol do art. 32 da Lei de Arbitragem são taxativas, ou ao menos bastante restritivas[332], apesar de a doutrina admitir que a violação à ordem pública pode ser arguida como mais um elemento apto a permitir a propositura da ação desconstitutiva[333], conforme veremos

[330] "No sistema brasileiro as decisões arbitrais jamais se sujeitam ao controle jurisdicional estatal no que se refere à substância do julgamento, ou seja, ao *meritum causae* e possíveis *errores in judicando*; não comportam censura no tocante ao modo como apreciam fatos e provas, ou quanto à interpretação do direito material ou aos pormenores de sua motivação. A definitividade dos pronunciamentos dos árbitros é efeito do livre exercício da autonomia da vontade dos litigantes, manifestada quando optam por esse meio alternativo. Essa singela e óbvia constatação vale como reflexão destinada a advertir contra os exageros em provocar o controle judicial das sentenças arbitrais. A liberalização desse controle pelos juízes estatais, quando levada a patamares de abuso, seria um perigosíssimo fator de esvaziamento do instituto da arbitragem, pois comprometeria os fundamentos e objetivos deste". DINAMARCO, Cândido Rangel. Limites da sentença arbitral e de seu controle jurisdicional. *In*: (coord.) MARTINS, Pedro A. Batista; GARCEZ, José Maria Rossani. **Reflexões sobre arbitragem**: *in memoriam* do Desembargador Cláudio Vianna de Lima. São Paulo: LTr., 2002, p. 330-331.

[331] Segundo Leonardo de Faria Beraldo: "[...] é preciso deixar bem claro que o Poder Judiciário não é instância revisora da jurisdição arbitral. Em outras palavras, não se pode pretender rediscutir o mérito da lide, já decidido pela sentença arbitral, junto ao juízo togado, sob pena de se violar todo o sistema da LA, especialmente os seus artigos 1º e 3º". BERALDO, Leonardo de Faria. **Curso de arbitragem nos termos da Lei n. 9.307/96**. São Paulo: Atlas, 2014, p. 481.

[332] YARSHELL, Flávio Luiz. Caráter subsidiário da ação anulatória de sentença arbitral. **Revista de Processo**, v. 37, maio 2012, p. 12-23.

[333] Para Leonardo de Faria Beraldo: "O rol quase taxativo das hipóteses em que se pode requerer a nulidade da sentença arbitral está no art. 32 da LA. Conforme se demonstrará oportunamente, há algumas exceções que, se ocorrerem, devem estar sujeitas à apreciação do

adiante. Portanto, em determinadas situações, o Poder Judiciário[334] poderá ser instigado a analisar a legalidade da sentença arbitral e, dentre essas possibilidades, estão: (i) o descumprimento do art. 26 da Lei de Arbitragem, em especial o inciso II, que trata do dever de fundamentação da sentença arbitral; (ii) o desrespeito aos limites impostos pela convenção de arbitragem; e (iii) a violação à ordem pública. As demais hipóteses, por não terem relação com o tema do trabalho que se desenvolve, não serão aqui abordadas.

Antes de seguirmos com a análise dessas três possibilidades de desconstituição da sentença arbitral, é importante ter em mente que as regras para essa finalidade decorrem de *error in procedendo* e não de *error in judicando*[335].

Poder Judiciário, sob pena de macular o sistema imaginado pela LA, sendo exemplo disso a violação à ordem pública, que, apesar de não estar enumerada no rol do art. 32, por certo, deve ser considerada como uma causa de invalidade da sentença arbitral". BERALDO, Leonardo de Faria. **Curso de arbitragem nos termos da Lei n. 9.307/96**. São Paulo: Atlas, 2014, p. 483-484. No mesmo sentido reconhece Carlos Alberto Carmona: "casos verdadeiramente excepcionais, em que será necessário reconhecer a sobrevivência da via declaratória ou desconstitutiva para atacar o laudo". CARMONA, Carlos Alberto. **Arbitragem e processo**. 3. ed. São Paulo: Atlas, 2009, p. 318.

[334] Esse entendimento vem sendo mantido pela jurisprudência pátria, que reconhece que sentenças estrangeiras não podem ter o seu mérito reavaliado pelos tribunais nacionais: "O sistema de controle limitado, que foi instituído pelo Direito brasileiro em tema de homologação de sentença estrangeira, não permite que o Supremo Tribunal Federal, atuando como Tribunal do foro, proceda, no que se refere ao ato sentencial formado no Exterior, ao exame da matéria de fundo ou à apreciação de questões pertinentes ao *meritum causae*, ressalvada, tão-somente, para efeito do juízo de delibação que lhe compete, a análise dos aspectos concernentes à soberania nacional, à ordem pública e aos bons costumes. Não se discute, no processo de homologação, a relação de direito material subjacente à sentença estrangeira homologanda". BRASIL. Supremo Tribunal Federal. SEC 4738, Rel. Min. Celso de Mello, j. 24-11-1994.

[335] Segundo Micaela Barros Barcellos Fernandes, "O artigo 32 não prevê a figura do *error in judicando*, então se um árbitro erra na aplicação do direito, se ele não aplicar o direito nomeado pelas partes corretamente, não adequando corretamente os fatos ao plano abstrato da norma jurídica, não há possibilidade de se reformar a decisão. O que a lei prevê é o *error in procedendo*, que diz respeito a requisitos formais de validade do processo, por meio dos dispositivos do artigo 22, § 1º: por exemplo, se o árbitro não era independente, se não foi respeitado o princípio da igualdade, ou o princípio do contraditório, entre outras razões taxativamente previstas, que podem levar à anulação da sentença". FERNANDES, Micaela Barros Barcelos. A vinculação a precedentes no processo arbitral: alterações promovidas pelo Código de Processo Civil de 2015 e sua interpretação conforme a Constituição Brasileira e a Lei de Arbitragem brasileira. **Revista de Direito Civil Contemporâneo**, v. 22, p. 31-49, jan.-mar. 2020.

Conforme trazido por Donaldo Armelin[336], a ação desconstitutiva "não objetiva o julgamento de decisões injustas, mas sim daquelas que se encartem nas hipóteses do art. 32 da Lei n. 9.307/1996". Portanto, a interferência do Poder Judiciário nesse tipo de ação deve ser mínima e restrita, preservando a autonomia da vontade das partes, mesmo que o julgamento esteja *errado* ou pareça *injusto* aos olhos do juiz togado. O Poder Judiciário deve respeitar a soberania do árbitro e a vontade das partes, podendo *invadir* a jurisdição arbitral apenas quando desejado pelo legislador, sob pena de transformar a arbitragem em um procedimento pré-judicial, inviabilizando todo o sistema e tornando-o inócuo.

De todo modo, apesar de afirmarmos nos capítulos anteriores que, no geral, os precedentes judiciais não vinculam os árbitros, exceção feita às decisões proferidas pelo STF em sede de controle concentrado, isso não significa dizer que a desconsideração dos precedentes judiciais não pode ter efeitos relevantes perante a validade da sentença arbitral. É o que analisaremos a seguir.

4.4.3.1. Desrespeito à convenção arbitral

A convenção arbitral é o negócio jurídico por meio do qual as partes elegem a arbitragem como o meio adequado para a resolução de um conflito futuro ou presente. Sendo a convenção arbitral o gênero, temos as espécies de cláusula compromissória, vazia ou cheia, e o compromisso arbitral. Por meio de tais instrumentos as partes podem estipular as regras do procedimento arbitral e a forma sobre como esse litígio será dirimido, inclusive a lei aplicável ao caso concreto[337].

[336] ARMELIN, Donaldo. Notas sobre ação rescisória em matéria arbitral. **Revista de Arbitragem e Mediação**, São Paulo: RT, jan. 2004, p. 910.

[337] Segundo Leonardo de Faria Beraldo: "algumas de suas características são a necessidade de ser escrita, a vedação de conteúdo genérico, a autonomia perante a relação jurídica e a sua acessoriedade. No Direito brasileiro, não se admite convenção de arbitragem oral. Não pode ser vaga, pois ela determinará o objeto da arbitragem. É autônoma em face da relação principal, pois tem seus requisitos próprios e regula pontos distintos. É acessória, pois só existe porque há uma outra relação jurídica, a principal. Só se pactua uma convenção de arbitragem, em qualquer uma de suas espécies, pois há uma demanda por vir, certa ou incerta, presente ou futura". BERALDO, Leonardo de Faria. **Curso de arbitragem nos termos da Lei n. 9.307/96.** São Paulo: Atlas, 2014, p. 158.

Portanto, uma vez eleita a lei brasileira como sendo a lei aplicável à solução do litígio, se o árbitro deixar de aplicar um precedente judicial previsto no rol do art. 927 do CPC, estaria ele violando a convenção arbitral? A resposta, de uma forma geral, é negativa e são 5 (cinco) as razões pelas quais o árbitro não estaria violando a convenção arbitral ao deixar de aplicar um precedente judicial.

A primeira reside no fato de que os precedentes judiciais não podem ser admitidos como fonte primária normativa, mas sim como fonte secundária e complementar à lei[338]. Admitir que o precedente judicial possui força de lei não apenas afronta o art. 5º, II, da CF, mas também implica em uma ruptura sistêmica que não possui respaldo constitucional, eis que o sistema jurídico vigente em nosso país é do *civil law* e não o do *common law*, a despeito das tentativas, naturais e bem-vindas, de aproximação entre os sistemas. De todo modo, o sistema de precedentes do CPC em nada se assemelha com as práticas de *common law* de países como os Estados Unidos e a Inglaterra.

A segunda razão a justificar essa conclusão diz respeito ao fato de que as regras previstas nos arts. 489, 926 e 927 do CPC são destinadas ao próprio Poder Judiciário e ao Processo Civil[339], inexistindo qualquer vinculação do sistema arbitral às regras e às técnicas de julgamento do Poder Judiciário, que está sempre em constante luta para conferir maior estabilidade e segurança jurídica às suas decisões. A ideia de um sistema de precedentes, ou de mera vinculação de decisões, visa também combater a multiplicidade de ações judiciais idênticas e o elevado número de recursos destinados

[338] Para Leonardo Greco, "a jurisprudência e os precedentes, seja qual for a sua origem, não constituem fonte formal e autônoma de direito, apenas meios de revelação do conteúdo, da extensão e da interpretação da lei ou do costume a que se vinculam como fontes acessórias e complementares". GRECO, Leonardo. Controle jurisdicional da arbitragem. *In:* LEE, João Bosco; LEVY, Daniel de Andrade (ed.). **Revista Brasileira de Arbitragem**. Kluwer Law International, v. XV Issue 57, 2018, p. 7-22.

[339] Segundo Leonardo Faria Beraldo: "O precedente vinculará o juiz, e não, o árbitro, uma vez que o destinatário do precedente é o magistrado, e não, o árbitro. Vejam, até acho que os arts. 926 a 928 do novo CPC possam ser classificados como regras de processo (não de procedimento), pois estão diretamente ligadas ao exercício de jurisdição, contudo, só isso não pode implicar numa aplicabilidade cogente da norma ao processo arbitral, que, por óbvio, tem as suas nuances e particularidades". BERALDO, Leonardo Faria. O impacto do novo Código de Processo Civil na Arbitragem. Arbitragem e Novo CPC. **Revista de Arbitragem e Mediação 2016**, RARB v. 49, abr.-jun. 2016.

aos tribunais superiores. Todos esses elementos e fatores são estranhos à arbitragem e não podem surtir efeitos sobre o sistema arbitral, caso não tenha sido expressamente desejado pelo legislador, como ocorre em diversas oportunidades, quando o legislador equipara a força da sentença arbitral a um título executivo judicial, cria a carta arbitral, entre outras referências já citadas ao longo do presente trabalho[340].

A terceira razão pode ser explicada pelo fato de que o árbitro é soberano na aplicação do direito, tal como desejado pelas partes no momento da celebração da convenção arbitral e com fundamento no art. 18 da Lei de Arbitragem, segundo o qual o árbitro é juiz de fato e de direito e a sentença proferida não fica sujeita a recurso ou a homologação pelo Poder Judiciário[341], com fundamento no art. 21, § 2º, da Lei de Arbitragem, que elenca como um dos princípios do procedimento arbitral o livre convencimento do árbitro.

A quarta razão, praticamente uma consequência da terceira, se dá pelo fato de que admitir que a desconsideração de um precedente judicial pode implicar na desconstituição de uma sentença arbitral significa atribuir ao

[340] Segundo Suzana Santi Cremasco e Bruno Giannetti Viana: "Se diz, aqui, 'uma tentativa de criação de um sistema de precedentes', porque a nosso ver o que o art. 927 do Código de Processo Civil propõe é bastante diverso da criação de um modelo clássico de precedentes, nos moldes em que se conhece dos sistemas de *common law*. O que se faz no âmbito do art. 927 é a criação de um sistema de gestão de casos repetitivos, vale dizer, de objetivação das decisões judiciais. Tem-se, na verdade, a criação de um sistema de precedentes à brasileira, no qual se estabelece muito mais uma técnica de julgamento e, repita-se, de gestão de casos repetitivos, do que qualquer outra coisa". CREMASCO, Suzana Santi; VIANA, Bruno Giannetti. Aspectos contemporâneos da execução de sentença arbitral: uma análise em torno da certeza, liquidez e exigibilidade do título. *In*: **Processo Civil contemporâneo**. Homenagem aos 80 anos do professor Humberto Theodoro Júnior. Rio de Janeiro: Forense, 2018, p. 904.

[341] Segundo Gustavo Fernandes de Andrade: "O art. 18 da Lei de Arbitragem confere aos árbitros amplos poderes para decidir tanto as questões de fato, quanto as de direito, contidas na lide arbitral, mantendo tradição do nosso direito existente desde o Código Civil de 1916 ("Art. 1.041. Os árbitros são juízes do fato e direito, não sendo sujeito ou seu julgamento a alçada, ou recurso, exceto se o contrário convencionarem as partes"), preservada no art. 1.078 do Código de Processo Civil de 1973 na sua redação original ("Art. 1.078. O árbitro é juiz de fato e de direito e a sentença que proferir não fica sujeita a recursos, salvo se o contrário convencionarem as partes")". ANDRADE, Gustavo Fernandes. Arbitragem e controle de constitucionalidade: algumas reflexões. *In*: CARMONA, Carlos Alberto; LEMES, Selma Ferreira; MARTINS, Pedro Batista. **20 anos da Lei de Arbitragem** – homenagem a Petrônio R. Muniz. São Paulo: Atlas, 2017, p. 716-740.

precedente judicial um valor maior do que aquele que é atribuído à lei para fins de desconstituição da sentença arbitral, tendo em vista que o descumprimento da norma não é causa de desconstituição da sentença arbitral[342]. Deste modo, se a sentença arbitral não pode ser anulada pela aplicação equivocada do direito, é natural que a mesma conclusão seja alcançada para o precedente judicial, salvo as decisões proferidas em sede de controle concentrado de constitucionalidade.

A quinta razão, intrinsecamente ligada aos pontos acima expostos, está calcada no fato de que deve ser respeitada a autonomia da vontade das partes, que optaram por retirar da jurisdição do Estado a solução do seu conflito, com amparo na lei, e transferi-la ao particular, o que implica em reconhecer o seu desejo de não se submeter às típicas técnicas de julgamento do Poder Judiciário. A intenção pela não interferência do Poder Judiciário na solução do conflito é um dos pilares da arbitragem. Suzana Cremasco e Bruno Viana tratam a questão sob um amplo espectro:

> Sustentar uma vinculação irrestrita, uma obrigatoriedade de observância do resultado do precedente judicial quando não há entre árbitros e Poder Judiciário hierarquia ou subordinação, quando se trata de sistemas que são autônomos, é sustentar o fim da própria arbitragem. E é preciso que se questione – e questione de forma franca – se isso é aquilo que se quer para um país que se apresenta no cenário mundial como terceiro *player* em matéria de utilização da arbitragem, com uma utilização crescente, dentro de um sistema que tem funcionado extremamente bem. Não há, sob a nossa perspectiva, vinculação da decisão do árbitro ao resultado do precedente judicial e, justamente por isso, a existência de eventual disparidade não retira, em absoluto, a eficácia executiva da sentença arbitral, notadamente sem que exista liminar

[342] Segundo Olavo Augusto Viana Alves Ferreira, Matheus Lins Rocha e Débora Cristina Fernandes Ananias Alves Ferreira: "Concluímos que aceitar a inobservância dos precedentes vinculantes do artigo 927 do Código de Processo Civil enseja a possibilidade de propositura de ação anulatória significa que o intérprete criará uma nova modalidade no rol do artigo 32 da Lei de Arbitragem, quando o Legislador não o fez, mesmo tendo a oportunidade para tanto com a alteração da Lei de Arbitragem, certo que as disposições excepcionais comportam interpretação restritiva". FERREIRA, Olavo Augusto Viana Alves; ROCHA, Matheus Lins; FERREIRA, Débora Cristina Fernandes Ananias Alves. **Lei de Arbitragem Comentada, artigo por artigo**. Salvador: Juspodivm, 2019, p. 299.

concedida em eventual ação declaratória de nulidade ou em impugnação ao cumprimento de sentença para tanto[343].

Deste modo, com exceção das decisões proferidas em sede de controle concentrado de constitucionalidade, que possuem típica eficácia normativa equiparável à lei, não há como se sustentar a violação à convenção arbitral caso o árbitro desconsidere ou deixe de aplicar o precedente judicial[344]. Por outro lado, se o árbitro julgar contrariamente à decisão proferida pelo STF em sede de controle concentrado de constitucionalidade ou ignorar por completo tal decisão, seria possível pleitear a desconstituição da sentença arbitral[345]? Pensamos que sim.

Ao tratarmos de decisões proferidas em sede de controle concentrado de constitucionalidade, entendemos que há ainda algumas nuances a serem consideradas. Em se tratando de decisão em controle concentrado declarando que determinada norma é inconstitucional, a desconsideração ou má aplicação dessa decisão do STF implicará em desrespeito à convenção arbitral e poderá implicar na desconstituição da sentença arbitral, tendo em vista que a sentença arbitral se apoiou em norma declaradamente inconstitucional. Por outro lado, se o árbitro, mesmo reconhecendo

343 CREMASCO, Suzana Santi; VIANA, Bruno Giannetti. Aspectos contemporâneos da execução de sentença arbitral: uma análise em torno da certeza, liquidez e exigibilidade do título. *In*: **Processo Civil contemporâneo**. Homenagem aos 80 anos do professor Humberto Theodoro Júnior. Rio de Janeiro: Forense, 2018, p. 907.

344 Para Paulo Magalhães Nasser: "os árbitros devem estar vinculados à jurisprudência qualificada formada pelos tribunais brasileiros, nos casos em que o direito brasileiro se aplica à relação jurídica objeto da controvérsia e ao mérito da disputa". NASSER, Paulo Magalhães. **Vinculações arbitrais**. Rio de Janeiro: Lumen Juris, 2019, p. 182.

345 Guilherme Rizzo Amaral, apesar de defender a vinculação dos árbitros aos precedentes judiciais, destaca: "Digamos, contudo, que uma tal hipótese ocorra. Poderá a sentença arbitral ser anulada simplesmente se aplicado erroneamente o precedente? É claro que não. Tal qual ocorre nos julgamentos por equidade, não é porque o árbitro errou ao interpretar a lei que a sentença estará viciada. O que gera o vício e a possibilidade de anulação é o julgamento expressa e conscientemente *contra legem*. Nele se reconhece a existência de lei ou do precedente vinculante, mas se deixa de aplicá-los por entender, o árbitro, ser capaz de encontrar solução mais justa do que encontrou o legislador ou a corte de precedente. [...] Assim, se o árbitro reconhecer o precedente mas fizer o *distinguishing* equivocadamente, sua sentença não será passível de anulação". AMARAL, Guilherme Rizzo. **Vinculação dos árbitros aos precedentes judiciais**. Publicado em 2017. Disponível em: https://www.conjur.com.br/2017-out-03/guilherme-amaral-vinculacao-arbitros-aos-precedentes-judiciais. Acesso em: 10 maio 2019.

a existência dessa decisão, decide alterar o entendimento do STF, não estaríamos aqui diante de uma mera má aplicação da lei, mas diante de uma tentativa de atribuir efeito diverso à decisão do STF proferida em sede de controle concentrado, quando o resultado do julgamento foi pela declaração de inconstitucionalidade. Nesse caso, a sentença arbitral também seria passível de desconstituição pela via judiciária por violar a convenção arbitral.

Sobre as demais decisões de constitucionalidade proferidas pelo STF em sede de controle concentrado de constitucionalidade, entendemos que o resultado seria o mesmo, tendo em vista que as decisões a serem proferidas em sede de Arguições de Descumprimento de Preceito Fundamental (ADPF) e de Ações Declaratórias de Constitucionalidade (ADC) possuem eficácia normativa. Dessa forma, se o árbitro as ignorar ou descumpri-las frontalmente, estará violando a convenção arbitral, pois mesmo nessas ações é possível alcançar a declaração de inconstitucionalidade de ato praticado pelo poder público (como ocorre no caso da ADPF), ou na reinterpretação de determinada norma à luz da Constituição Federal (como ocorre no caso da ADC), em que o STF sana uma grave insegurança jurídica e fixa a interpretação constitucional de uma determinada norma.

A exceção fica por conta das Ações Diretas de Inconstitucionalidade por Omissão (ADO), que possuem uma eficácia bastante restrita e limitada, pois com o julgamento final da referida ação temos apenas a cientificação do órgão competente para editar ato normativo e produzir a lei objeto da ação.

Portanto, a única possibilidade de se desconstituir uma sentença arbitral por violação à convenção arbitral se dá quando o árbitro deixa de observar ou julga contrariamente às decisões proferidas pelo STF em sede de controle concentrado. Nas demais hipóteses de precedentes, não há como justificar a vinculação do árbitro aos ditos precedentes do art. 927, do CPC e menos ainda a possibilidade de alegar violação à convenção arbitral.

Não se desconhece também a tese de vinculação indireta dos árbitros a determinadas decisões judiciais, tais como as súmulas vinculantes[346],

[346] Como defendido por Georges Abboud: "Todavia, não é correto afirmar-se que o árbitro possui plena liberdade para ignorar decisões interpretativas do STF e suas súmulas vinculantes, principalmente pelo fato de que esses provimentos veiculam questões de direito constitucional

em que se defende a ideia de que, caso a questão seja levada ao Poder Judiciário, o juiz togado deverá, por vinculação direta, aplicar a súmula vinculante, que porventura deixou de ser aplicada pelo árbitro. Contudo, entendemos que o juiz, ao receber uma demanda judicial na qual se busca desconstituir uma sentença arbitral, deve analisar o caso tendo sob o enfoque os pressupostos que deveriam ter sido observados pelo árbitro e não por um juiz togado. Em outras palavras, o juiz não pode analisar uma ação anulatória sob a sua perspectiva, mas sob a perspectiva do árbitro, que não está vinculado às súmulas vinculantes, conforme previsto na CF.

4.4.3.2. Por erro grosseiro

Conforme exposto nos capítulos anteriores, a sentença arbitral somente pode ser desconstituída em casos muito excepcionais, de modo que uma sentença eventualmente injusta ou que aplique a lei de forma inadequada não será passível de anulação pelo Poder Judiciário. Contudo, essa mesma regra se aplica no caso de erro grosseiro, especialmente caso o árbitro deixe de aplicar um precedente? A resposta, como veremos a seguir, é negativa.

Em primeiro lugar, devemos relembrar que a sentença arbitral, como regra geral, somente pode ser anulada no caso de *error in procedendo*, mas não em *error in judicando*. Ou seja, se o árbitro julga mal a matéria, inclusive aplicando de forma equivocada eventuais precedentes judiciais, vinculativos ou não, a sentença arbitral não poderá ser anulada[347]. Por outro lado, se o árbitro violar princípios fundamentais da arbitragem, como o

cujo desatendimento, em regra, poderá acarretar a posterior anulação da sentença arbitral. Nesse ponto, pode-se afirmar que, no mínimo, existe uma vinculação indireta do árbitro a essas decisões". ABBOUD, Georges. Súmula Vinculante *versus* precedentes: notas para evitar alguns enganos. **Revista de Processo**, v. 165, nov. 2008, p. 8.

[347] Segundo Andreas Lowenfeld, "Courts are generally sensitive to attempts by losing parties to use such allegations as substitute for appeal. In principle, if all parties were heard and represented by counsel, a finding of fact different from what a court might have made, or misapplication of legal standards, is not a ground for setting aside an award". LOWENFELD, Andreas. **International litigation and arbitration**. West Publishing: Minnesota, 1993, p. 342. Tradução livre: Os tribunais geralmente são sensíveis às tentativas das partes perdedoras de usar tais alegações como substituto para apelação. Em princípio, se todas as partes fossem ouvidas e representadas por um advogado, uma constatação de fato diferente do que um tribunal poderia ter feito, ou a aplicação incorreta das normas legais, não é um motivo para anular uma sentença.

contraditório e a ampla defesa, ou impedir a produção de provas, então nesse cenário a sentença arbitral poderá ser desconstituída pelo Poder Judiciário[348].

Interessante notar que o art. 1.045 do CPC de 1939 previa que poderia se pleitear a anulação da sentença que violasse "direito expresso, salvo si, autorizado no compromisso, o julgamento tiver sido por equidade". Rafael Francisco Alves pontua que o sistema do CPC de 1939 determinava que o árbitro está autorizado a julgar por equidade e, neste caso, não precisar considerar direito expresso, ou ele não possui autorização para julgar por equidade, hipótese em que teria o dever de observar e aplicar direito expresso, de modo que, naquele código, se o árbitro deixasse de aplicar o direito expresso, além de ser nula decisão arbitral, o juiz estatal seria o responsável por aplicar, desde logo, "o direito à espécie", nos termos do art. 1.046, parágrafo único, letra (b)[349].

O CPC não possui qualquer previsão correspondente e a Lei de Arbitragem tampouco incorporou qualquer disposição nesse sentido ou minimamente similar, inexistindo qualquer sanção para o julgamento equivocado do mérito do procedimento arbitral. Em outras palavras, o juiz estatal nunca poderá rever o mérito de uma sentença arbitral por entender que poderia ter julgado melhor do que o árbitro. Carlos Alberto Carmona registra, de forma bastante enfática, que "eventuais *errores in judicando* não comportarão responsabilização dos árbitros. Terão as partes, em tal caso, escolhido mal os julgadores"[350].

A questão que resta a ser analisada é se um erro manifestamente grosseiro, que beire a má-fé, pode gerar a desconstituição de uma sentença arbitral e, mais importante, se o desrespeito a um precedente arbitral poderia se enquadrar dessa forma.

Para começar a responder essa questão devemos nos apoiar no direito norte-americano[351] e na doutrina do *manifest disregard of the law*, que surgiu

[348] MARIANI, Rômulo Greff. **Precedentes na arbitragem**. Belo Horizonte: Fórum, 2018, p. 104.

[349] ALVES, Rafael Francisco. **Árbitro e direito**: o julgamento de mérito na arbitragem. São Paulo: Almedina, 2018, p. 82.

[350] CARMONA, Carlos Alberto. **Arbitragem e processo**: um comentário à lei 9.307/96. 3. ed. São Paulo: Atlas, 2009, p. 264.

[351] Para Gary Born: "U.S. domestic law has historically permitted annulment of arbitral awards based on a very limited category of substantive errors in the arbitrators' decision on the merits

em 1953 com o caso Wilko *v.* Swan[352], oportunidade em que a Suprema Corte americana, apesar de reconhecer a impossibilidade de se revisar o mérito de uma sentença arbitral, registrou que a sentença arbitral seria válida salvo em caso de erro evidente da aplicação da lei. Ainda que tal precedente não fosse claro sobre a aplicação do *manifest disregard of the law*[353], acabou por criar margens para interpretação[354], que se repetiu

of the parties' dispute—pursuant to the so-called "manifest disregard of law" doctrine. Both the meaning of the manifest disregard doctrine and the doctrine's continued viability are subject to substantial debate". BORN, Gary B. **International arbitration**: cases and materials. 2. ed. Kluwer Law International, 2015, p. 1113-1187. Tradução livre: A legislação nacional dos EUA historicamente permitiu a anulação de sentenças arbitrais com base em uma categoria muito limitada de erros substantivos na decisão dos árbitros sobre o mérito da disputa das partes – de acordo com a chamada doutrina de 'desrespeito manifesto à lei'. Tanto o significado da doutrina de desrespeito manifesto quanto a viabilidade continuada da doutrina estão sujeitos a um debate substancial.

[352] WILKO *v.* SWAN. Suprema Corte dos Estados Unidos da América. **Revista Brasileira de Arbitragem**, v. 28, p. 207-215, 2010.

[353] "In the United States, courts have fashioned a doctrine – referred to as "manifest disregard of law" – that allows non-confirmation of certain arbitral awards under §10 of the FAA that are obviously and demonstrably wrong. The "manifest disregard of law" formula derives from dicta in Wilko v. Swan, where the U.S. Supreme Court remarked that "in unrestricted submissions ... the interpretations of the law by the arbitrators, in contrast to manifest disregard are not subject, in the federal courts, to judicial review for error in interpretation." Some lower courts have observed rightly that the Wilko comment is "ungrammatical in structure" and "unnecessary to the [Wilko] decision," while others have remarked that the standard is "not easily defined". BORN, Gary B. **International Commercial Arbitration**: commentary and materials. 2. ed. Kluwer Law International, 2001, p. 798. Tradução livre: Nos Estados Unidos, os tribunais criaram uma doutrina – conhecida como "desrespeito manifesto da lei" – que permite a não confirmação de certas sentenças arbitrais sob o §10 da FAA que são óbvia e comprovadamente erradas. A fórmula de 'desrespeito manifesto à lei' deriva de dicta em Wilko *v.* Swan, onde a Suprema Corte dos Estados Unidos observou que 'submissões irrestritas ... as interpretações da lei pelos árbitros, em contraste com o desrespeito manifesto não são sujeito, nos tribunais federais, a revisão judicial por erro de interpretação". Alguns tribunais inferiores observaram corretamente que o comentário Wilko é "não gramatical em sua estrutura" e "desnecessário para a decisão [Wilko]", enquanto outros observaram que o padrão "não é facilmente definido".

[354] Ao comentar sobre a decisão de Wilko *v.* Swan, André Marini discorre: "Ela parecia aceitar que as sentenças arbitrais fossem revistas quando o erro do tribunal arbitral fosse além de uma questão hermenêutica, sem precisar, no entanto, o que consistiria uma "desconsideração manifesta". MARINI, André. Note: Daesang corporation *v.* The Nutrasweet company, nutrasweet IP holdings. Inc. and Sweeteners holdings Korea Ltd., Court of Appeals of the

em outras oportunidades, dessa vez de forma mais clara e contundente, como nos casos First Options of Chicago, Inc. *v.* Kaplan[355] e Merrill Lynch *v.* Jaros[356]. Contudo, como defende Rômulo Greff Mariani, a teoria do *manifest disregard of the law* pode ser entendida como "uma anomalia surgida da má interpretação de Wilko *v.* Swan, mas que felizmente nasceu moribunda"[357]. Isso porque, no caso de Hall Street Associates *v.* Mattel, a Suprema Corte confirmou que as hipóteses de anulação, modificação e correção são aquelas previstas e limitadas pelas Seções 10 e 11[358]

State of New York, Appeal n. 5973, 27 September 2018. *In*: LEE, João Bosco; MANGE, Flavia. **Revista Brasileira de Arbitragem**. Comitê Brasileiro de Arbitragem CBAr & IOB; Kluwer Law International, v. XVI, Issue 63, 2019, p. 155.

[355] "The party still can ask a court to review the arbitrator's decision, but the court will set that decision aside only in very unusual circumstances. See, e. g., 9 U. S. C. § 10 (award procured by corruption, fraud, or undue means; arbitrator exceeded his powers); Wilko v. Swan, 346 U. S. 427, 436-437 (1953) (parties bound by arbitrator's decision not in 'manifest disregard' of the law)" U.S Supreme Court. First Options of Chicago Inc. vs Kaplan. 514 U.S. Tradução livre: A parte ainda pode pedir a um tribunal que reveja a decisão do árbitro, mas o tribunal anulará essa decisão apenas em circunstâncias muito incomuns. Veja, *e. g.*, 9 U. S. C. § 10 (sentença proferida por corrupção, fraude ou meios indevidos; o árbitro excedeu seus poderes); Wilko *v.* Swan, 346 U. S. 427, 436-437 (1953) (partes vinculadas pela decisão do árbitro não em 'desrespeito manifesto' da lei)".

[356] "Where, as here, the arbitrators decline to explain their resolution of certain questions of law, a party seeking to have the award set aside faces a tremendous obstacle. If a court can find any line of argument that is legally plausible and supports the award then it must be confirmed. Only where no judge or group of judges could conceivably come to the same determination as the arbitrators must the award be set aside". Merril Lynch, Pierce, Fenner & Smith, Inc. *v.* Jaros, 70F. 3d 418, 421 (6th Cir., 1995). Tradução livre: Onde, como aqui, os árbitros se recusam a explicar sua resolução de certas questões de direito, uma parte que busca anular a sentença enfrenta um enorme obstáculo. Se um tribunal puder encontrar qualquer linha de argumento que seja legalmente plausível e apoie a sentença, ela deve ser confirmada. Somente quando nenhum juiz ou grupo de juízes puder chegar à mesma determinação que os árbitros, deve a sentença ser anulada.

[357] MARIANI, Rômulo Greff. **Precedentes na arbitragem**. Belo Horizonte: Fórum, 2018, p. 108.

[358] "Federal Arbitration Act. Section 10. Same; vacation; grounds; rehearing (a) In any of the following cases the United States court in and for the district wherein the award was made may make an order vacating the award upon the application of any party to the arbitration (1) Where the award was procured by corruption, fraud, or undue means. (2) Where there was evident partiality or corruption in the arbitrators, or either of them. (3) Where the arbitrators were guilty of misconduct in refusing to postpone the hearing, upon sufficient cause shown, or

da Lei Federal de Arbitragem[359], não sendo o caso de estender esse rol[360].

in refusing to hear evidence pertinent and material to the controversy; or of any other misbehavior by which the rights of any party have been prejudiced. (4) Where the arbitrators exceeded their powers, or so imperfectly executed them that a mutual, final, and definite award upon the subject matter submitted was not made. Section 11. Same; modification or correction; grounds; order In either of the following cases the United States court in and for the district wherein the award was made may make an order modifying or correcting the award upon the application of any party to the arbitration (a) Where there was an evident material miscalculation of figures or an evident material mistake in the description of any person, thing, or property referred to in the award. (b) Where the arbitrators have awarded upon a matter not submitted to them, unless it is a matter not affecting the merits of the decision upon the matter submitted. (c) Where the award is imperfect in matter of form not affecting the merits of the controversy. The order may modify and correct the award, so as to effect the intent thereof and promote justice between the parties". Tradução livre: Lei de Arbitragem Federal. Seção 10. Mesmo; anulação; motivos; novo julgamento (a) Em qualquer um dos seguintes casos, o tribunal dos Estados Unidos no e para o distrito onde a sentença foi proferida pode proferir uma decisão anulando a sentença mediante requerimento de qualquer parte da arbitragem (1) Quando a sentença foi proferida por corrupção, fraude ou meios indevidos. (2) Onde havia evidente parcialidade ou corrupção dos árbitros, ou de qualquer um deles. (3) Quando os árbitros foram culpados de má conduta ao se recusarem a adiar a audiência, mediante justa causa demonstrada, ou ao se recusarem a apreciar provas pertinentes e relevantes para a controvérsia; ou de qualquer outro mau comportamento pelo qual os direitos de qualquer parte tenham sido prejudicados. (4) Quando os árbitros excederam seus poderes, ou os executaram de maneira tão imperfeita que uma sentença mútua, final e definitiva sobre o assunto submetido não foi proferida. Seção 11. Mesmo; modificação ou correção; motivos; ordem. Em qualquer um dos seguintes casos, o tribunal dos Estados Unidos no e para o distrito em que a sentença foi proferida pode fazer uma ordem modificando ou corrigindo a sentença mediante a aplicação de qualquer parte da arbitragem (a) Quando houve um erro de cálculo material evidente de cifras ou erro material evidente na descrição de qualquer pessoa, coisa ou bem referido na sentença. (b) Quando os árbitros decidiram sobre um assunto não submetido a eles, a menos que seja um assunto que não afete o mérito da decisão sobre o assunto apresentado. (c) Quando a sentença é imperfeita quanto à forma que não afeta o mérito da controvérsia. A decisão poderá modificar e corrigir a sentença, a fim de efetivar o seu objetivo e promover a justiça entre as partes.

[359] MARINI, André. Note: Daesang corporation *v.* The Nutrasweet company, nutrasweet IP holdings. Inc. and Sweeteners holdings Korea Ltd., Court of Appeals of the State of New York, Appeal n. 5973, 27 September 2018. *In*: LEE, João Bosco; MANGE, Flavia. **Revista Brasileira de Arbitragem**. Comitê Brasileiro de Arbitragem. CBAr & IOB; Kluwer Law International, v. XVI, Issue 63, 2019, p.156.

[360] Contudo, a prática mostrou que Hall Street serviu justamente de parâmetro para a futura aplicação do *manifest disregard of the law*: "The historical research shows that Hall Street

Porém, a decisão alcançada no caso de Hall Street Associates *v.* Mattel foi recebida com algumas ressalvas pelas cortes americanas de segunda grau, que continuaram a entender que o *manifest disregard of the law* ainda poderia servir como elemento apto a ensejar a declaração de nulidade de uma sentença arbitral[361], mesmo que de uma forma muito mais restrita, evitando-se, dessa maneira, que essa teoria fosse utilizada como subterfúgio para a revisão de sentenças arbitrais, como ocorreu no caso Daesang Corporation *v.* Nutrasweet Company, em que a Suprema Corte de Nova York, apoiando-se em julgamentos prévios, destacou:

> A court must determine whether "the arbitrators knew of a governing legal principle yet refused to apply it or ignored it altogether", and whether the governing law ignored was "well defined, explicit, and clearly applicable to the case". Merely an error or misunderstanding of the applicable law does not constitute manifest disregard[362].

correctly guessed that "manifest disregard" is a shorthand part of the FAA. The empirical findings dispel Hall Street's concern that the continued use of this standard will erode award finality. 9 [...] These definitions translate to nanoscale limits on judicial review of awards, and courts do not use the standard to relitigate the merits of a dispute. This study shows that courts have recognized this doctrine for at least two centuries; it did not develop as judicial hostility to arbitration, but to ensure that these private tribunals conform to the prevailing laws". LEROY, Michael H. Are arbitrators above the law? The Manifest Disregard of the Law Standard. **Boston College Law Review** 137, 2011, p. 187. Tradução livre: A pesquisa histórica mostra que Hall Street adivinhou corretamente que "desrespeito manifesto" faz parte do FAA. As descobertas empíricas dissipam a preocupação de Hall Street de que o uso continuado deste padrão irá corroer a finalidade da sentença arbitral. 9 [...] Essas definições se traduzem em limites em nanoescala na revisão judicial de sentenças, e os tribunais não usam o padrão para relitigar o mérito de uma disputa. Este estudo mostra que os tribunais reconheceram essa doutrina por pelo menos dois séculos; não se desenvolveu como hostilidade judicial à arbitragem, mas para garantir que esses tribunais privados estejam em conformidade com as leis vigentes.

361 SOARES, Pedro Silveira Campos. Note: Daesang Corporation *v.* Nutrasweet Company, Nutrasweet IP Holdings, Inc. and Sweetners Holdings Korea Ltd., Supreme Court of the State of New York, Case n. 655019/2016, 15 May 2017. *In*: LEE, Bosco João; LEVY, Daniel de Andrade (ed.) **Revista Brasileira de Arbitragem**. Comitê Brasileiro de Arbitragem CBAr & IOB. Kluwer Law International, v. XIV, Issue 56, 2017, p. 193.

362 Daesang Corp. *v.* Nutrasweet Co., 58 N.Y.S.3d 873 (N.Y. Sup. Ct. 2017). Tradução livre: Um tribunal deve determinar se "os árbitros sabiam de um princípio jurídico regente, mas se recusaram a aplicá-lo ou o ignoraram totalmente", e se a lei aplicável ignorada foi "bem

Nesse sentido, a teoria do *manifest disregard of the law* será aplicável quando: "(1) o tribunal arbitral estava ciente de um princípio ou uma norma jurídica aplicável ao caso; (2) o tribunal arbitral reconheceu que esse princípio ou essa norma jurídica governava a solução do litígio; e, ainda assim, (3) intencional e abertamente ignorou a norma ou o princípio jurídico, recusando sua aplicação ao caso"[363].

Portanto, vemos que os requisitos para a aplicação da teoria do *manifest disregard of the law* mantêm a essência de que a revisão do mérito arbitral é excepcionalíssima, ao passo que essa teoria se aplicaria apenas em casos de uma utilização errônea da lei, intencional e proposital por parte do árbitro, sem que haja qualquer razão ou fundamento para tanto, que em muito se distancia de um julgamento meramente equivocado.

Voltando à realidade brasileira, temos que a Lei de Arbitragem não prevê a possibilidade de anulação da sentença arbitral em decorrência de erro grosseiro ou manifesto. Contudo, é natural que se reconheçam novas situações que permitam admitir a anulação de uma sentença arbitral, tal como ocorre com a ordem pública, conforme veremos mais adiante, desde que se trate de uma hipótese excepcionalíssima, como um erro manifesto e intencional por parte do árbitro em aplicar de forma equivocada a lei, colocando em risco o procedimento arbitral e a própria segurança jurídica da sentença arbitral[364].

Para que seja possível sustentar a aplicação da teoria do *manifest disregard of the law* o árbitro deverá cometer, de forma intencional e quase dolosa, um erro gravíssimo no tocante à aplicação da lei, fazendo com que seja praticamente natural chegar à conclusão de que aquela sentença arbitral deve ser anulada[365].

definida, explícita e claramente aplicável ao caso". Um mero erro ou má aplicação da legislação aplicável não constitui desrespeito manifesto.

363 MARINI, André. Note: Daesang corporation *v.* The Nutrasweet company, nutrasweet IP holdings. Inc. and Sweeteners holdings Korea Ltd., Court of Appeals of the State of New York, Appeal n. 5973, 27 September 2018. *In*: LEE, João Bosco; MANGE, Flavia. **Revista Brasileira de Arbitragem**. Comitê Brasileiro de Arbitragem CBAr & IOB. Kluwer Law International, v. XVI, Issue 63, 2019, p. 157.

364 VERÇOSA, Fabiane. **A aplicação errônea do direito pelo árbitro**. Curitiba: CRV, 2015, p. 190.

365 "O erro deve ir além de uma mera falha por parte do árbitro na interpretação e aplicação da lei, devendo ser óbvio e capaz de ser facilmente percebido pelo homem médio qualificado para

Agora, mesmo que seja possível adotar, em alguma medida, a teoria do *manifest disregard of the law*, a sua aplicação com relação aos precedentes judiciais nos parece de difícil sustentação. Como vimos ao longo desse trabalho, o sistema jurídico vigente é de *civil law*, de modo que a jurisprudência e os precedentes judiciais estão colocados em uma esfera de complementaridade em relação à aplicação da lei. Logo, caso um precedente seja desconsiderado ou mal aplicado pelo árbitro, teríamos, quando muito, a desconsideração de uma fonte complementar à interpretação da lei, o que jamais poderia ser considerado um erro grosseiro e intencional na aplicação da lei. Conforme dissemos no início desse capítulo, a má aplicação do direito pelo árbitro não enseja a anulação da sentença arbitral, mesmo que o juiz estatal entenda que poderia ter julgado a matéria de forma diametralmente oposta[366].

Nesse sentido, podemos concluir que se o árbitro apreciar um determinado precedente e dele divergir, justificando a sua posição, de forma correta ou incorreta, não estaríamos aqui diante de um erro manifesto a justificar a anulação da sentença arbitral.

4.4.3.3. Dever de fundamentação

Vimos acima a relação entre a arbitragem, os precedentes judiciais e a ação de desconstituição com base na alegação de violação à convenção arbitral. Agora, repetiremos essa análise à luz do art. 26, II, da Lei de Arbitragem, que determina: "São requisitos obrigatórios da sentença arbitral: II – os fundamentos da decisão, onde serão analisadas as questões de fato e de direito, mencionando-se, expressamente, se os árbitros julgaram por eqüidade". De acordo com o art. 32, III, da Lei de Arbitragem, será "nula a sentença arbitral se [...] não contiver os requisitos do art. 26 desta Lei".

Pois bem, uma das primeiras conclusões alcançadas nesse trabalho merece ser repetida neste momento, ainda que brevemente, no sentido de que as normas do processo civil não podem ser aplicadas de forma indistinta e indesejada na arbitragem. Razão pela qual podemos dizer que a

atuar como árbitro". BARROS, Vera C. M. de. **Exceção de ordem pública na homologação de sentença arbitral estrangeira no Brasil**. São Paulo: Quartier Latin, 2017, p. 197.

[366] MARIANI, Rômulo Greff. **Precedentes na arbitragem**. Belo Horizonte: Fórum, 2018, p. 114.

regra de fundamentação do art. 489 do CPC não se aplica na arbitragem[367] e não pode servir como pretexto para desconstituir sentenças arbitrais.

Nessa linha defendem Fernando Gajardoni e André Vasconcellos Roque:

> O art. 32, III da Lei n. 9.307/1996, segundo o qual é nula a sentença arbitral se não contiver os requisitos do art. 26 (entre os quais, a fundamentação), com todas as vênias, não nos parece que deva ser lido na extensão que lhe atribui Cruz e Tucci. Tal interpretação permitiria verdadeira revisão judicial da justiça da decisão proferida pelo árbitro – tudo o que se quis evitar na Lei n. 9.307/1996, quando se extinguiu a exigência de homologação judicial da sentença arbitral.
>
> Se fosse possível questionar a sentença arbitral por não observar precedente judicial, restariam esvaziadas praticamente todas as vantagens atribuídas à arbitragem. As partes, quando celebram convenção de arbitragem, querem justamente evitar o Judiciário e a possibilidade de rediscussão da controvérsia perante o juiz togado.
>
> A se permitir questionar em juízo o *error in iudicando* do árbitro, a ação anulatória do art. 33 da Lei n. 9.307/1996 se transformaria em uma espécie de recurso de cassação da sentença arbitral, assumindo amplitude muito maior que a estabelecida até então pela Lei de Arbitragem e trazendo grande insegurança jurídica[368].

Como vimos, a Lei de Arbitragem define, no seu art. 26, os critérios necessários para se considerar uma sentença arbitral fundamentada, que estruturalmente cumpre o papel de justificar as circunstâncias que

[367] Em sentido contrário, José Rogério Cruz e Tucci defende: "No entanto, a regra do artigo 489, parágrafo 1º, inciso VI, do Código de Processo Civil, a qual, à evidência, também se aplica à arbitragem, é vocacionada à proteção da confiança, quando impede que o juiz (ou árbitro), ao proferir a sentença, despreze súmula ou precedente, colacionado como reforço argumentativo por uma das partes, não tomando o cuidado de explicar que o julgado paradigma não se aplica ao caso concreto, ou mesmo, que já se encontra superado pela obsolescência. Disponível em: https://www.conjur.com.br/2016-nov-01/paradoxo-corte-arbitro-observancia-precedente-judicial. Acesso em: 04 set. 2020.

[368] Disponível em: https://www.jota.info/opiniao-e-analise/artigos/sentenca-arbitral-deve-seguir-o-precedente-judicial-novo-cpc-07112016. Acesso em: 04 set. 2020.

levaram os árbitros a tomar aquela decisão[369]. Os comandos do art. 489 do CPC podem, quando muito, servir de parâmetro ou orientação aos árbitros, e nada mais[370], especialmente quando o art. 93, IX, da CF já serve de parâmetro à Lei de Arbitragem[371].

Dito isso, mesmo que a grande maioria dos precedentes judiciais citados no art. 927 do CPC não sejam vinculantes, não significa que não podem exercer algum efeito na arbitragem. A partir do momento em que uma das partes, ou ambas, alegue a existência de um precedente judicial como fundamento relevante do seu direito ou argumento de defesa, o árbitro deverá se debruçar sobre esse precedente judicial, seja para aplicá-lo, justificando a sua pertinência, ou para afastá-lo, utilizando dos métodos do *distinguishing*, *overruling* ou, de forma fundamentada, recusar a sua aplicação por motivos técnicos e jurídicos. Ao fazer isso o árbitro fundamentará a sua sentença e cumprirá o seu dever de fundamentação, usualmente muito mais cobrado pelas partes, que esperam do árbitro um julgamento técnico e profundo, ainda que para o árbitro tampouco exista a regra absoluta de que deve apreciar todos os argumentos arguidos pelas partes[372].

Caso o árbitro se recuse a apreciar o precedente judicial invocado pela parte, estará ele deixando de fundamentar a sua sentença e, por consequência lógica, incorrendo em *error in procedendo*. Nesse cenário se mostra

369 CARMONA, Carlos Alberto. **Arbitragem e processo**. 3. ed. São Paulo: Atlas, 2009, p. 370.

370 Segundo Leonardo de Faria Beraldo: "Com base nas premissas acima, vê-se que não é possível dar tratamento idêntico aos processos judicial e arbitral, mesmo se estivermos diante de uma regra que tenha natureza processual. De todo modo, fica a nossa advertência de que a observância dos seus incisos denota que o árbitro está agindo com competência e diligência, deveres esses que constam expressamente do § 6º do art. 13 da LA. E mais. Não custa recordar que a sentença sem a observância dos requisitos do art. 26 da LA (a fundamentação é um deles) pode ser objeto de ação anulatória, com fulcro no art. 32, III, da LA. Desse modo, apesar de o § 1º do art. 489 do novo CPC não se tratar, no nosso sentir, de norma cogente para a arbitragem, é altamente recomendável que ele seja observado à risca pelo árbitro, de modo a evitar futuras alegações de sentença arbitral imotivada ou com fundamentação opaca". BERALDO, Leonardo de Faria. **Os precedentes judiciais na arbitragem**. Disponível em: http://www.esamg.org.br/artigo/Os%20precedentes%20judiciais%20na%20arbitragem_62.pdf. Acesso em: 13 set. 2020.

371 ALVES, Rafael Francisco. **Árbitro e direito**: o julgamento de mérito na arbitragem. São Paulo: Almedina, 2018, p. 79.

372 CARMONA, Carlos Alberto. **Arbitragem e processo**. 3. ed. São Paulo: Atlas, 2009, p. 403.

possível a arguição de nulidade da sentença arbitral, por violação ao art. 26, II, da Lei de Arbitragem e com fundamento no art. 32, III, do mesmo diploma.

Cabe apontar que, se o precedente judicial invocado por uma das partes como um argumento relevante não foi apreciado pelo árbitro ou pelo tribunal arbitral ao tempo da prolação da sentença arbitral, cabe à parte prejudicada suscitar esse ponto em sede de pedido de esclarecimentos[373], com fundamento no art. 30 da Lei de Arbitragem, visando conferir ao árbitro ou tribunal arbitral a oportunidade de sanar a referida omissão e afastar qualquer risco de posterior declaração de nulidade pelo Poder Judiciário.

Contudo, não nos esqueçamos que o árbitro, por não estar vinculado aos precedentes judiciais, não possui qualquer dever de invocá-los de ofício, exceção feita, em determinadas circunstâncias, às decisões proferidas pelo STF em sede de controle concentrado de constitucionalidade. O que pode eventualmente implicar na desconstituição da sentença arbitral não é o desrespeito ao precedente judicial em si, mas a falha no dever de fundamentação exigido no art. 26, II, da Lei de Arbitragem. Como dissemos ao longo desse trabalho, os precedentes judiciais são fontes secundárias, à exceção das decisões proferidas em sede de controle concentrado de constitucionalidade pelo STF, de modo que o árbitro não poderá simplesmente ignorar fontes secundárias relevantes ao deslinde do conflito, sob pena de proferir uma sentença arbitral sem a adequada fundamentação e passível de controle pelo Poder Judiciário[374].

[373] Segundo Flávio Yarshell, "justamente na esteira do quanto aqui sustentado, deve haver uma contrapartida: diante da omissão, é indispensável que a parte maneje o pedido de esclarecimentos, para que o órgão arbitral tenha a oportunidade de suprir a omissão e, assim, afastar o *error in procedendo*. Do contrário, há que se entender que a jurisdição estatal não pode rever o ato". YARSHELL, Flávio. Ainda sobre o caráter subsidiário do controle jurisdicional estatal da sentença arbitral. **Revista de Arbitragem e Mediação**, v. 50, jul.-set. 2016, p. 155-163.

[374] Sofia Temer observa: "Parece-nos que não há, para a arbitragem, razão especial para prever um dever de fiscalização mais forte quanto à fundamentação em relação aos precedentes. A decisão arbitral será considerada não fundamentada – em igual medida – se silenciar sobre quaisquer fundamentos (fatos, precedentes ou leis) relevantes para a controvérsia". TEMER, Sofia. Arbitragem. **Atualidades e tendências**. Olavo A. V. Alves Ferreira e Paulo Henrique dos Santos Lucon (coord.). Ribeirão Preto, SP, Migalhas, 2019, p. 487.

4.4.3.4. Violação à ordem pública

Depois de nos debruçarmos sobre como a arbitragem e os precedentes judiciais se relacionam à luz de eventual violação à convenção arbitral e do dever de fundamentação, passamos agora a analisar, de forma objetiva e pontual, a eventual influência da ordem pública na sentença arbitral em caso de não aplicação ou má aplicação de um precedente judicial.

Inicialmente, importante registrar que a Lei de Arbitragem trata de ordem pública em dois momentos distintos. O primeiro consta do art. 2º, § 1º, que aborda a possibilidade de as partes definirem as regras de direito a serem aplicadas para a solução do litígio, desde que não violem a ordem pública. Mais adiante, no art. 39[375] da Lei de Arbitragem, temos a ordem pública como fator a não autorizar a homologação de uma sentença arbitral estrangeira. Contudo, o art. 32 da Lei de Arbitragem não elenca a ordem pública como causa de anulação de uma sentença arbitral nacional.

Diante disso, há ainda outros dois pontos a serem considerados antes de analisarmos o modo pelo qual a ordem pública pode influenciar a sentença arbitral: o que é ordem pública[376] e se ela pode servir de pretexto para desconstituir uma sentença arbitral.

[375] Art. 39. A homologação para o reconhecimento ou a execução da sentença arbitral estrangeira também será denegada se o Superior Tribunal de Justiça constatar que: I – segundo a lei brasileira, o objeto do litígio não é suscetível de ser resolvido por arbitragem; II – a decisão ofende a ordem pública nacional. Parágrafo único. Não será considerada ofensa à ordem pública nacional a efetivação da citação da parte residente ou domiciliada no Brasil, nos moldes da convenção de arbitragem ou da lei processual do país onde se realizou a arbitragem, admitindo-se, inclusive, a citação postal como prova inequívoca de recebimento, desde que assegure à parte brasileira tempo hábil para o exercício do direito de defesa.

[376] "Ordem pública é o conjunto de direitos, de caráter privado, cuja obediência o Estado impõe, para que haja harmonia entre o Estado e os indivíduos, e destes entre si, em salvaguarda dos interesses substanciais da sociedade. A ordem pública é um princípio, porque dele se deduzem regras, que visam garantir essa harmonia, regras cuja obediência se exige, ainda que contra a vontade do titular do direito. Decompondo-se, assim, o conceito, encontramos nele os seguintes elementos constitutivos: relações jurídicas privadas, interesse substancial da sociedade e irrenunciabilidade do direito pelo seu titular".
SILVA, Luis Antonio da Gama. **A ordem pública em direito internacional privado**. Tese (livre-docência). Faculdade de Direito da Universidade de São Paulo (USP), São Paulo, 1944, p. 15-28.

Para Clóvis Beviláqua, as leis que tratam de ordem pública são:

> As que, em um Estado, estabelecem os princípios, cuja manutenção se considera indispensável à organização da vida social, segundo os preceitos do direito. Lei que submete ao seu império a vontade dos particulares, assim as que se referem às bases econômicas ou políticas da vida social, como as de organização da propriedade, e as constitucionais; as de capacidade; as que sancionam direitos, quer do indivíduo, quer da sociedade, como as penais e as processuais; as que têm o caráter de polícia jurídica, sempre que repelem as ofensas aos bons costumes; as que assumem a feição de ordem pública, porque derivam, necessariamente, da essência de um instituto jurídico estabelecido, como a que impõe o dever de convivência dos cônjuges, que é consequência imediata do casamento, segundo o compreende a cultura moral em nossos dias[377].

A ordem pública, ainda que sem definição na legislação[378], mas bastante debatida pela doutrina[379], pode ser entendida, nas palavras de Maria

[377] BEVILÁQUA, Clóvis. **Teoria geral do direito civil**. 2. ed. Rio de Janeiro: Livraria Francisco Alves, 1929, p. 14-15.

[378] Note-se que há julgado do Superior Tribunal de Justiça de 2005 que elenca as normas que seriam de ordem pública: BRASIL. Superior Tribunal de Justiça. Corte Especial, SEC, n. 802/US, Rel. Min. José Delgado, j. 17-08-2005.

[379] Para Ruy Rosado de Aguiar, a ordem pública pode ser definida da seguinte forma: como sendo a ordem que resulta do sistema jurídico, isto é, certa ordem que o Estado considera indispensável para a vida social. Não é um conceito estático, mas dinâmico e externo, que varia conforme as circunstâncias de tempo e de lugar. É conceito conjuntural. Assim, atualmente, a tutela da dignidade da pessoa humana é de ordem pública, e também o respeito ao meio ambiente, temas novos que agora podem ser considerados como determinantes de questões de ordem pública. O que hoje não é, amanhã poderá sê-lo, como o número de filhos, a transgenia, o uso da internet, etc. 22. A ordem pública, como uma cláusula geral e expressão de valores jurídicos e metajurídicos, autoriza o aplicador a formular uma norma concretizada para o caso, e com ela qualificar condutas, dizendo-as adequadas ou contrárias à ordem pública. Com ela o juiz pode eliminar certos direitos e impor obrigações, independente de lei, mas, mesmo assim, serem contrários à ordem pública. [...] valores são de diversa natureza: ética (lealdade, probidade); social (proteção dos mais fracos, regras sobre o contrato de adesão; o Código de Defesa do Consumidor, em seu art. 1º afirma que seus enunciados são de ordem pública); econômica (proibição de concorrência desleal; proteção da propriedade intelectual). 23. Se o ordenamento jurídico predefine o que é ordem pública, não há dificuldade para o intérprete, que dessa disposição apenas deve extrair os efeitos. Ocorre que nem sempre o legislador

Helena Diniz[380], como o "patrimônio espiritual do povo, por refletir seus hábitos, suas tradições, sua liberdade, suas ideias políticas, econômicas, religiosas, morais, seus direitos fundamentais em determinada época e lugar". Para Silvio Rodrigues, a ordem pública é "constituída por um conjunto de interesses jurídicos e morais que incumbe à sociedade preservar. Por conseguinte, os princípios de ordem pública não podem ser alterados por convenção entre os particulares"[381]. Para Orlando Gomes, a lei de ordem pública seria aquela relativa aos interesses essenciais do Estado ou da coletividade, ou que fixa, no direito privado, as bases jurídicas fundamentais sobre as quais repousa a ordem econômica ou moral de determinada sociedade. Alerta, também, que não é tarefa fácil determinar taxativamente os interesses essenciais do Estado e da coletividade, que podem variar em razão do tempo e do regime político dominante[382].

Ainda assim, Orlando Gomes aponta, de maneira exemplificativa[383], quais leis[384] seriam de ordem pública:

> 1º) as leis que consagram ou salvaguardam o princípio da liberdade e da igualdade dos cidadãos, e, particularmente, as que estabelecem o princípio da

menciona que a nova lei é de ordem pública, ou que tais ou quais questões sejam de ordem pública. Surge então a dificuldade para a qualificação do objeto. AGUIAR, Ruy Rosado de. **Arbitragem, os precedentes e a ordem pública**. Texto básico de palestra realizada na I Conferência Nacional de Arbitragem, promovida pela OAB Federal, em São Paulo, em 9-11-2018, p.12.

[380] DINIZ, Maria Helena. **Lei de Introdução ao Código Civil Brasileiro interpretada**. 12. ed. São Paulo: Saraiva, 2007, p. 424.

[381] RODRIGUES, Silvio. **Direito civil** – parte geral. v. 1. 32. ed. São Paulo: Saraiva, 2002, p. 16.

[382] GOMES, Orlando. **Contratos**. 26. ed. Rio de Janeiro: Forense, 2007, p. 28.

[383] Além dos exemplos de Orlando Gomes, Jacob Dolinger menciona outras possibilidades: "são, dentre outras, as leis de proteção aos menores, aos incapazes, à família, à economia nacional e a determinados institutos civis e comerciais que constituem, de certa forma, a publicização do direito privado". DOLINGER, Jacob. **Direito internacional privado** – parte geral. Rio de Janeiro: Renovar, 2008, p. 269.

[384] Para Izabel de Albuquerque Pereira, "a auto-titulação de uma norma legal como de 'ordem pública' é destituída de boa técnica jurídica, eis que a ordem pública não é um fenômeno endógeno à norma, mas sim o princípio que inspirou o legislador a editar estas leis imperativas, e que, portanto, com elas não se confunde, uma vez que as antecede, atuando como o fundamento da ordem jurídica". PEREIRA, Izabel de Albuquerque. A ordem pública nas arbitragens comerciais internacionais. *In*: **O direito internacional contemporâneo**. Estudos em homenagem ao Professor Jacob Dolinger. São Paulo: Renovar, 2006, p. 511.

liberdade de trabalho, de comércio e de indústria; 2º) as leis relativas a certos princípios de responsabilidade civil ou certas responsabilidades determinadas; 3º) as leis que asseguram ao operário proteção especial; 4º) as leis sobre o estado e capacidade das pessoas; 5º) as leis sobre o estado civil; 6º) certos princípios básicos do direito hereditário como os relativos à legítima e o que proíbe pactos sobre sucessão futura; 7º) as leis relativas à composição do domínio público; 8º) os princípios fundamentais do direito de propriedade; 9º) as leis monetárias; e 10º) a proibição do anatocismo[385].

Como vemos, a ordem pública possui natureza de cláusula geral, de grande dificuldade de definição e é bastante fluida, eis que se adapta conforme a realidade econômica e social do país em um determinado período de tempo[386], conforme esclarece Jacob Dolinger: "princípio de ordem pública é o reflexo da filosofia sociopolítico-jurídica imanente no sistema jurídico estatal, que representa a moral básica de uma nação e que protege as necessidades econômicas do Estado. A ordem pública encerra, assim, os planos filosófico, político, moral e econômico de todo Estado constituído"[387].

A ordem pública é, por essência, indeterminada[388], ainda que determinável, cabendo ao intérprete defini-la no momento do julgamento do caso, considerando a realidade vivida naquele momento histórico[389],

385 GOMES, Orlando. **Contratos**. 26. ed. Rio de Janeiro: Forense, 2007, p. 28-29.

386 "A ordem pública é um princípio geral, exógeno ao ordenamento jurídico, que se assenta em valores de natureza política, econômica e social, integrantes de determinada sociedade, como a expressão maior dos seus valores. Atuando como verdadeiro fundamento da ordem jurídica, a ordem pública antecede e inspira a elaboração das leis. MARTINS, André Chateaubriand. Os diferentes níveis de ordem pública sob uma perspectiva da jurisprudência brasileira em arbitragens doméstica e internacional. **Revista Brasileira de Arbitragem** n. 37, jan.-mar. 2013.

387 DOLINGER, Jacob. **Direito internacional privado** – parte geral. Rio de Janeiro: Renovar, 2008, p. 394.

388 Na lição de Luís Roberto Barroso, a ordem pública é "um instituto amplo, fluido e de difícil apreensão conceitual". BARROSO, Luís Roberto. **Interpretação e aplicação da Constituição**. São Paulo: Saraiva, 1998, p. 43.

389 Na visão de Irineu Strenger, a ordem pública pode ser assim definida: "O conjunto de normas e princípios que em um momento histórico determinado, refletem o esquema de valores essenciais, cuja tutela atende de maneira especial cada ordenamento jurídico concreto". STRENGER, Irineu. **Contratos internacionais do comércio**. São Paulo: RT, 1986, p. 104.

tendo sempre como norte as ideias de indisponibilidade e o interesse da sociedade[390], como preceitua Cláudio Finkelstein:

> Entretanto, a dificuldade reside no fato de que nunca encontramos definido o que vem a ser básico e fundamental para a moral sócio-político-jurídica de um país, pois se trata de conceitos em constante evolução e que podem, ainda, variar de intérprete para intérprete. Dessa forma, pode-se concluir ser a ordem pública um critério axiológico, que varia no tempo e no espaço[391].

Válido apontar que, a despeito de existir divergência na doutrina[392], não podemos falar em distinção entre o conceito de ordem pública interna e internacional dentro de um único ordenamento jurídico[393], não havendo como se sustentar a existência de uma multiplicidade de ordens públicas[394]. Ocorre que no âmbito internacional, temos um subconjunto

[390] Ruy Rosado de Aguiar prossegue classificando as espécies de ordem pública: "São referidas espécies de ordem pública: *constitucional*, decorrente dos preceitos da Constituição da República, que acolhem certos princípios (por exemplo: respeito à coisa julgada); *processual*, ordenadores do processo, como os enumerados no art. 21, § 2º, da Lei de Arbitragem; *material* (substancial ou de fundo), incidente sobre as relações de direito público ou privado, como os direitos intangíveis assegurados na Constituição (ex.: não discriminação)". AGUIAR, Ruy Rosado de. **Arbitragem, os precedentes e a ordem pública**. Texto básico de palestra realizada na I Conferência Nacional de Arbitragem, promovida pela OAB Federal, em São Paulo, em 9.11.2018, p. 17.

[391] FINKELSTEIN, Cláudio. **Hierarquia das normas no direito internacional**. *Jus cogens* e metaconstitucionalismo. São Paulo: Saraiva, 2013, p. 284.

[392] Cláudio Finkelstein comenta: "A doutrina encontra-se dividida com relação à teoria da ordem pública: de um lado, os que defendem a existência de uma ordem pública interna e outra externa; e de outro lado, os que não aceitam tal divisão [...] A doutrina brasileira dividiu-se a esse respeito. Rodrigo Otávio, Clóvis Beviláqua, Eduardo Espínola, Haroldo Valladão e Irineu Strenger aceitam a distinção. Já Oscar Tenório, Wilson de Souza Campos Batalha e Gama e Silva rejeitam a dicotomia". FINKELSTEIN, Cláudio. **Hierarquia das normas no direito internacional**. *Jus cogens* e metaconstitucionalismo. São Paulo: Saraiva, 2013, p. 288-289.

[393] ALMEIDA, Ricardo Ramalho. **Arbitragem comercial internacional e ordem pública**. Rio de Janeiro: Renovar, 2005, p. 25-32.

[394] Segundo Jacob Dolinger, "é sempre a mesma ordem pública, em constante vigilância que analisa todos os desvios da aplicação da norma do foro, desvios originários da vontade das partes, da aplicação de uma lei estrangeira ou da execução de uma sentença estrangeira. Para cada uma destas anomalias, a ordem pública tem seu campo de atuação restritiva, mais amplo

de temas de ordem pública nacionais que são indiferentes[395] naquela esfera[396], de maneira que, conforme ilustra Ricardo Ramalho Almeida:

> Se se admitisse essa distinção, a ordem pública interna e a ordem pública internacional seriam graficamente representadas por dois círculos concêntricos. Ainda que possa parecer estranho à primeira vista, o círculo maior, exterior, seria o da ordem pública interna, ao passo que o círculo menor, contido no maior, seria o da ordem pública internacional. Tratar-se-ia, essa última, para usar uma expressão da doutrina belga, do "núcleo duro" da ordem pública[397].

Uma vez definidos os contornos de ordem pública, diante da impossibilidade de se alcançar uma definição precisa, verificaremos se a ordem

na primeira hipótese, reduzindo-se na segunda e mais ainda na terceira. Sendo assim, não há como falar em ordem pública interna e ordem pública internacional. A ordem pública é una, indivisível e indefinível, abstrata, espiritual e anônima, que flutua sobre o sistema jurídico nacional como um anjo protetor, que aplica critérios diferentes dentro de uma tolerância graduada, e que, apesar de toda esta incerteza é entendida pelos juristas e aplicada pelos julgadores com uma constância e uniformidade que supera, às vezes, a interpretação de normas jurídicas concretas, sujeitas à intermináveis divergências da doutrina e jurisprudencial". DOLINGER, Jacob. **A evolução da ordem pública no direito internacional privado**. Rio de Janeiro: Forense, 1979, p. 42.

395 Cite-se, como exemplo, o dever de motivação da sentença arbitral. Enquanto para a Lei de Arbitragem trata-se de requisito indispensável para a validade da sentença arbitral nacional, de maneira que a sua inobservância pode levar à anulação da sentença arbitral, o mesmo não se aplica para sentenças arbitrais estrangeiras que apliquem a lei brasileira, posto que naquele âmbito a motivação pode ser dispensada e isso não necessariamente ofenderia a ordem pública nacional. No mesmo sentido: CARMONA, Carlos Alberto. **Arbitragem e processo**: um comentário à lei 9.307/96. 3. ed. São Paulo: Atlas, 2009, p. 478-479.

396 Albert Jan van den Berg defende que para arbitragens internacionais apenas o conceito de ordem pública internacional deve ser aplicado: "Public policy may be distinguished as domestic and international public policy. This distinction is based on the proposition that what pertains to public policy in domestic cases is not necessarily to be regarded as pertaining to public policy in international cases. Accordingly, the field of public policy in international cases may be narrower than in domestic cases". BERG, Albert Jan Van Den. **The New York Arbitration Convention of 1958**. Netherlands, Kluwer, 1981, p. 382.

397 ALMEIDA, Ricardo Ramalho. A exceção de ofensa à ordem pública na homologação de sentença arbitral estrangeira. *In*: ALMEIDA, Ricardo Ramalho (coord.). **Arbitragem interna e internacional** (questões de doutrina e da prática). Rio de Janeiro: Renovar, 2003, p. 132.

pública pode ser arguida como fator a ensejar a desconstituição da sentença arbitral. Como vimos, a ordem pública pode e deve influir todo e qualquer julgamento, independentemente do sistema, portanto, perante a arbitragem não poderia ser diferente. Não por menos, em dois momentos a ordem pública é expressamente citada pela Lei de Arbitragem: como método de controle de legalidade da convenção arbitral e para o procedimento de homologação de sentença estrangeira, mas nada é dito sobre a influência da ordem pública e a sentença arbitral doméstica. Estaria então a sentença arbitral doméstica imune ao controle da ordem pública? Pensamos que não.

Não nos parece equilibrado e isonômico o cenário em que a ordem pública pode servir de fator regulador da legalidade da convenção arbitral e da sentença arbitral estrangeira, inclusive aquela que aplica a lei brasileira, mas não pode influir na legalidade da sentença arbitral nacional. Afinal, poderíamos ter questões jurídicas idênticas analisadas em procedimentos arbitrais de origem estrangeira e de origem nacional, mas apenas aquele de origem estrangeira estaria sujeito ao controle judicial por eventual ofensa à ordem pública. Por isso, Carlos Alberto Carmona registra: "não teria cabimento que o legislador se preocupasse em repelir ataques à ordem pública vindos de laudos proferidos no exterior, mantendo aberto o flanco às sentenças arbitrais nacionais"[398], posição acompanhada por Pedro Martins, para quem seria "inaceitável que se controle a ordem pública em sentenças estrangeiras e o mesmo não aconteça naquelas exaradas em nossa própria jurisdição"[399].

Portanto, a ordem pública pode influenciar na legalidade da sentença arbitral, mas essa influência deve ser limitadíssima e excepcional, não podendo servir de pretexto para a revisão do mérito da sentença arbitral. Logo, quando o árbitro deixa de seguir ou aplicar os comandos de decisões proferidas pelo STF em sede de controle concentrado de constitucionalidade, princípios processuais, como aqueles listados no art. 21 § 2º da Lei de Arbitragem, caberá ao Poder Judiciário analisar eventual ofensa à

[398] CARMONA, Carlos Alberto. **Arbitragem e processo**. 3. ed. São Paulo: Atlas, 2009, p. 417.

[399] MARTINS, Pedro Batista. **Apontamentos sobre a lei de arbitragem**. Rio de Janeiro: Forense, 2008, p. 319.

ordem pública. É o que ocorre quando o STJ denega a homologação de sentenças arbitrais estrangeiras que violem a ordem pública[400].

Contudo, importante registrarmos que não é o desrespeito ao precedente que pode gerar a anulação da sentença arbitral. Essa eventual desobediência não é fundamento para se alegar violação à ordem pública, afinal, não há hierarquia entre o sistema arbitral e o sistema judicial, mas apenas uma relação de coordenação entre os sistemas. Logo, se não há dever de obediência, não teremos como sustentar ofensa à ordem pública decorrente do mero desrespeito ou inobservância de um precedente judicial.

O que poderia, em tese, ser violado, é o comando previsto naquele precedente. Contudo, cada caso deve ser analisado individualmente, pois até mesmo os precedentes oriundos do STF em sede de controle concentrado podem não envolver questões de ordem pública. Nesse sentido Leonardo Greco[401] reconhece: "não há automaticamente violação da ordem pública pela violação de precedentes, porque mesmo entre os considerados vinculantes, pode haver muitos que tratem de matéria plenamente disponível". Sobre o tema, comenta Ricardo Ramalho Almeida:

> A ofensa à ordem pública, como se vê, seja no tocante à violação de princípios fundamentais, seja na vertente da inobservância de regras positivas que demandem aplicação mandatória à espécie, só pode ser validamente invocada como fundamento de pretensão de nulidade de sentença arbitral quando a

[400] Cita-se, como exemplo, os seguintes julgados: (i) a SEC 9.412/US (Abengoa *v.* Ometto): "A imparcialidade do juiz é princípio fundante do Judiciário brasileiro e se este concluir que, num caso de sentença submetida a processo de homologação para produção de efeitos em território brasileiro, esta rigorosa imparcialidade não está presente, a homologação deve ser negada por contrariedade à ordem pública, nos termos do art. 39 da Lei 9.307/96". BRASIL. Superior Tribunal de Justiça. Sentença Estrangeira Contestada n. 9.412 – US. Corte Especial. Rel. Min. Felix Fischer. Rel. p/ acordão Min. João Otávio de Noronha. Acórdão de 19 abr. 2017; (ii) SEC 5.543/EX – "Homologação de sentença estrangeira. Adoção. Contestação. Pai residente no Brasil. Ausência de citação. Ofensa à ordem pública". BRASIL. Superior Tribunal de Justiça. Sentença Estrangeira Contestada n. 5.543 – EX. Corte Especial. Rel. Min. Ari Pargendler. Acórdão de 20 fev. 2013.

[401] GRECO, Leonardo. Controle jurisdicional da arbitragem. *In*: LEE, João Bosco; LEVY, Daniel de Andrade (ed.). **Revista Brasileira de Arbitragem**. Kluwer Law International, v. XV Issue 57, 2018, p. 7-22..

violação for flagrante, efetiva e concreta, ou quando a sentença consagrar procedimento fraudulento. Afora tais hipóteses excepcionais, prevalece o princípio de que a sentença arbitral é final e não está sujeita a revisão de mérito[402].

Além disso, importante frisar que a violação à ordem pública deve ser violenta e deve atacar os interesses da coletividade de forma incontestável[403], a ponto de se justificar a posterior anulação da sentença arbitral pelo Poder Judiciário, de maneira a evitar que a ordem pública seja utilizada como subterfúgio para anular sentenças arbitrais.

Por outro lado, há de se ponderar que, em situações excepcionalíssimas, quando os precedentes trouxerem uma nova interpretação legal, que vise a pacificação social, econômica ou política, a eventual desconsideração desses precedentes, a depender da casuística, poderá configurar uma violação ao art. 32, IV, da Lei de Arbitragem e à ordem pública.

É o que esclarece Fabiane Verçosa:

> Dessa forma, somente caso se verifique que o resultado concreto de tal aplicação errônea venha a ofender, de forma flagrante, a ordem pública brasileira, teremos como resultado a anulação da sentença arbitral doméstica ou a denegação ao reconhecimento do laudo arbitral estrangeiro, conforme o caso. Tal constatação, por óbvio, deve ser feita casuisticamente e com extremo zelo,

[402] ALMEIDA, Ricardo Ramalho. **Arbitragem comercial internacional e ordem pública**. Rio de Janeiro: Renovar, 2005, p. 263. Também nesse sentido: APRIGLIANO, Ricardo de Carvalho. **Ordem pública e processo**: o tratamento das questões de ordem pública no direito processual civil. São Paulo: Atlas, 2011, p. 41-62.

[403] Para Lauro Gama Junior: "quanto ao mérito da causa, mais do que em relação ao procedimento, a concepção de ordem pública deve possuir natureza funcional. Para ser anulada ou denegada, a sentença arbitral deverá ferir, em seu resultado concreto e no momento em que é apreciada pelo juiz, as convicções fundamentais do direito brasileiro aplicáveis às relações internacionais, isto é, a ordem pública internacional. Cite-se, por exemplo, uma sentença fundada na discriminação racial ou religiosa, na corrupção de um agente público, ou, ainda, uma decisão que viole os princípios econômicos da integração latino-americana, insculpidos no art. 4º da Constituição da República". GAMA JUNIOR, Lauro. Reconhecimento e execução de sentenças arbitrais estrangeiras. *In*: CASELLA, Paulo B. (Coord.). **Arbitragem** – Lei brasileira e praxe internacional. São Paulo: LTr., 1999, p. 423.

a fim de que tal medida não se torne uma descabida e inoportuna ferramenta para partes descontentes com o laudo arbitral[404].

Contudo, nunca será o desrespeito ao precedente judicial o fundamento de violação da ordem pública, mas sim ao comando, de ordem pública, que esse precedente judicial pode conter, tendo em vista que podemos ter precedentes judiciais que tratem sobre questões de direito disponível, e sua inobservância ou não aplicação pelo árbitro não pode ser caracterizada como pretexto de ordem pública para desconstituir a sentença arbitral.

Evidentemente que o tema da ordem pública é muito rico e complexo, e não pretendemos esgotá-lo nesse trabalho. A pretensão aqui é apenas analisar de que forma a ordem pública, a arbitragem e os precedentes judiciais dialogam. Como vimos, a violação à ordem pública pode ser um fator a provocar a anulação de uma sentença arbitral, tema este que já parece ser pacífico na doutrina. No mais, não será, em regra, a inobservância de um precedente judicial apta a anular uma sentença arbitral, visto que não se trata de matéria de ordem pública. A exceção é feita às decisões proferidas pelo STF em sede de controle concentrado de constitucionalidade, que possuem eficácia normativa. Nesses casos, sua inobservância pelos árbitros poderá configurar, a depender do caso, tanto violação à convenção arbitral como à ordem pública.

4.4.3.5. O controle da aplicação dos precedentes pelas partes – uma possível solução?

Conforme expusemos em tópicos anteriores, como regra geral, os árbitros não estão vinculados aos precedentes judiciais e não foram poucos os motivos que embasaram essa conclusão, passando desde o conceito de arbitragem, sua natureza jurídica, até chegarmos na compreensão da arbitragem como um sistema independente e cooperativo com o sistema judicial, concluindo pela compreensão e pelas distinções entre os sistema de *common law* e *civil law*, além do propósito e do funcionamento do sistema de precedentes trazido pelo CPC.

[404] VERÇOSA, Fabiane. **A aplicação errônea do direito pelo árbitro**: uma análise à luz do direito brasileiro e estrangeiro. Curitiba: CRV, 2015, p. 517.

Contudo, devemos considerar se as partes também podem controlar a eventual vinculação dos precedentes judiciais, seja para impor sua observância aos árbitros, seja para eximir qualquer dúvida de sua não aplicação na solução do litígio. O tema passa pela compreensão da convenção arbitral e do art. 2º da Lei de Arbitragem, segundo a qual as partes podem "escolher, livremente, as regras de direito que serão aplicadas na arbitragem, desde que não haja violação aos bons costumes e à ordem pública", ao passo que, conforme o § 2º, as partes poderão "convencionar que a arbitragem se realize com base nos princípios gerais de direito, nos usos e costumes e nas regras internacionais de comércio".

Essa disposição, de expressa vinculação ou não, se daria na "convenção de arbitragem (que) é a expressão da vontade das partes interessadas, manifestadas numa mesma direção, de se socorrerem da arbitragem para a solução dos seus (virtuais ou reais) litígios"[405]. Essa manifestação pode ocorrer em dois momentos distintos, isto é, antes do surgimento do conflito, por meio da celebração de uma cláusula compromissória[406], ou após o surgimento do conflito, por meio de um compromisso arbitral[407].

O gênero *convenção arbitral* possui duas espécies: a cláusula compromissória e o compromisso arbitral[408], em que ambas possuem natureza jurídica de contrato, podendo ser bilaterais ou multilaterais. Enquanto

[405] ALVIM, J. E. Carreira. **Tratado geral da arbitragem.** Belo Horizonte: Mandamentos, 2000, p. 207.

[406] "Art. 4º A cláusula compromissória é a convenção através da qual as partes em um contrato comprometem-se a submeter à arbitragem os litígios que possam vir a surgir, relativamente a tal contrato. § 1º A cláusula compromissória deve ser estipulada por escrito, podendo estar inserta no próprio contrato ou em documento apartado que a ele se refira. § 2º Nos contratos de adesão, a cláusula compromissória só terá eficácia se o aderente tomar a iniciativa de instituir a arbitragem ou concordar, expressamente, com a sua instituição, desde que por escrito em documento anexo ou em negrito, com a assinatura ou visto especialmente para essa cláusula.

[407] Art. 9º O compromisso arbitral é a convenção através da qual as partes submetem um litígio à arbitragem de uma ou mais pessoas, podendo ser judicial ou extrajudicial. § 1º O compromisso arbitral judicial celebrar-se-á por termo nos autos, perante o juízo ou tribunal, onde tem curso a demanda. § 2º O compromisso arbitral extrajudicial será celebrado por escrito particular, assinado por duas testemunhas, ou por instrumento público.

[408] Segundo Alexandre Freitas Câmara, "O compromisso tem, portanto, como pressuposto, uma controvérsia já surgida entre as partes, ao contrário da cláusula compromissória, a qual é celebrada antes de surgir a lide, e se refere a litígios futuros e eventuais. Assim sendo, após surgir a lide, podem as partes celebrar o compromisso arbitral, submetendo-se a um árbitro a

o conflito ainda se dá numa esfera teórica, eventual e futura, temos a cláusula compromissória. De acordo com o art. 4º da Lei de Arbitragem, a cláusula compromissória é "a convenção através da qual as partes em um contrato comprometem-se a submeter à arbitragem os litígios que possam vir a surgir, relativamente a tal contrato". Nessa toada, merece destaque a natureza autônoma e independente da cláusula compromissória frente ao negócio jurídico em que está inserta, pois mesmo que o negócio jurídico principal seja anulado por não conter alguma previsão demandada pela lei, a cláusula compromissória permanecerá válida e eficaz[409], como reza o art. 8º da Lei de Arbitragem[410].

Em complemento à cláusula compromissória, temos também o compromisso arbitral enquanto espécie do gênero *convenção arbitral* que, por sua vez, está previsto no art. 9º da Lei de Arbitragem[411]. Portanto, diversamente da cláusula compromissória, celebrada antes de existir um conflito, o compromisso arbitral ocorre quando as partes já estão postas

composição da lide". CÂMARA, Alexandre Freitas. **Arbitragem** – Lei n. 9.307/96. 2. ed. Rio de Janeiro: Lumen Juris, 1997, p. 27-28.

[409] Segundo Carlos Alberto Carmona, "As partes, ao encartarem em determinado contrato uma cláusula arbitral, inserem nele relação jurídica diferente, manifestando vontade apenas no que se refere à solução de eventuais litígios pela via arbitral; esta vontade, portanto, não tem ligação (senão instrumental) com o objeto principal do negócio jurídico (uma compra e venda, uma associação, um contrato de prestação de serviços), de tal sorte que eventual falha que importe nulidade da avença principal não afetará a eficácia da vontade das partes (que permanecerá válida para todos os efeitos) de ver resolvidas suas controvérsias (inclusive aquela relacionada à eventual nulidade do contrato e seus efeitos) pela via arbitral. Constata-se, em outros termos, que a causa do contrato principal é diversa daquela que leva as partes a estipularem a solução arbitral para futuras controvérsias. CARMONA, Carlos Alberto. **Arbitragem e processo** – um comentário à Lei n. 9.307/96. 2. ed. São Paulo: Atlas, 2009, p. 158-159.

[410] Nesse ponto vale transcrever a análise realizada por Debora Visconte: "A Suprema Corte dos Estados Unidos, ao decidir o caso Prima Paint *v.* Flood Conklin, lapidou o conceito de autonomia da cláusula compromissória, ao declarar que quando a alegação de fraude se refere ao contrato como um todo, e não especificamente em relação à convenção de arbitragem, e não houve nenhuma evidência de que a intenção das partes era de que a questão não fosse resolvida por arbitragem, a alegação de fraude não afetará a convenção. E, com base nisso, determinou o prosseguimento da arbitragem". VISCONTE, Debora. **A jurisdição dos árbitros e seus efeitos**. Dissertação (Mestrado em Direito). Universidade de São Paulo (USP), São Paulo, 2009, p. 42.

[411] "O compromisso arbitral é a convenção através da qual as partes submetem um litígio à arbitragem de uma ou mais pessoas, podendo ser judicial ou extrajudicial".

diante de um litígio[412]. Pode ocorrer tendo havido ou não a previsão contratual anterior de resolução de conflitos pela via arbitral. Por fim, pode se dar no curso da própria arbitragem, na forma de ata de missão ou termo de arbitragem, para restabelecer e consolidar as regras daquele procedimento[413].

De todo modo, trata-se de um contrato que pode produzir efeitos na seara processual. Afinal, uma vez celebrado o compromisso arbitral, as partes optaram por excluir da jurisdição estatal a possibilidade de resolver aquele conflito. E quando fazem isso, as partes podem prever as regras de seu conflito, inclusive a lei aplicável.

Diante disso, surge a possibilidade de as partes preverem, de forma específica, a aplicação de um determinado diploma legal ou, ainda determinar que a intepretação doutrinária ou a aplicação de precedentes possa ser excluída da apreciação dos árbitros, conforme autorizado pela própria Lei de Arbitragem, como visto das transcrições acima. O texto acertadamente reflete a prática internacional[414], em que o aspecto contratualista

[412] Este compromisso pode se dar de forma judicial, como resultado de uma ação para preenchimento de cláusula compromissória vazia, durante um curso de processo judicial, nos termos do art. 9º da Lei de Arbitragem, ou ainda pela via extrajudicial, em que as partes, de comum acordo, decidem transferir a jurisdição para a solução de um conflito existente para um árbitro ou um tribunal arbitral.

[413] Segundo Humberto Theodoro Júnior: "Em suma, as partes podem estabelecer o compromisso arbitral, após a eclosão do litígio, mesmo sem que o contrato gerador da controvérsia contivesse cláusula compromissória. Mas, ainda que exista tal cláusula, ela, por si só, não é suficiente para instalar o juízo arbitral. Haverá, sempre, necessidade do compromisso, no qual se definirão o objeto e as regras do procedimento extrajudicial. A grande novidade da Lei n. 9.307 é que esse compromisso pode ser substituído por uma sentença judicial, se as partes não chegarem a ele pela via consensual. Essa perspectiva de ser a implantação do processo arbitral por decisão judicial estimula, por sua vez, as próprias partes a consumarem o compromisso pelo consenso, evitando, em última análise, indesejável intromissão do juiz togado na desavença instalada na execução do contrato". THEODORO JÚNIOR, Humberto. **A arbitragem como meio de solução de controvérsias**. Disponível em: http://www.mpsp.mp.br/portal/page/portal/documentacao_e_divulgacao/doc_biblioteca/bibli_servicos_produtos/bibli_boletim/bibli_bol_2006/RDC_02_05.pdf. Acesso em: 05 jul. 2020.

[414] "Both international conventions and the model rules on international arbitration confirm that the parties are free to choose for themselves the law applicable to their contract. For example, Article 42 of the ICSID Convention provides: 'The Tribunal shall decide a dispute in accordance with such rules of law as may be agreed by the parties.' Article 35(1) of the UNCITRAL Rules provides: 'The arbitral tribunal shall apply the rules of law designated by

da arbitragem pode ser visualizado em seu ponto máximo, posto que o legislador, expressamente, estabeleceu que as partes poderão escolher *livremente* as regras de direito[415], chegando ao ponto de prever que poderão optar por um julgamento baseado apenas em princípios de direito, bons costumes ou regras de comércio internacional.

Nesse sentido, aponta Julian David Mathew Lew que a possibilidade da escolha da lei aplicável e de suas regras é uma realidade em muitos países, independentemente de seu sistema jurídico:

> Despite their differences, common law, civil law and socialist countries have all equally been affected by the movement towards the rule allowing the parties to choose the law to govern their contractual relations. This development has come about independently in every country and without any concerted effort by the nations of the world; it is the result of separate, contemporaneous and pragmatic evolutions within the various national systems of conflict of laws[416].

Nessa mesma linha defende Tânia Lobo Muniz:

> A arbitragem, tendo sua origem num contrato, também encontra sua base neste princípio: o princípio da autonomia da vontade das partes de compor

the parties as applicable to the substance of the dispute.' And, amongst the rules of arbitral institutions, (117) Article 21(1) of the ICC Rules provides: 'The parties shall be free to agree upon the rules of law to be applied by the arbitral tribunal to the merits of the dispute". NIGEL, Blackaby; PARTASIDES, Constantine *et al.* **Redfern and Hunter on International Arbitration**. 6. ed. Kluwer Law International; Oxford University Press, 2015, p. 188.

[415] For the most part, modern laws of arbitration are content to leave parties and arbitrators free to decide upon their own particular, detailed rules of procedure, so long as the parties are treated equally. NIGEL, Blackaby; PARTASIDES, Constantine *et al.* **Redfern and Hunter on International Arbitration**. 6. ed. Kluwer Law International; Oxford University Press, 2015, p. 156.

[416] LEW, Julian David Mathew. **Applicable law in international commercial arbitration**. Oceana/Sigthoff & Noorthoff, 1978, p. 75. Tradução livre: apesar de suas diferenças, o *common law*, o *civil law* e os países socialistas foram igualmente afetados pelo movimento em direção à regra que permite às partes escolher a lei para reger suas relações contratuais. Este desenvolvimento ocorreu independentemente em cada país e sem qualquer esforço conjunto das nações do mundo; é o resultado de evoluções separadas, contemporâneas e pragmáticas dentro dos vários sistemas nacionais de conflito de leis.

os conflitos submetendo-os aos árbitros. Princípio este que se manifesta pela liberdade que tem o indivíduo de extinguir o litígio surgido por ato de sua própria vontade, dentro dos casos permitidos e dos limites estabelecidos pela lei. A aplicação do princípio inclui a liberdade de escolher as diversas leis para reger o contrato, inserir as chamadas cláusulas de estabilização e excluir ou afastar qualquer direito nacional e escolher as normas aplicáveis (boa-fé, equidade, princípios gerais de direito, *lex mercatoria*, ou cláusulas de escolha negativa ou parcial de certo direito estatal)[417].

Isso significa dizer que as partes podem prever, por exemplo, que sua relação jurídica será interpretada com base em determinadas normas. Podem também as partes estipular que a relação poderá ser dirimida com base em lei estrangeira, ainda que a relação tenha se dado em solo nacional[418]. Na mesma medida, se as partes podem prever em sua con-

[417] MUNIZ, Tânia Lobo. **Arbitragem no Brasil e a Lei n. 9.307/96**. Curitiba: Juruá, 2002, p. 68.

[418] Nesta toada, vejamos trecho de paradigmático acórdão do Tribunal de Justiça de São Paulo que reconheceu a validade de cláusula arbitral que previa lei estrangeira para regular uma relação doméstica: "Cuida-se de agravo de instrumento tirado de r. decisão que, nos autos de ação de cobrança ajuizada pela agravada contra as agravantes, rejeitou as preliminares argüidas no sentido da prevalência do juízo arbitral [...]. Em síntese, sustentam as agravantes que deve prevalecer a cláusula que no ajuste feito entre a primeira recorrente e a agravada, estabeleceu que os conflitos seriam resolvidos no juízo arbitral [...] A questão relativa à constitucionalidade da lei de arbitragem (9.307/96) já foi alvo de várias apreciações judiciais, inclusive pelo Supremo Tribunal Federal, que entendeu não violar referida norma legal a Carta da República (Agravo Regimental na Sentença Estrangeira n. 5,206-7, procedente do Reino da Espanha). Referido comando legislativo não agride à regra do art. 5º, XXXV, da Constituição Federal, porque tal preceito não é de molde a impedir que as partes, em atenção ao desiderato que norteia seus interesses, possam renunciar a que eventual querela que entre elas venha a se instalar seja submetida à apreciação jurisdicional, sem se olvidar que qualquer delas poderá demandar, perante o Judiciário, a nulidade da cláusula compromissória. Quadrando a relação jurídica estabelecida entre os contratantes, de ajuste que se orienta exclusivamente em função da autonomia de suas vontades, é perfeitamente lícito que prefiram ver os conflitos daí emergentes resolvidos no juízo arbitral. No caso dos autos, cuida-se de um contrato de agência celebrado entre a agravada e a primeira agravante, que em seu artigo 11 traz expressa a previsão de que quaisquer litígios decorrentes do ajuste serão definitivamente resolvidos de acordo com o Regulamento de Conciliação e de Arbitragem da Câmara do Comércio Internacional (fl. 93). Bate-se a recorrida pelo descabimento da pretensão recursal alegando que a matéria deveria ser argüida através de exceção e não como preliminar da contestação. Diz, ainda, que a regra do art. 88 do

venção arbitral que o caso em questão pode ser julgado apenas com base nos princípios gerais de direito, podem elas, igualmente, prever que os precedentes judiciais devem ser descartados pelos árbitros no momento da prolação da sentença arbitral.

Esse entendimento também é defendido por Guilherme Rizzo Amaral, que apesar de defender a vinculação dos árbitros aos precedentes judiciais, reconhece que as partes podem "expressamente excluir, no compromisso arbitral, a aplicação de precedentes"[419], afinal, as partes que buscam a arbitragem desejam algo, conforme argumenta Rafael Francisco Alves, "particularizado, um procedimento que seja adequado e apropriado para resolver aquela disputa específica, que possa ser ajustado conforme a necessidade das partes, sob medida (*tailor-made*)"[420].

Evidentemente que não se trata de uma regra absoluta e que pode ser explorada pelas partes sem qualquer tipo de freio ou balanço, ao ponto de as partes preverem apenas a aplicação de parte da lei brasileira ou que

CPC impõe que a questão seja submetida à Justiça Brasileira, até porque a obrigação era de ser cumprida em nosso país (arts. 8º e 9º da Lei de Introdução ao Código Civil). Assevera, mais, que a cláusula é inválida porque autoriza que a demanda seja resolvida à luz do direito francês. Sem razão, todavia. [...] Como a lei n. 9.307/96, em seu art. 2°, permite que as partes possam livremente escolher as regras de direito que serão aplicadas na arbitragem, não se verifica o impedimento argüído. Pela mesma razão não se vislumbra vício em haver previsão de que seja com base no direito francês que os árbitros venham a resolver a pendenga. Embora o contrato de agência, ou representação comercial, seja regulado por lei especial, isso não significa que não pudesse a relação aqui questionada ser alvo de disposição pelas contratantes, uma vez que o direito ali agitado é disponível para ambas as partes, e, portanto, não vem revestido da característica da irrenunciabilidade. Não há norma cogente tutelando esse direito, afivelando-o e submetendo-o por conta de interesse do Estado ou por conta de interesse social direto, de sorte a impedir que sobre os valores dele objeto pudessem os contratantes dispor segundo seu alvitre. Dessa sorte, sobre ele incide naturalmente o princípio da autonomia da vontade, podendo, assim, as partes transigir livremente, inclusive no que concerne à forma de solução de suas diferenças. BRASIL. Tribunal de Justiça de São Paulo. Agravo de Instrumento 0026424-17.2002.8.26.0000; Rel. Waldir de Souza José; Órgão Julgador: 7ª Câmara (Extinto 1° TAC); Foro Central Cível – 26ª VC; j. 24-09-2002; Registro 04-10-2002.

[419] AMARAL, Guilherme Rizzo. **Vinculação dos árbitros aos precedentes judiciais**. Publicado em 2017. Disponível em: https://www.conjur.com.br/2017-out-03/guilherme-amaral-vinculacao-arbitros-aos-precedentes-judiciais. Acesso em: 10 maio 2019.

[420] ALVES, Rafael Francisco. Árbitro e direito: o julgamento de mérito na arbitragem. São Paulo: Almedina, 2018, p. 89.

determinados diplomas devem ser afastados[421]. Por isso mesmo o § 1º do art. 2º da Lei de Arbitragem prevê que essa liberalidade será controlada pelos bons costumes e pela ordem pública[422] (este último conceito foi apreciado no capítulo anterior).

Por bons costumes, ainda que não haja uma definição do legislador, podemos entender o elemento da consciência moral do povo e "no sentimento de honestidade de todos que pensem equanimemente e razoavelmente"[423]. Aspectos relacionados à moralidade e à honestidade farão parte da definição e da compreensão do que seriam os bons costumes, desde que presentes à sociedade no momento de sua apreciação ou avaliação de eficácia e validade[424].

Deste modo, a Lei de Arbitragem exalta o princípio da autonomia da vontade ao criar um amplo leque de opções às partes para definir as regras de direito que serão aplicáveis ao conflito atual ou futuro, chegando ao ponto de exemplificar diversas situações, como o julgamento com base em princípios de direito, usos e costumes e regras internacionais de direito. Considerando que o sistema arbitral é independente do sistema judicial e que o Brasil opera sob o sistema jurídico de *civil law*, além de o regime de precedentes do CPC estar limitado ao sistema judicial, sem alcance no mundo arbitral, não haveria como alegar violação à ordem pública a disposição de convenção arbitral que preveja a inexistência de um dever

[421] Ruy Rosado de Aguiar cita alguns exemplos de leis de ordem pública, que por sua vez não poderiam ser objeto de negociação pelas partes: "No direito material, são arroladas como sendo de ordem pública as leis sobre a cidadania, o direito de família, os direitos da coletividade, as leis fiscais, o Código de Defesa do Consumidor, etc". AGUIAR, Ruy Rosado de. **Arbitragem, os precedentes e a ordem pública**. Texto básico de palestra realizada na I Conferência Nacional de Arbitragem, promovida pela OAB Federal, em São Paulo, em 9.11.2018.

[422] "Convém sublinhar, entrementes, que a escolha do direito aplicável encontra limites nas normas cogentes, ou seja, na ordem pública nacional e nos bons costumes. A autonomia da vontade das partes encontra, sempre, limite na ordem pública". SCAVONE JUNIOR, Luiz Antonio. **Manual de arbitragem**. São Paulo: RT, 2008, p. 55.

[423] SERRA LOPES, Miguel Maria de. **Comentários à Lei de Introdução ao Código Civil**. v. III. Rio de Janeiro: Freitas Bastos, 1959, p. 301.

[424] Para Carlos Alberto Carmona, os bons costumes: "se podem inferir dos preceitos da moral, resultantes da aplicação da moral conforme a entendem os povos cultos, os critérios para considerar algo ofensivo aos bons costumes deverão basear-se em fatos, ou seja, avaliar o grau médio de moralidade do povo, o de civilização e o desenvolvimento da legislação". CARMONA, Carlos Alberto. **Arbitragem e processo**. 3. ed. São Paulo: Atlas, 2009, p. 79.

de observância aos precedentes judiciais e tampouco a sentença arbitral que der o apropriado cumprimento à referida convenção arbitral.

Portanto, as partes poderão regular em sua convenção arbitral a aplicabilidade dos precedentes à solução do litígio[425], conforme e nos limites trazidos pelo art. 2º, § 1º, da Lei de Arbitragem.

[425] Segundo Sofia Temer: "há que se lembrar que não raras vezes a arbitragem se debruça sobre controvérsias relativas a negócios complexos, muito específicos, inclusive a partir de contratos com nível alto de detalhamento, a praticamente dispensar a aplicação da lei. Nos contratos autorregulatórios ou *contracts sans droit,* não raro são afastadas as consequências regulares previstas em lei, o que implicaria em resultado similar ao previsto acima, quanto à negação dos precedentes. Parece-nos viável, nesse contexto, que as partes utilizem-se do art. 2º, § 1º, da Lei de Arbitragem, para calibrar a aplicação do direito no que tange aos precedentes judiciais". TEMER, Sofia. **Arbitragem**. Atualidades e tendências. Olavo A. V. Alves Ferreira e Paulo Henrique dos Santos Lucon (coord.). Ribeirão Preto, SP: Migalhas, 2019, p. 491.

CONCLUSÕES

A arbitragem no Brasil deve ser vista como um método adequado de resolução de conflitos. A distinção entre adequado e alternativo se mostra importante nesse momento por melhor retratar aquilo que a arbitragem efetivamente é. Esse sistema de resolução de conflitos não pode ser interpretado como um sistema inferior, subalterno ou ainda como válvula de escape do Poder Judiciário.

Como vimos ao longo desse trabalho, a arbitragem possui traços contratuais muito relevantes, tendo em vista que as partes podem dispor de vários aspectos e sobre a maneira pela qual o litígio deverá ser resolvido, algo impraticável na esfera judicial, a despeito dos esforços do legislador de tentar flexibilizar o processo judicial. As partes podem dispor sobre o número de árbitros, a lei aplicável, brasileira ou estrangeira, ou mesmo se o caso deve ser julgado por equidade ou com base em princípios gerais. Além disso, podem deliberar sobre os prazos do procedimento, a sede, a ordem da prática dos atos procedimentais, entre tantas outras providências. A carga jurisdicional existe e é inegável, tendo em vista que os árbitros são revestidos das mesmas funções de um juiz estatal, ao passo que a sentença arbitral terá o mesmo valor de uma sentença judicial e, para fins de execução, vale como título executivo judicial.

Esses aspectos fizeram com que a arbitragem tivesse um crescimento exponencial no Brasil. Tal crescimento, por sua vez, não significa que a arbitragem será, de alguma forma, uma alternativa ao Poder Judiciário ou a solução dos seus problemas, especialmente aqueles ligados ao elevado número de conflitos judicializados. A arbitragem não foi idealizada como um método de solução de conflitos que tivesse a capacidade de "desafogar" o Poder Judiciário. Imaginar que a arbitragem teria essa capacidade é uma verdadeira heresia.

Para tentar resolver os problemas relacionados ao elevado número de ações perante o Poder Judiciário, além da insegurança jurídica causada pela instabilidade dos julgados proferidos pelos órgãos do Poder Judiciário, que ora não conferem estabilidade às suas decisões, alterando com frequência seus posicionamentos anteriores, ora por não respeitarem as decisões proferidas pelos tribunais superiores, é que o CPC trouxe o sistema de precedentes, inspirado pelas práticas do *common law*.

O precedente no *common law* possui uma posição de grande destaque desde os seus primórdios, sendo caracterizado como fonte primária normativa ao lado dos usos e costumes da sociedade. O precedente no *common law* não nasce precedente, mas se torna um *a posteriori*, a depender de seu grau de vinculação das decisões futuras e o impacto causado na sociedade. O *stare decisis*, por sua vez, não é sinônimo de precedente, mas uma qualidade a ele atribuída, fazendo com que aquele precedente não tenha mera função interpretativa ou persuasiva, mas força vinculante perante casos futuros. Em uma sociedade acostumada com essa cultura, o precedente, juntamente com o *stare decisis*, criam segurança jurídica, sem que isso signifique o engessamento do direito. O *common law* possui mecanismos próprios de superação e de distinção de um precedente, permitindo que o sistema se mantenha atualizado e harmonizado com as evoluções da sociedade.

Vimos também ao longo desse trabalho que os sistemas de *common law* e *civil law* estão, já há algum tempo, buscando pontos de convergência, de maneira que não é incomum nos depararmos com países que adotam o sistema do *common law*, mas que possuem direito legislado, e países que adotam o *civil law*, mas começam a dar grande valor às decisões passadas proferidas pelos juízes e tribunais. Essa tendência já vinha sendo observada no Brasil há algum tempo, no entanto, acabou ganhando destaque com a entrada em vigor do CPC de 2015, oportunidade em que o legislador tentou trazer um sistema de precedentes, especialmente por meio dos arts. 489, 926 e 927 do CPC, que determinam, respectivamente, que não se considerará fundamentada a sentença judicial que não observar os precedentes, que os tribunais deverão manter sua jurisprudência estável, íntegra e coerente, e ainda quais decisões seriam consideradas como precedentes.

Esse sistema de precedentes foi recebido pela doutrina com um misto de empolgação e crítica, seja por conta do potencial de reduzir o relevante número de decisões judiciais que desrespeitam as decisões proferidas pelos tribunais superiores ou mesmo a instabilidade dos tribunais superiores, e, por outro lado, o fato de que tal sistema poderia ser considerado inconstitucional, vez que poderia romper com a tradição de *civil law* ao conferir força normativa aos precedentes, o que é incompatível com a CF.

Independentemente do acerto ou do desacerto do legislador ao prever um sistema de precedentes, o fato é que esse sistema foi criado pensando em solucionar problemas exclusivos do Poder Judiciário e sem a pretensão de transformar os precedentes judiciais em fonte primária de lei, fato confirmado pela leitura da exposição de motivos do CPC que, a bem da verdade, se mostra como a única interpretação possível para admitir a constitucionalidade do sistema de precedentes previsto no CPC. Todos os precedentes judiciais não constitucionais previstos no art. 927 do CPC visam, claramente, a tentar solucionar os problemas estruturais do Poder Judiciário, não havendo como se justificar que tais hipóteses seriam transsetoriais.

A arbitragem, por sua vez, deve ser vista como um sistema próprio e independente do processo civil, tal como desejado pelo legislador, que previu não caber revisão do mérito da sentença arbitral pelo Poder Judiciário, mesmo em caso de má aplicação da lei, ou homologação da sentença arbitral pelo Poder Judiciário. A influência sobre o mérito da sentença arbitral terá lugar apenas nas exceções pontuais previstas no art. 32 da Lei de Arbitragem ou quando a sentença arbitral ofender a ordem pública. Por isso, concluímos que o CPC não visa regular o procedimento arbitral e não pode ser aplicado de forma ampla ao procedimento arbitral, salvo quando o legislador expressamente o desejar.

De todo modo, mesmo sendo um sistema independente, os precedentes judiciais não constitucionais podem influir na arbitragem, sem que isso implique em vinculação obrigatória. Os árbitros devem se amparar em fontes secundárias para proferir suas decisões. Isso demonstra que estão atentos aos precedentes e à influência que estas decisões podem gerar perante a sociedade. O papel persuasivo dos precedentes judiciais é incontestável e isso não implica em violação ao princípio da universalidade do direito, à isonomia ou à segurança jurídica.

Com relação às súmulas vinculantes, vimos que em nada se assemelham à ideia de precedentes do *common law* e apenas representam um entendimento resumido sobre a posição dominante do STF sobre determinado tema, para o qual se busca impor uma interpretação definida a todos os órgãos do Poder Judiciário e à administração pública, visando otimizar o julgamento de casos similares e dar força vinculativa a casos futuros e atuais, evitando a interposição de recursos aos tribunais superiores e servindo como fator impeditivo à propositura de novas ações. Mais uma vez, vimos que o CPC apenas reforça a vinculatividade de uma "decisão" visando apenas solucionar um problema estrutural do Poder Judiciário.

Contudo, o árbitro não pode estar subordinado às regras de organização do Poder Judiciário e suas técnicas de julgamento. Justamente por isso o art. 33 da Lei de Arbitragem não prevê a possibilidade de se anular a sentença arbitral por inobservância de uma súmula vinculante.

Ressalvamos que, em se tratando de arbitragem envolvendo a administração pública e que tenha a lei brasileira como lei aplicável, os árbitros deverão observar as súmulas vinculantes, posto que, para entidades que integram a administração pública direta ou indireta, os comandos refletidos em súmulas vinculantes devem ser observados por vontade expressa da CF.

Com relação às decisões proferidas pelo STF em sede de controle difuso, entendemos que não haveria vinculação dos árbitros, pois não há respaldo constitucional para estender e vincular seus efeitos. As decisões proferidas pelo STF em sede de controle difuso produzem efeitos *intra partes* e não possuem eficácia normativa. Além disso, a regra do art. 52, X, da CF, continua vigente e deve ser observada pelo STF, afinal, não se admite que o Senado Federal seja apenas um órgão publicador das decisões do STF.

Com relação às decisões proferidas em sede de controle concentrado de constitucionalidade, concluímos pela eficácia normativa das decisões proferidas pelo STF em sede de controle concentrado, seja pela inconstitucionalidade seja pela constitucionalidade. Como a Constituição Federal não exige qualquer outra formalidade para validar a decisão do STF nesse tipo de situação, nos parece razoável concluir que, mediante o efeito *erga omnes*, a decisão proferida em sede de controle concentrado é oponível a todos, afinal, não podemos admitir que o árbitro possa aplicar uma norma declarada inconstitucional pelo STF em controle concentrado ou que dê interpretação oposta a eventual declaração de constitucionalidade.

Sobre as hipóteses de desconstituição da sentença arbitral, vimos que a Reclamação visa tutelar o desrespeito hierárquico por um órgão administrativo ou judiciário de determinadas decisões judiciais, condição essa que se mostra inaplicável ao sistema arbitral, que não é subordinado ao sistema judicial. Por consequência, entendemos que não há como se defender a possibilidade de apresentar uma Reclamação contra uma decisão arbitral.

Vimos ainda que a impugnação ao cumprimento de sentença instaurado para o cumprimento definitivo da sentença que reconhece a exigibilidade de obrigação de pagar quantia certa deve ser analisada com cautela, tendo em vista que mesmo que seja possível invocar a decisão proferida pelo STF em sede de controle concentrado ou difuso de constitucionalidade, sua aplicabilidade deve ser analisada considerando outros fatores. Afinal, as decisões do STF proferidas em sede de controle difuso de constitucionalidade possuem efeitos apenas *intra partes* e não são dotadas de efeito vinculante. A sua aplicabilidade a outros casos depende da observância do rito do art. 52, X, da CF. Não por menos, o CPC não reconhece a decisão proferida em controle difuso de constitucionalidade como um precedente de força vinculante ao não fazer qualquer menção a esse tipo de decisão no rol do art. 927 do CPC.

Além disso, a questão temporal nesse tipo de incidente deve ser observada, tendo em vista a limitação de 90 dias para a propositura da demanda após a notificação da sentença arbitral ou da decisão do pedido de esclarecimentos. Se não observado esse prazo decadencial, terá então sido formada a coisa julgada sob a sentença arbitral. Logo, se o exequente instaurar o cumprimento de sentença apenas após o transcurso do período de 90 dias após o recebimento da decisão final do procedimento arbitral, o executado não poderá arguir a eventual existência de decisão do STF em controle concentrado ou difuso de constitucionalidade.

Ao tratarmos da ação anulatória apontamos que o legislador elegeu situações excepcionalíssimas para se pleitear a desconstituição da sentença arbitral. A ação anulatória não pode ser vista como uma forma de rever o mérito da sentença arbitral, mas apenas como um método de verificação da legalidade do procedimento arbitral, da sentença arbitral ou da convenção arbitral. Por isso, afirmamos que as hipóteses no rol do art. 32 da Lei de Arbitragem são taxativas, ou ao menos bastante restritivas, apesar de a doutrina admitir que a violação à ordem pública pode ser arguida como mais um elemento apto a permitir a propositura da ação desconstitutiva. Para os fins dessa pesquisa, analisamos a influência dos precedentes judiciais em três hipóteses de desconstituição da sentença arbitral: (i) o descumprimento do art. 26 da Lei de Arbitragem, em especial o inciso II, que trata do dever de fundamentação da sentença arbitral; (ii) o desrespeito aos limites impostos pela convenção de arbitragem; e (iii) a violação à ordem pública.

De forma geral, uma vez eleita a lei brasileira como sendo a lei aplicável à solução do litígio, se o árbitro deixar de aplicar um precedente judicial previsto no rol do art. 927 do CPC, estaria ele violando a convenção arbitral? A resposta, como vimos, é negativa e são 5 (cinco) as razões pelas quais o árbitro não estaria violando a convenção arbitral ao deixar de aplicar um precedente judicial: a) os precedentes judiciais não podem ser admitidos como fonte primária normativa, mas sim como fonte secundária e complementar à lei; b) as regras previstas nos arts. 489, 926 e 927 do CPC são destinadas ao próprio Poder Judiciário e ao processo civil, inexistindo qualquer vinculação do sistema arbitral às regras e técnicas de julgamento do Poder Judiciário; c) o árbitro é soberano na aplicação do direito, tal como desejado pelas partes no momento da celebração da convenção arbitral e com fundamento no art. 18 da Lei de Arbitragem; d) admitir que a desconsideração de um precedente judicial pode implicar na desconstituição de uma sentença arbitral significa atribuir ao precedente judicial um valor maior do que aquele atribuído à lei para fins de desconstituição da sentença arbitral, tendo em vista que o descumprimento da norma não é causa de desconstituição da sentença arbitral; e) deve ser respeitada a autonomia da vontade das partes, que optaram por retirar da jurisdição do Estado a solução do seu conflito e transferi-la ao particular, o que implica em reconhecer o seu desejo de não se submeter às típicas técnicas de julgamento do Poder Judiciário.

Ao tratarmos de decisões proferidas em sede de controle concentrado de constitucionalidade, a desconsideração ou má aplicação dessa decisão do STF implicará em desrespeito à convenção arbitral e poderá implicar na desconstituição da sentença arbitral, tendo em vista que a sentença arbitral se apoiou em norma declaradamente inconstitucional ou sentido oposto à interpretação definida pelo STF, depois da definição de como tal norma deve ser interpretada, após grande impasse gerado na sociedade. Por outro lado, se o árbitro, mesmo reconhecendo a existência dessa decisão, decide alterar o entendimento do STF, não estaríamos aqui diante de uma mera má aplicação da lei, mas diante de uma tentativa de atribuir efeito diverso à decisão do STF proferida em sede de controle concentrado, quando o resultado do julgamento foi pela declaração de inconstitucionalidade. Nesse caso, a sentença arbitral também seria passível de desconstituição pela via judiciária por violar a convenção arbitral.

Deste modo, a única possibilidade de se desconstituir uma sentença arbitral por desrespeito a um precedente se dá quando o árbitro deixa de observar ou julga contrariamente às decisões proferidas pelo STF em sede de controle concentrado.

Com relação ao dever de fundamentação, a Lei de Arbitragem determina em seu art. 26 os critérios de fundamentação da sentença arbitral. Destacamos também que os comandos do art. 489 do CPC podem, quando muito, servir de parâmetro ou orientação aos árbitros, e nada mais, especialmente quando o art. 93, IX, da CF já serve de diretriz à Lei de Arbitragem. Portanto, uma vez alegada a existência de um precedente judicial como fundamento relevante do seu direito ou argumento de defesa, o árbitro deverá se debruçar sobre esse precedente judicial, seja para aplicá-lo, justificando a sua pertinência, seja para afastá-lo, utilizando dos métodos do *distinguishing*, *overruling* ou, de forma fundamentada, recusar a sua aplicação por motivos técnicos e jurídicos. Ao fazer isso o árbitro dará cumprimento ao seu dever de fundamentação.

Se o árbitro deixa de apreciar o precedente judicial invocado pela parte enquanto fundamento relevante, estará deixando de fundamentar a sua sentença e, por consequência lógica, incorrendo em *error in procedendo*. Nesse cenário se mostra possível a arguição de nulidade da sentença arbitral, por violação ao art. 26, II, da Lei de Arbitragem e com fundamento no art. 32, III, também da Lei de Arbitragem. Contudo, o árbitro não precisa suscitar a existência de precedentes judiciais de ofício, mas apenas se levantado pelas partes.

Cabe apontar que se o precedente judicial invocado por uma das partes como um argumento relevante não foi apreciado pelo árbitro ou pelo tribunal arbitral ao tempo da prolação da sentença arbitral, cabe à parte prejudicada suscitar esse ponto em sede de pedido de esclarecimentos, com fundamento no art. 30 da Lei de Arbitragem, visando conferir ao árbitro ou ao tribunal arbitral a oportunidade de sanar a referida omissão e afastar qualquer risco de posterior declaração de nulidade pelo Poder Judiciário.

Destacamos também que a questão da ordem pública, ainda que não conste expressamente como fator que pode levar à desconstituição da sentença arbitral, não pode ser ignorada. Verificamos que a Lei de Arbitragem trata de ordem pública em dois momentos distintos. O primeiro consta do art. 2º, § 1º, que trata da possibilidade de as partes definirem as regras de direito a serem aplicadas para a solução do litígio, desde que não violem a ordem pública e o art. 39 da Lei de Arbitragem, como elemento a não autorizar a homologação de uma sentença arbitral estrangeira. Entretanto, o art. 32 da Lei de Arbitragem não elenca a ordem pública como causa de anulação de uma sentença arbitral nacional.

Porém, a ordem pública, ainda que seja um conceito indeterminado e fluido, pode e deve influir todo e qualquer julgamento. Quando o árbitro deixa de seguir ou aplicar as decisões proferidas pelo STF em sede de controle concentrado de constitucionalidade, princípios processuais, como aqueles listados no § 2º da Lei de Arbitragem, ou quando o árbitro se debruça sobre questões indisponíveis, caberá ao Poder Judiciário analisar eventual ofensa à ordem pública, tal como ocorre quando o STJ denega a homologação de sentenças arbitrais estrangeiras que violem a ordem pública.

Importante relembrar que ato violador apto a ensejar a posterior desconstituição da sentença arbitral não é pura e simplesmente o desrespeito ao precedente judicial, mas sim ao comando de ordem pública, frontalmente, a ponto de justificar a posterior anulação da sentença arbitral pelo Poder Judiciário.

Portanto, concluímos que a influência dos precedentes judiciais na arbitragem é bastante limitada e restrita. Os precedentes judiciais servirão como fonte secundária normativa, podendo contribuir e influir nos julgamentos arbitrais, mas sem qualquer reconhecimento de vinculação ou obrigatoriedade dos árbitros aos precedentes judiciais, exceção feita às decisões proferidas pelo STF em sede de controle concentrado de constitucionalidade. Por outro lado, concluímos que, para evitar qualquer risco de posterior discussão judicial, as partes podem regular a incidência ou não dos precedentes judiciais de forma contratual, sem que isso seja interpretado como ofensa à ordem pública ou aos bons costumes, em plena consonância com a Lei de Arbitragem e com o princípio da autonomia das partes.

REFERÊNCIAS

ABBOUD, Georges. Súmula Vinculante *versus* precedentes: notas para evitar alguns enganos. **Revista de Processo**, v. 165, nov. 2008.

ACKERMAN, Bruce. **Nós, o povo soberano**: fundamentos do direito constitucional. Tradução de Mauro Raposo de Mello. Belo Horizonte: Del Rey, 2006.

AGUIAR, Ruy Rosado de. **Arbitragem, os precedentes e a ordem pública**. Texto básico de palestra realizada na I Conferência Nacional de Arbitragem, promovida pela OAB Federal, São Paulo, em 9-11-2018.

ALEXANDER, Larry. Constrained by precedent. **Southern California Law Review**, v. 63, 1989-1900.

ALMEIDA, Ricardo Ramalho. **Arbitragem comercial internacional e ordem pública**. Rio de Janeiro: Renovar, 2005.

ALMEIDA, Ricardo Ramalho. A exceção de ofensa à ordem pública na homologação de sentença arbitral estrangeira. *In*: ALMEIDA, Ricardo Ramalho (coord.). **Arbitragem interna e internacional** (questões de doutrina e da prática). Rio de Janeiro: Renovar, 2003.

ALVES, Rafael Francisco. **Árbitro e direito**: o julgamento de mérito na arbitragem. São Paulo: Almedina, 2018.

ALVIM, Eduardo Arruda. **Curso de direito processual civil**. v.1. São Paulo, RT, 1999.

ALVIM, J. E. Carreira. **Tratado geral da arbitragem**. Belo Horizonte: Mandamentos, 2000.

ALVIM NETTO, José Manoel de Arruda. Sobre a natureza jurisdicional da arbitragem *In*: (org.) CAHALI, Francisco José; RODOVALHO, Thiago; FREIRE, Alexandre. **Arbitragem, estudos sobre a Lei n. 13.129, de 26-5-2015**. São Paulo: Saraiva, 2015.

AMARAL, Guilherme Rizzo. **Vinculação dos árbitros aos precedentes judiciais**. Publicado em 2017. Disponível em: https://www.conjur.com.br/2017-out-03/

guilherme-amaral-vinculacao-arbitros-aos-precedentes-judiciais. Acesso em: 10 maio 2019.

AMARAL, Guilherme Rizzo. Judicial precedent and arbitration – are arbitrators bound by judicial precedent? A comparative study among England, Scotland, the United States and Brazil. *In*: LEE, João Bosco; LEVY, Daniel de Andrade. **Revista Brasileira de Arbitragem**, Comitê Brasileiro de Arbitragem CBAr & IOB; Kluwer Law International, v. XIV, Issue 56, 2017.

ANDRADE, Gustavo Fernandes. Arbitragem e controle de constitucionalidade: algumas reflexões. *In*: CARMONA, Carlos Alberto; LEMES, Selma Ferreira; MARTINS, Pedro Batista. **20 anos da Lei de Arbitragem** – homenagem a Petrônio R. Muniz. São Paulo: Atlas, 2017.

APRIGLIANO, Ricardo de Carvalho. **Ordem pública e processo**: o tratamento das questões de ordem pública no direito processual civil. São Paulo: Atlas, 2011.

ARAÚJO, Nadia de. Parecer. Questões sobre a motivação de laudo arbitral estrangeiro e sua homologação no Brasil: SE 5692/US. **Revista de Arbitragem** n. 45, jan.-mar. 2015.

ARMELIN, Donaldo. Notas sobre ação rescisória em matéria arbitral. **Revista de Arbitragem e Mediação**, São Paulo, RT, jan. 2004.

ARRUDA ALVIM, Teresa; DANTAS, Bruno. **Recurso Especial, Recurso Extraordinário e a nova função dos tribunais superiores no direito brasileiro**. 4. ed. São Paulo: RT, 2017.

ÁVILA, Humberto. **Segurança jurídica**. São Paulo: Malheiros, 2011.

BARREIROS, Lorena Miranda Santos. Estruturação de um sistema de precedentes no Brasil e concretização da igualdade: desafios no contexto de uma sociedade multicultural. *In:* (coord.) DIDIER JUNIOR, Fredie. *et al.* **Precedentes**. Salvador: Juspodivm, 2015.

BARROCAS, Manuel Pereira. **Manual de arbitragem**. Coimbra: Almedina, 2010.

BARROS, Humberto Gomes de. **Acromegalia**. Disponível em: https://www.migalhas.com.br/quentes/29685/no-artigo-intitulado-acromegalia-o-ministro-humberto-gomes-de-barros-aborda-o-lado-obscuro-da-marca-de-dois-milhoes-de-processos-julgados-atingida-pelo-stj. Acesso em: 19 jul. 2020.

BARROS, Vera C. M. de. **Exceção de ordem pública na homologação de sentença arbitral estrangeira no Brasil**. São Paulo: Quartier Latin, 2017.

BARROSO, Luís Roberto. **Curso de direito constitucional**: os conceitos fundamentais e a construção de um novo modelo. 2. ed. São Paulo: Saraiva, 2010.

BARROSO, Luís Roberto. **Interpretação e aplicação da Constituição**. São Paulo: Saraiva, 1998.

BASÍLIO, Ana Tereza Palhares. **A arbitragem e a sua controversa vinculação aos precedentes do novo Código de Processo Civil**. Rio de Janeiro: Justiça e Cidadania, set. 2018. Disponível em: www.editorajc.com.br/

arbitragem-e-sua-controversa-vinculacao-aos-precedentes-do-novo-codigo--de-p. Acesso em: 23 set. 2020.

BASÍLIO, Ana Tereza Palhares; FONTES, André R. C. **Revista de Arbitragem e Mediação**, ano 4, n. 14, jul.-set. 2007, São Paulo: RT, 2007.

BELLOCCHI, Márcio. **Precedentes vinculantes e a extensão da expressão "aplicação do direito brasileiro" na Convenção de Arbitragem**. São Paulo: RT, 2017.

BERALDO, Leonardo de Faria. O impacto do novo Código de Processo Civil na Arbitragem. Arbitragem e Novo CPC. **Revista de Arbitragem e Mediação 2016**, RARB, v. 49, abr.-jun. 2016.

BERALDO, Leonardo de Faria. **Curso de arbitragem nos termos da Lei n. 9.307/96**. São Paulo: Atlas, 2014.

BERALDO, Leonardo de Faria. **Os precedentes judiciais na arbitragem**. Disponível em: http://www.esamg.org.br. Acesso em: 13 set. 2020.

BERG, Albert Jan Van Den. **The New York Arbitration Convention of 1958**. Netherlands: Kluwer, 1981.

BERGEL, Jean-Louis. **Teoria geral do direito**. Tradução de Maria Ermantina de Almeida Prado Galvão. São Paulo: Martins Fontes, 2006.

BERMAN, José Guilherme. (Juris)prudência e sistemas jurídicos: um breve estudo sobre a modéstia judicial na *common law* e no sistema romano-germânico. **Revista de Direito Administrativo**, v. 269, Rio de Janeiro, p. 165-196, maio-ago. 2015.

BERMUDES, Sergio. **Introdução ao processo civil**. 4. ed. Rio de Janeiro: Forense, 2006.

BEVILÁQUA, Clóvis. **Teoria geral do direito civil**. 2. ed. Rio de Janeiro: Livraria Francisco Alves, 1929.

BONATO, Giovanni. Panorama da arbitragem na França e na Itália. Perspectiva de direito comparado com o sistema brasileiro. **Revista Brasileira de Arbitragem**. Comitê Brasileiro de Arbitragem CBAr & IOB, v. XI, Issue 43, 2014.

BORN, Gary B. **International commercial arbitration**. 2. ed. Kluwer Law International, 2014.

BORN, Gary B. **International commercial arbitration**. v. I. The Netherlands: Kluwer Law International, 2009.

BORN, Gary B. **International arbitration**: law and practice. Chapter 16: Annulment of International Arbitral Awards. Kluwer Law International, 2012.

BORN, Gary B. **International arbitration**: law and practice. 2. ed. Kluwer Law International, 2015.

BORN, Gary B. **International arbitration**: cases and materials. 2. ed. Kluwer Law International, 2015.

BORN, Gary B. **International commercial arbitration**: commentary and materials. 2. ed. Kluwer Law International, 2001.

BORN, Gary B. Principle of judicial non-interference in international arbitral proceedings, the anniversary contributions. **International Litigation & Arbitration**, 30 U. Pa. J. Int'l L. 999, 2009. Disponível em: https://scholarship.law.upenn.edu/jil/vol30/iss4/22. Acesso em: 13 set. 2020.

BRASIL. **Superior Tribunal de Justiça**. Sentença Estrangeira Contestada n. 9.412 – US. Corte Especial. Rel. Min. Felix Fischer. Rel. p/ acordão Min. João Otávio de Noronha. Acórdão de 19 abr. 2017; (ii) SEC 5.543/EX – "Homologação de sentença estrangeira. Adoção. Contestação. Pai residente no Brasil. Ausência de citação. Ofensa à ordem pública".

BRASIL. **Superior Tribunal de Justiça**. Sentença Estrangeira Contestada n. 5.543 – EX. Corte Especial. Rel. Min. Ari Pargendler. Acórdão: 20 fev. 2013.

BRASIL. **Conselho Nacional de Justiça**. Disponível em: https://www.cnj.jus.br/pesquisas-judiciarias/justicaemnumeros/2016-10-21-13-13-04/pj-justica-em-numeros. Acesso em: 02 set. 2020.

BRASIL. **Superior Tribunal de Justiça**. Sentença estrangeira contestada n. 507. Rel. Min. Gilson Dipp, Brasília, DF, 13 nov. 2006.

BRASIL. **Superior Tribunal de Justiça**. Recurso Especial 1.550.250/RS. Rel. Min. Villas Bôas Cueva, Brasília, DF, 12 dez. 2017.

BRASIL. **Superior Tribunal de Justiça**. Corte Especial, SEC, n. 802/US, Rel. Min. José Delgado, j. 17-08-2005.

BRASIL. **Superior Tribunal de Justiça**. Recurso Especial n. 1602076/SP, 3ª Turma, Rel. Min. Nancy Andrighi. DJE 30-09-2016, j. 15-09-2016.

BRASIL. **Tribunal de Justiça de São Paulo**. Agravo de Instrumento 0026424-17.2002.8.26.0000. Rel. Waldir de Souza José; Órgão Julgador: 7ª Câmara (Extinto 1º TAC); Foro Central Cível – 26ª VC, j. 24-09-2002, Registro: 04-10-2002.

BRASIL. **Tribunal de Justiça do Paraná**. AI: 12110108 PR 1211010-8 (Acórdão), Rel. Min. Marcel Guimarães Rotoli de Macedo, j. 28-01-2015, 12ª Câmara Cível, Public. 02-03-2015.

BRASIL JUNIOR, Samuel Meira. **Precedentes vinculantes e jurisprudência dominante na solução de controvérsias**. Tese (Doutorado em Direito). Universidade de São Paulo (USP), São Paulo, 2010.

BUENO, Cassio Scarpinella. **Novo Código de Processo Civil anotado**. 2. ed. São Paulo: Saraiva, 2016.

BUSTAMANTE, Thomas da Rosa de. **Teoria do precedente judicial**: a justificação e a aplicação das regras jurisprudenciais. São Paulo: Noeses, 2012.

CAHALI, Francisco José. **Curso de arbitragem**: mediação, conciliação, resolução CNJ 125/2010. 6. ed. São Paulo: RT, 2017.

CAHALI, Francisco José. **Curso de arbitragem**. São Paulo: RT, 2013.

CÂMARA, Alexandre Freitas. **Arbitragem** – Lei n. 9.307/96. 2. ed. Rio de Janeiro: Lumen Juris, 1997.

CÂMARA, Alexandre Freitas. **Arbitragem** – Lei n. 9.307/96. 4. ed. Rio de Janeiro: Lumen Juris, 2005.

CÂMARA, Alexandre Freitas. **Arbitragem**. Rio de Janeiro: Lumen Juris, 1997.

CÂMARA, Alexandre Freitas. **O novo processo civil brasileiro**. 5. ed. São Paulo: Atlas, 2019.

CANE, Peter. Taking disagreement seriously: courts, legislatures and the reform of tort law. **Oxford Journal of Legal Studies**, v. 25, 2005.

CARDOZO, Benjamin N. **The nature of the judicial process**. New Haven: Yale University Press, 2010.

CARMONA, Carlos Alberto. **Arbitragem e processo**. 3. ed. São Paulo: Atlas, 2009.

CARMONA, Carlos Alberto. **Arbitragem e processo** – um comentário à Lei n. 9.307/96. 2. ed. São Paulo: Atlas, 2004.

CARMONA, Carlos Alberto. Em torno do árbitro. **Revista de Arbitragem e Mediação**. v. 28, 2011.

CARMONA, Carlos Alberto. **Arbitragem e processo**: um comentário à lei 9.307/96. 3. ed. São Paulo: Atlas, 2009.

CARNELUTTI, Francesco. **Teoria geral do direito**. Milão: Lejus, 1999.

COELHO, Eleonora; STETNER, Renato Parreira. Disponível em: http://eleonoracoelho.com.br/wp-content/uploads/2018/06/01-convencaodeny-2004.pdf. Acesso em: 04 jul. 2020.

COLE, Charles D. *Stare decisis* na cultura jurídica dos Estados Unidos. O sistema de precedente vinculante do *common law*. Tradução de Maria Cristina Zucchi. *In*: **Revista dos Tribunais**, n. 752, São Paulo: RT, 1998.

COSTA, Eduardo José da Fonseca. **Código de Processo Civil comentado**. Helder Maroni Câmara (coord.). São Paulo: Almedina, 2016.

CRAMER, Ronaldo. **Precedentes judiciais**. Teoria e dinâmica. Rio de Janeiro: Forense, 2016.

CREMASCO, Suzana Santi; VIANA, Bruno Giannetti. Aspectos contemporâneos da execução de sentença arbitral: uma análise em torno da certeza, liquidez e exigibilidade do título. *In*: **Processo Civil contemporâneo**. Homenagem aos 80 anos do professor Humberto Theodoro Júnior. Rio de Janeiro: Forense, 2018.

CRETELLA NETO, José. **Curso de arbitragem**. Rio de Janeiro: Forense, 2004.

CRETELLA NETO, José. **Comentários à Lei de Arbitragem brasileira**. Rio de Janeiro: Forense, 2004.

DANTAS, Paulo Roberto de Figueiredo. **Direito processual constitucional**. São Paulo: Saraiva, 2018.

DAVID, René. **Os grandes sistemas do direito contemporâneo**. 4. ed. São Paulo: Martins Fontes, 2002.

DAVID, René. **Os grandes sistemas do direito contemporâneo**. 3. ed. São Paulo: Martins Fontes, 1998.

DIDIER JUNIOR, Fredie. **Curso de direito processual civil**. v. 2. 8. ed. Salvador: Juspodivm, 2013.

DINAMARCO, Cândido Rangel. **A arbitragem na teoria geral do processo**. São Paulo: Malheiros, 2013.

DINAMARCO, Cândido Rangel. Súmulas vinculantes. **Revista Forense**, v. 95, n. 347, jul.-set. 1999.

DINAMARCO, Cândido Rangel. Limites da sentença arbitral e de seu controle jurisdicional. *In*: (coord.) MARTINS, Pedro A. Batista; GARCEZ, José Maria Rossani. **Reflexões sobre arbitragem**: *in memoriam* do Desembargador Cláudio Vianna de Lima. São Paulo: LTr., 2002.

DINAMARCO, Julia. O árbitro e as normas criadas judicialmente: notas sobre a sujeição do árbitro à súmula vinculante e ao precedente. *In*: (coord.) LEMES, Selma F.; CARMONA, Carlos A.; MARTINS, Pedro B. **Arbitragem** – estudos em homenagem ao Professor Guido Fernando da Silva Soares. São Paulo: Atlas, 2007.

DINIZ, Maria Helena. **Lei de Introdução ao Código Civil brasileiro interpretada**. 12. ed. São Paulo: Saraiva, 2007.

DOLINGER, Jacob. **Direito internacional privado** – parte geral. Rio de Janeiro: Renovar, 2008.

DOLINGER, Jacob. **A evolução da ordem pública no direito internacional privado**. Rio de Janeiro: Forense, 1979.

DOURADO, Maristela Seixas. **O papel do Senado Federal no controle de constitucionalidade**. Monografia para conclusão do Curso de Direito Legislativo, Universidade do Legislativo Brasileiro (Unilegis) – Especialização em Direito Legislativo/Universidade Federal de Mato Grosso do Sul (UFMS), 2008. Disponível em: http://www2.senado.leg.br/bdsf/handle/id/162780. Acesso em: 02 set. 2020.

ELIAS, Carlos Eduardo Stefen. O árbitro é (mesmo) juiz de fato e de direito? Análise dos poderes do árbitro *vis-à-vis* os poderes do juiz no Novo Código de Processo Civil brasileiro. **Revista de Arbitragem e Mediação**, v. 54, p. 79-122, jul.-set., 2017.

ENGELS, Frederico Martins. **A competência do Senado Federal para suspender a execução de normas declaradas inconstitucionais pelo Supremo Tribunal Federal**: (in)ocorrência de mutação constitucional. Disponível em: https://www2.senado.leg.br/_Acesso em: 02 set. 2020.

ESPÍNOLA, Eduardo. **Sistema do direito civil brasileiro**. 2. ed. Rio de Janeiro: Livraria Francisco Alves, 1917.

FARBER, Daniel A. The rule of law and the law of precedents. **Minnesota Law Review**. 2006. Disponível em: https://scholarship.law.umn.edu/mlr/25. Acesso em: 29 set. 2020.

FARNSWORTH, E. Allan. **Introduction of the Legal System of the United States**. 4. ed. Oxford University Press, 2010.

FERNANDES, Micaela Barros Barcelos. A vinculação a precedentes no processo arbitral: alterações promovidas pelo Código de Processo Civil de 2015 e sua interpretação conforme a Constituição Brasileira e a Lei de Arbitragem brasileira. **Revista de Direito Civil Contemporâneo**, v. 22, p. 31-49, jan.-mar. 2020.

FERREIRA, Olavo Augusto Viana Alves; ROCHA, Matheus Lins; FERREIRA, Débora Cristina Fernandes Ananias Alves. **Lei de Arbitragem comentada, artigo por artigo**. Salvador: Juspodivm, 2019.

FIGUEIRA JUNIOR, Joel Dias. **Arbitragem, jurisdição e execução**. São Paulo: RT, 1999.

FIGUEIRA JUNIOR, Joel Dias. **Arbitragem e precedentes judiciais**. Disponível em: http://genjuridico.com.br/2020/08/14/arbitragem-precedentes-judiciais/. Acesso em: 23 set. 2020.

FILIPPO, Thiago Baldani Gomes de. A necessidade de um sistema brasileiro de precedentes vinculantes: um estudo comparado entre Brasil e Estados Unidos. **Revista Síntese de Direito Civil e Processual Civil**, São Paulo, v. 12, n. 75, p. 210-240, jan.-fev. 2012.

FINKELSTEIN, Cláudio. **Hierarquia das normas no direito internacional**. *Jus cogens* e metaconstitucionalismo. São Paulo: Saraiva, 2013.

FIORAVANTI, Marcos Serra Netto. **A arbitragem e os precedentes judiciais**: observância, respeito ou vinculação? São Paulo: Lumen Juris, 2018.

FOUCHARD, Philippe; GAILLARD, Emmanuel; GOLDMAN, Berthold. **Fouchard, Gaillard, Goldman on international commercial arbitration, Emmanuel Gaillard e John Savage**. Haia: Kluwer Law International, 1999.

GAIO JÚNIOR, Antônio Pereira. **Lei n. 9.307/96**: natureza, historicidade e constitucionalidade da arbitragem no Brasil. Arbitragem – 15 anos da Lei n. 9.307/96. Belo Horizonte: Del Rey, 2012.

GAILLARD, Emmanuel. **Legal theory of international arbitration**. Leiden, Boston: Martinus Nijhoff, 2010.

GAJARDONI, Fernando da Fonseca. **O novo CPC não é o que queremos que ele seja**. Disponível em: https://www.jota.info/paywall?redirect_to=//www.jota.info/stf/do-supremo/o-novo-cpc-nao-e-o-que-queremos-que-ele-seja-20072015. Acesso em: 13 set. 2020.

GAMA JUNIOR, Lauro. Reconhecimento e execução de sentenças arbitrais estrangeiras. *In*: (coord.) CASELLA, Paulo B. **Arbitragem** – lei brasileira e praxe internacional. São Paulo: LTr., 1999.

GIRSBERGER, Daniel; VOSER, Nathalie. Chapter 8: Recognition and Enforcement of Arbitral Awards. *In*: **International arbitration**: comparative and Swiss perspectives. 3.ed. Kluwer Law International; Schulthess Juristische Medien AG, 2016.

GOMES, Orlando. **Contratos**. 26. ed. Rio de Janeiro: Forense, 2007.

GRECO FILHO, Vicente. **Direito processual civil brasileiro**. v. II. 2. ed. São Paulo: Saraiva, 1986.

GRECO, Leonardo. Controle jurisdicional da arbitragem. *In*: LEE, João Bosco; LEVY, Daniel de Andrade (ed.). **Revista Brasileira de Arbitragem**. Comitê Brasileiro de Arbitragem CBAr & IOB; Kluwer Law International, v. XV Issue 57, 2018.

GRINOVER, Ada Pellegrini; PRESGRAVE, Ana Beatriz Ferreira Rebello. **Fundamentos para uma nova teoria geral do processo**. Brasília: Gazeta Jurídica, 2016.

GUANDALINI, Bruno. Chapter 5: The Rational Decision-Maker Arbitrator: Unveiling the Arbitrator's Utility Function. *In*: **Economic Analysis of the Arbitrator's Function, International Arbitration Law Library**, v. 55, Kluwer Law International, 2020.

GUERRERO, Luís Fernando. Princípios da arbitragem não são entendidos por completo. **Consultor Jurídico**.

Disponível em: https://www.conjur.com.br/2013-jul-10/luis-guerrero-principios--arbitragem-nao-sao-entendidos-completo. Acesso em: 16 fev. 2020.

GUILLAUME, Gilbert. The use of precedent by international judges and arbitrators. **Journal of International Dispute Settlement**, v. 2, n. 1, 2011.

KERR, Michael. **Concord and conflict in international arbitration in arbitration international**, v. 13, Issue 1, 1 March 1997.

LALIVE, Pierre. Ordem pública transnacional e arbitragem internacional. Conteúdo e realidade da ordem pública transnacional na prática arbitral. *In*: **Revista do Direito do Comércio e das Relações Internacionais**, n. 1, 1990.

LEAL, Victor Nunes. Passado e futuro da súmula do STF. **Revista de Direito Administrativo**, São Paulo, jul.-set. 1981.

LEMES, Selma. Arbitragem. Princípios jurídicos fundamentais. Direito Brasileiro e Comparado. **Revista de la Corte Espanhola de Arbitraje**, v. VII, p. 31-57, 1991; **Revista dos Tribunais**, v. 686, p. 73-89, dez. 1992; **Revista de Informação Legislativa**, Senado Federal, v. 115, p. 441-468, jul.-set. 1992. Disponível em: http://selmalemes.adv.br/artigos/artigo_juri20.pdf. Acesso em: 03 set. 2020.

LEMES, Selma. **O papel do árbitro**. Disponível em: http://selmalemes.adv.br/artigos/artigo_juri11.pdf. Acesso em: 05 jul. 2020.

LEROY, Michael H. Are arbitrators above the law? The manifest disregard of the law standard. **Boston College Law Review** n. 137, 2011.

LEROUX, Nicolas. Lalive lecture 2010. J. Gilbert Guillaume – The precedent before international courts and tribunals, **ASA Bulletin**, v. 28, Issue 3, 2010.

LEW, Julian David Mathew. **Applicable law in international commercial arbitration**. Oceana/Sigthoff & Noorthoff, 1978.

LEW, Julian David Mathew; MISTELIS, Loukas A. *et al.* **Comparative international commercial arbitration**. Kluwer Law International, 2003.

LIMA, Tiago Asfor Rocha. **Precedentes judiciais civis no Brasil**. São Paulo: Saraiva, 2013.

LOWENFELD, Andreas. **International litigation and arbitration**. West Publishing: Minnesota, 1993.

LUCON, Paulo Henrique dos Santos; BARIONI, Rodrigo; MEDEIROS NETO, Elias Marques de. A causa de pedir das ações anulatórias de sentença arbitral. **Revista de Arbitragem e Mediação**, v. 46, São Paulo, 2015.

MACCORMICK, D. Neil; SUMMERS, Robert S. **Interpreting precedents**: a comparative study. London/New York: Routhledge, 2016.

MACÊDO, Lucas Buril de. **Precedentes judiciais e o direito processual civil**. 2. ed. Salvador: Juspodivm, 2017.

MANCUSO, Rodolfo de. **Sistema brasileiro de precedentes – natureza – eficácia – operacionalidade**. São Paulo: RT, 2016.

MARIANI, Rômulo Greff. **Precedentes na arbitragem**. Belo Horizonte: Fórum, 2018.

MARINI, André. Note: Daesang corporation *v*. The Nutrasweet company, nutrasweet IP holdings. Inc. and Sweeteners holdings Korea Ltd., Court of Appeals of the State of New York, Appeal n. 5973, 27 September 2018. *In*: LEE, João Bosco; MANGE, Flavia. **Revista Brasileira de Arbitragem**. Comitê Brasileiro de Arbitragem CBAr & IOB; Kluwer Law International, v. XVI, Issue 63, 2019.

MARINONI, Luiz Guilherme. **Precedentes obrigatórios**. 5. ed. São Paulo: RT, 2016.

MARQUES, Ricardo Dalmasso. Inexistência de vinculação às decisões e súmulas judiciais vinculantes do Supremo Tribunal Federal. **Revista Brasileira de Arbitragem**, Porto Alegre, v. 10, n. 38, abr.-jun., 2013.

MARTINS, André Chateaubriand. Os diferentes níveis de ordem pública sob uma perspectiva da jurisprudência brasileira em arbitragens doméstica e internacional. **Revista Brasileira de Arbitragem**, Porto Alegre, n. 37, jan.-mar. 2013.

MARTINS, Ives Gandra da Silva. O protagonismo judicial no contexto do neoconstitucionalismo. Segurança jurídica e protagonismo judicial – desafios em tempos de incertezas. *In*: (coord.) RÊGO, Werson. **Estudos jurídicos em homenagem ao Ministro Carlos Mario da Silva Velloso**. Rio de Janeiro: GZ, 2017.

MARTINS, Pedro A. Batista. Arbitragem através dos tempos. Obstáculos e preconceitos à sua implementação no Brasil. *In*: (org.) GARCEZ, José Maria Rossani. **A arbitragem na era da globalização**. Rio de Janeiro: Forense, 1997.

MARTINS, Pedro A. Batista. **Apontamentos sobre a lei de arbitragem**. Rio de Janeiro: Forense, 2008.

MENDES, Gilmar. A reclamação constitucional no STF. **Fórum Administrativo**, v. 100, p. 94-111, Belo Horizonte, jun. 2009.

MIRANDA, Francisco Cavalcanti Pontes de. **Tratado de direito privado**: parte especial – direito das obrigações, t. XXVI. Atualizado por Ruy Rosado de Aguiar Júnior e Nelson Nery Junior. São Paulo: RT, 2012.

MITIDIERO, Daniel. **Cortes superiores e cortes supremas**: do controle à interpretação, da jurisprudência ao precedente. São Paulo: RT, 2013.

MITIDIERO, Daniel. **Precedentes**. Da persuasão à vinculação. 3. ed. São Paulo: RT, 2016.

MONTESQUIEU, Charles de Secondat, Baron de. **O espírito das leis**. Tradução de Cristina Murachco. São Paulo: Martins Fontes, 2005.

MOREIRA, Helena Delgado Ramos Fialho. **Poder Judiciário no Brasil**: crise de eficiência. Curitiba: Juruá, 2004.

MUNIZ, Tânia Lobo. **Arbitragem no Brasil e a Lei n. 9.307/96**. Curitiba: Juruá, 2002.

NANNI, Giovanni Ettore. Notas sobre os negócios jurídicos da arbitragem e a liberdade de escolha do árbitro à luz da autonomia privada. **Revista de Arbitragem e Mediação**, v. 49, abr.-jun. 2016.

NASSER, Paulo Magalhães. **Vinculações arbitrais**. Rio de Janeiro: Lumen Juris, 2019.

NASSER, Paulo Magalhães. Apontamentos sobre o desenvolvimento da arbitragem comercial e o controle da legalidade das sentenças arbitrais por meio de ação anulatória e impugnação ao cumprimento da sentença. *In*: (coord.) CAHALI, Francisco José; RODOVALHO, Thiago; FREIRE, Alexandre. **Arbitragem**: estudos sobre a lei n. 13.129, de 26-5-2015. São Paulo: Saraiva, 2016.

NERY JUNIOR, Nelson; NERY, Rosa Maria de Andrade. **Código de Processo Civil Comentado e Legislação Extravagante**. São Paulo: RT, 2013.

NERY JUNIOR, Nelson; NERY, Rosa Maria Andrade. **Comentários ao Código de Processo Civil**. São Paulo: RT, 2015.

NG, Iris; NG, Melissa *et al.* Five recurring problems in international arbitration: the relationship between courts and arbitral tribunals. **Indian Journal of Arbitration Law**. Centre for Advanced Research and Training in Arbitration Law, National Law University, Jodhpur, v. VIII, Issue 2, 2019.

NIGEL, Blackaby; PARTASIDES, Constantine *et al.* **Redfern and hunter on international arbitration**. 6. ed. Kluwer Law International; Oxford University Press, 2015.

OLIVEIRA, Pedro Miranda de. Meios de impugnação das decisões judiciais 2. Aspectos destacados da Reclamação no Novo Código de Processo Civil. **Revista de Processo**, v. 247, São Paulo: RT, set. 2015.

OLIVEIRA, Pedro Miranda; ANDERLE, Rene José. O sistema de precedentes no CPC projetado: engessamento do direito? **Revista de Processo**, v. 232, São Paulo, p. 307-324, jun. 2014.

PARENTE, Eduardo de Albuquerque. **Processo arbitral e sistema**. São Paulo: Atlas, 2012.

PARENTE, Eduardo de Albuquerque. **Jurisprudência**: da divergência à uniformização. São Paulo: Atlas, 2006.

PARK, William W. Por que os tribunais revisam decisões arbitrais. **Revista de Arbitragem e Mediação**, São Paulo, v. 3, p. 161-176, dez. 2004.

PEREIRA, Caio Mário da Silva. **Instituições de direito civil**. v. I. 21. ed. Rio de Janeiro: Forense, 2005.

PEREIRA, Izabel de Albuquerque. A ordem pública nas arbitragens comerciais internacionais. *In*: **O direito internacional contemporâneo**. Estudos em homenagem ao Professor Jacob Dolinger. São Paulo: Renovar, 2006.

PERLINGIERI, Pietro. **O direito civil na legalidade constitucional**. Tradução de Maria Cristina de Cicco. Rio de Janeiro: Renovar, 2008.

PORTAL JOTA. **De acordo com a pesquisa conduzida pela Câmara de Comércio Internacional, o Brasil foi o 5º país com o maior número de procedimentos arbitrais perante a CCI para o ano de 2016.** Acesso em: https://www.jota.info/justica/brasil-e-o-5o-pais-que-mais-utiliza-arbitragem-no-mundo-19092017. Disponível em: 02 set. 2020.

PRESGRAVE, Ana Beatriz Ferreira Rebello. A natureza jurídica da súmula. *In*: NUNES, Dierle; JAYME, Fernando Gonzaga; MENDES, Aluisio (coord.) **A nova aplicação da jurisprudência e precedentes no Código de Processo Civil/2015** – Estudos em homenagem à Professora Teresa Arruda Alvim (*e-book*). São Paulo: RT, 2017.

PUGLIESE, William. **Precedentes e a *civil law* brasileira**. Interpretação e aplicação do novo Código de Processo Civil. São Paulo: RT, 2016.

RANSOM, William L. The Layman's Demand for Improved Judicial Machinery. **The Annals of the American Academy of Political and Social Science**, Sep., 1917, v. 73. Justice Through Simplified Legal Procedure (Sep., 1917), Sage Publications, Inc. in association with the American Academy of Political and Social Science Stable, 2017.

RE, Edward D. Stare decisis. Tradução de Ellen Gracie Northfleet. *In*: **Revista Forense**, Brasília, maio-jul. 1994.

REALE, Miguel. **Lições preliminares de direito**. 27. ed. São Paulo: Saraiva, 2002.

REDFERN, Aan; HUNTER, Martin. **Redfern and hunter on international arbitration**. 6. ed. Kluwer Law International; Oxford University Press, 2015.

REINISCH, August. Chapter VI: Investment arbitration – the role of precedent. *In*: KLAUSEGGER, Christian; KLEIN, Peter *et al.* (ed.). ICSID Arbitration. **Austrian Arbitration Yearbook 2008**, C.H. Beck, Stämpfli & Manz, 2008.

RODRIGUES, Silvio. **Direito civil** – parte geral. v. 1. 32. ed. São Paulo: Saraiva, 2002.

ROSSI, Júlio César. **Precedente à brasileira**: a jurisprudência vinculante no CPC e o Novo CPC. São Paulo: Atlas, 2015. Disponível em: https://www.migalhas.com.br/depeso/236392/o-que-sao-os-precedentes-vinculantes-no-cpc-15. Acesso em: 02 set. 2020.

SALMOND, Sir. John. **Jurisprudence**. 18. ed. London: Sweet & Maxwell, 1930.

SALOMÃO, Luis Felipe; FUX, Rodrigo. Arbitragem e precedentes: possível vinculação do árbitro e mecanismos de controle. **Revista de Arbitragem e Mediação**, v. 66, p. 139-174, jul.-set. 2020.

SANTOS, Moacyr Amaral. **Primeiras linhas de direito processual civil**. v. 2. São Paulo: Saraiva, 1990.

SCAVONE JUNIOR, Luiz Antonio. **Manual de arbitragem**. São Paulo: RT, 2008.

SCHAUER, Frederick. **Thinking like a lawyer**. Harvard University Press; Cambridge, Massachusetts London, England, 2009.

SCHAUER, Frederick. Precedent. **Stanford Law Review** 39, n. 3, 1987, p. 571-605. Acesso em: 2 set. 2020.

SERRA LOPES, Miguel Maria de. **Comentários à Lei de Introdução ao Código Civil**. v. III. Rio de Janeiro: Freitas Bastos, 1959.

SHIMURA, Sérgio Seiji. Súmula vinculante. *In*: (coord.) WAMBIER, Teresa Arruda Alvim. **Reforma do Judiciário** – primeiros ensaios críticos sobre a EC 45/2004. São Paulo: RT, 2005.

SILVA, José Afonso da. **Comentário contextual à Constituição**. São Paulo: Malheiros, 2006.

SILVA, Luis Antonio da Gama. **A ordem pública em direito internacional privado**. Tese (livre-docência). Faculdade de Direito da Universidade de São Paulo (USP), São Paulo, 1944.

SILVA, Virgílio Afonso da. O STF e o controle de constitucionalidade: deliberação, diálogo e razão pública. **Revista de Direito Administrativo**, Rio de Janeiro, v. 250, p. 197-227, jan. 2009. Disponível em: http://bibliotecadigital.fgv.br/ojs/index.php/rda/article/view/4144. Acesso em: 5 set. 2020.

SOARES, Pedro Silveira Campos. Note: Daesang Corporation *v.* Nutrasweet Company, Nutrasweet IP Holdings, Inc. and Sweetners Holdings Korea Ltd., Supreme Court of the State of New York, Case n. 655019/2016, 15 May 2017. *In*: LEE, Bosco João; LEVY, Daniel de Andrade (ed.) **Revista Brasileira de Arbitragem**. Comitê Brasileiro de Arbitragem CBAr & IOB; Kluwer Law International, v. XIV, Issue 56, 2017.

STEINER, Eva. Theory and practice of judicial precedent in France. *In*: (coord.) DIDIER JUNIOR, Fredie. **Precedentes**. Salvador: Juspodivm, 2015.

STRECK, Lenio Luiz; ABBOUD, Georges. **O que é isto** – o precedente judicial e as súmulas vinculantes? Porto Alegre: Livraria do Advogado, 2013.

STRECK, Lenio Luiz. A febre dos enunciados e a constitucionalidade do ofurô! Onde está o furo? **Conjur**, em 10/09/2015. Disponível em: https://www.conjur.com.br/2015-set-10/senso-incomumfebre-enunciados-ncpc-inconstitucionalidade--ofuro#sdfootnote3sym. Acesso em: 13 set. 2020.

STRENGER, Irineu. **Contratos internacionais do comércio**. São Paulo: RT, 1986.

TARUFFO, Michele. Precedente e jurisprudência. Tradução de Chiara de Teffé. **Civilistica.com**. Rio de Janeiro, ano 3, n. 2, jul.-dez. 2014. Disponível em: http://civilistica.com/precedente-ejurisprudencia/. Acesso em: 11 abr. 2017.

TAVARES, André Ramos. **Tratado da arguição de preceito fundamental**: Lei 9.868/99. São Paulo: Saraiva, 2001.

TEMER, Sofia. **Arbitragem**. Atualidades e tendências. Olavo A. V. Alves Ferreira e Paulo Henrique dos Santos Lucon (coord.). Ribeirão Preto, SP: Migalhas, 2019.

TEPEDINO, Gustavo; PINTO, José Emílio Nunes. Notas sobre o ressarcimento de despesas com honorários de advogado em procedimentos arbitrais. **Revista trimestral de direito civil**, v. 9, n. 34, Rio de Janeiro, abr.-jun. 2008.

THEODORO JÚNIOR, Humberto. **A arbitragem como meio de solução de controvérsias**. Disponível em: http://www.mpsp.mp.br/portal/page/portal/documentacao_e_divulgacao/doc_biblioteca/bibli_servicos_produtos/bibli_boletim/bibli_bol_2006/RDC_02_05.pdf. Acesso em: 05 jul. 2020.

THEODORO JÚNIOR, Humberto. **Curso de direito processual civil**. v. III. 27. ed. Rio de Janeiro: Forense, 2009.

TIBÚRCIO, Carmen. A Lei de Arbitragem e a pretensa inconstitucionalidade do seu artigo 7º. **Revista de Direito Administrativo** n. 218, Rio de Janeiro, out.-dez. 1999.

TUCCI, José Rogério Cruz e. **Precedente judicial como fonte do direito**. São Paulo: RT, 2004.

TUCCI, José Rogério Cruz e. O regime do precedente judicial no novo CPC. O novo Código de Processo Civil. **Revista do Advogado AASP** n. 126.

TUSHNET, Mark. Os precedentes judiciais nos Estados Unidos. **Revista de Processo**, ano 38, v. 218, p. 102, abr. 2013.

V. FON, F. Parisi. Judicial precedents in civil law systems: a dynamic analysis. **International Review of Law and Economics** 26, Elsevier Inc., 2007.

VALE, Luís Manoel Borges do. **Precedentes vinculantes no processo civil brasileiro e a razoável duração do processo**. Rio de Janeiro: LMJ Mundo Jurídico, 2019.

VERÇOSA, Fabiane. **A aplicação errônea do direito pelo árbitro**: uma análise à luz do direito brasileiro e estrangeiro. Curitiba: CRV, 2015.

VISCONTE, Debora. **A jurisdição dos árbitros e seus efeitos**. Dissertação (Mestrado em Direito). Universidade de São Paulo (USP), São Paulo, 2009.

VOTO-VISTA Min. Humberto Gomes de Barros. AgRg Recurso Especial 382736-SC.

WALD, Arnoldo. A reforma da lei de arbitragem. **Revista dos Tribunais**, v. 962, dez. 2015.

WALD, Arnoldo. A interpretação da Convenção de Nova Iorque no direito comparado. **Revista de Direito Bancário, do Mercado de Capitais e da Arbitragem**, São Paulo, n. 2, p. 359-366, out.-dez. 2003.

WAMBIER, Teresa Arruda Alvim. Fundamentos do processo. **Revista dos Tribunais**, n. 855, São Paulo: RT.

WAMBIER, Teresa Arruda Alvim. Estabilidade e adaptabilidade como objetivos do direito: *civil law* e *common law*. **Revista de Processo** n. 172, São Paulo: RT, 2009.

WAMBIER, Teresa Arruda Alvim. Interpretação da lei e de precedentes: *civil law* e *common law*. **Revista dos Tribunais** n. 893, São Paulo: RT, mar. 2010.

WILKO *v*. SWAN. Suprema Corte dos Estados Unidos da América. **Revista Brasileira de Arbitragem**, v. 28, p. 207-215, 2010.

YARSHELL, Flávio. Ainda sobre o caráter subsidiário do controle jurisdicional estatal da sentença arbitral. **Revista de Arbitragem e Mediação**, v. 50, jul.-set. 2016.

YARSHELL, Flávio Luiz. Caráter subsidiário da ação anulatória de sentença arbitral. **Revista de Processo**, v. 37, maio 2012.

ZANETI JUNIOR, Hermes. **Comentários ao Novo Código de Processo Civil**. Rio de Janeiro: Forense, 2015.

ZANETI JUNIOR, Hermes. Precedentes normativos formalmente vinculantes. *In*: DIDIER JUNIOR, Fredie *et al.* (coord.). **Precedentes**. Salvador: Juspodivm, 2015.

ZANETI JUNIOR, Hermes. Precedentes (*treat like cases alike*) e o novo Código de Processo Civil. **Revista de Processo**, v. 235, São Paulo: RT, set. 2014.

ZANETI JUNIOR, Hermes. *In*: CABRAL, Antonio do Passo; CRAMER, Ronaldo (coord.). **Comentários ao novo Código de Processo Civil**. Rio de Janeiro: Forense, 2015.

ZAVASCKI, Teori Albino. **Comentários ao Código de Processo Civil**. v. 8. 2. ed. São Paulo: RT, 2003.

Referências normativas
(Associação Brasileira de Normas Técnicas – ABNT)

ABNT NBR 6023: 2018 – Informação e documentação – Referências – elaboração

ABNT NBR 6022:2018 – Informação e documentação – Artigo em publicação periódica técnica e/ou científica – Apresentação

ABNT NBR 6027: 2012 – Informação e documentação – Informação e documentação – Sumário – Apresentação

ABNT NBR 14724: 2011 – Informação e documentação – Trabalhos acadêmicos – Apresentação

ABNT NBR 15287: 2011 – Informação e documentação – Projetos de pesquisa – Apresentação

ABNT NBR 6034: 2005 – Informação e documentação – Índice – Apresentação

ABNT NBR 12225: 2004 – Informação e documentação – Lombada – Apresentação

ABNT NBR 6024: 2003 – Informação e documentação – Numeração progressiva das seções de um documento escrito – Apresentação

ABNT NBR 6028: 2003 – Informação e documentação – Resumo – Apresentação

ABNT NBR 10520: 2002 – Informação e documentação – Citações em documentos – Apresentação